A Brief History of Social Work in China

中国社会工作史
简 明 教 程

彭秀良 林顺利 王春霞 / 著

北京大学出版社
PEKING UNIVERSITY PRESS

图书在版编目(CIP)数据

中国社会工作史简明教程/彭秀良,林顺利,王春霞著.—北京:北京大学出版社,2019.5

ISBN 978-7-301-30102-9

Ⅰ.①中… Ⅱ.①彭… ②林… ③王… Ⅲ.①社会工作—社会发展史—中国—教材 Ⅳ.①D632.1-09

中国版本图书馆CIP数据核字(2018)第274539号

书　　　名	中国社会工作史简明教程 ZHONGGUO SHEHUI GONGZUO SHI JIANMING JIAOCHENG
著作责任者	彭秀良　林顺利　王春霞　著
责任编辑	董郑芳(dzfpku@163.com)
标准书号	ISBN 978-7-301-30102-9
出版发行	北京大学出版社
地　　　址	北京市海淀区成府路205号　100871
网　　　址	http://www.pup.cn
新浪微博	@北京大学出版社　　@未名社科-北大图书
微信公众号	ss_book
电子信箱	ss@pup.pku.edu.cn
电　　　话	邮购部 010-62752015　发行部 010-62750672 编辑部 010-62753121
印　刷　者	北京大学印刷厂
经　销　者	新华书店
	650毫米×980毫米　16开本　20.75印张　243千字 2019年5月第1版　2019年5月第1次印刷
定　　　价	48.00元

未经许可,不得以任何方式复制或抄袭本书之部分或全部内容。
版权所有,侵权必究
举报电话: 010-62752024　电子信箱: fd@pup.pku.edu.cn
图书如有印装质量问题,请与出版部联系,电话: 010-62756370

目录

绪　论 / 001
　　一、中国社会工作史的基本框架 / 001
　　二、中国社会工作史的历史分期 / 005
　　三、中国社会工作史的学科地位 / 008

第一章　中国社会工作的双重起源 / 009
　　一、社会工作传入中国 / 009
　　二、社会工作的中国源头 / 022

第二章　社会工作教育的起步与发展 / 037
　　一、社会工作教育的起步 / 037
　　二、社会工作教育的发展 / 048

第三章　社会工作实务的兴起与拓展（一） / 067
　　一、农村社会工作 / 067
　　二、城市社会工作 / 087

第四章　社会工作实务的兴起与拓展（二） / 102
　　一、医院社会工作 / 102
　　二、精神健康社会工作 / 121
　　三、儿童社会工作 / 133

第五章　社会工作实务的兴起与拓展（三）　/ 143
　　一、边疆社会工作　/ 143
　　二、伤残重建社会工作　/ 152

第六章　社会行政体制的演变　/ 162
　　一、民国前期社会行政体制的演变　/ 162
　　二、国民政府时期的社会行政体制　/ 173

第七章　社会工作的沉寂与转型　/ 190
　　一、专业社会工作的消失　/ 190
　　二、行政性社会工作的形成、发展与转型　/ 202

第八章　社会工作教育的重建与发展　/ 215
　　一、社会工作教育恢复重建　/ 215
　　二、社会工作教育进入快速发展期　/ 227

第九章　社会工作实务的重新兴起与快速发展　/ 236
　　一、社会工作实务的重新兴起　/ 236
　　二、社会工作实务的快速发展　/ 247

第十章　台湾地区社会工作的发展　/ 269
　　一、台湾社会工作的非专业时期　/ 269
　　二、台湾社会工作的专业化进程　/ 276
　　三、台湾社会工作专业建制的完成　/ 285

第十一章　香港、澳门地区社会工作的发展　/ 295
　　一、香港地区社会工作的发展　/ 295
　　二、澳门地区社会工作的发展　/ 308

后　记　/ 324

绪　论

一、中国社会工作史的基本框架

相比于社会工作的知识体系和实务技术，"中国社会工作史"尚属于刚刚起步的一门课程或知识体系。既然它是一门课程或知识体系，中国社会工作史就应该有自己特定的研究对象、研究领域和叙述方式。

中国社会工作史的研究对象是作为职业、专业和学科的社会工作。首先，作为一种职业的社会工作是最早被引入的，主要表现在1917年上海"沪东公社"的设立和1921年北京协和医院社会服务部的创设。由于社会工作在中国是一种舶来品，即从国外引入中国的，因此，社会工作首先是以职业形态在中国出现的。后来，作为一种职业的社会工作虽然经历了曲折的发展历程，但终于取得了合法的职业地位，并且获得了越来越高的社会认可度。社会工作这种职业的曲折发展历程及其在不同时代的存在方式，应该成为中国社会工作史的首要研究内容。

其次，作为一种专业的社会工作最早出现在外国教会创办的大学中，以 1922 年燕京大学社会学系的创办为标志。从那时起，社会工作作为一种专业在中国的高等院校中缓慢发展起来，中间虽然也有过停滞或空白的阶段，但社会工作的专业成熟度无疑地在逐步提高。因此，社会工作专业起步、停滞、重新获得发展的过程，也是中国社会工作史的重要研究内容。

再次，作为一门学科的社会工作是与社会工作专业的兴衰同一命运的，而且至今尚未完成学科建制化的过程。社会工作作为舶来品输入中国以后不久，其学科属性就被注意到了。从 20 世纪 20 年代末期开始，社会工作专业均设置在大学的社会学系，这种状况一直持续到今天。关于社会工作与社会学的关系，以往的争议是不大的，基本上大家都认为社会工作属于社会学的应用部分，或直接称之为应用社会学。但是，进入 21 世纪以后，人们开始将社会工作看作一门独立的学科，并致力于建立社会工作的学科体系。故而，社会工作的学科属性以及人们对其认识的发展过程，亦属于中国社会工作史的研究内容。

厘清了中国社会工作史的研究对象，还需要界定其研究领域。从中国社会工作史的涵盖范围来看，可以将其划分为五个领域，即社会工作实践史、社会工作专业发展史、社会工作学科发展史、社会工作教育发展史和社会工作研究史。

在这五个领域中，社会工作实践史贯穿了中国社会工作史的全过程，而且是贯穿中国社会工作史全过程的唯一领域。与之相接近的是社会工作研究史，因为在专业社会工作未恢复以前，社会工作研究以"民政工作"研究的面目存在着。卢谋华在评价他主编的那本《民政概论》教材时，鲜明地指出过："它实际上是向创建民政学科，也是创建中国特色的社会主义社会工作体系中重要部分的一个起步平台。"① 还有很多人发表了有关民政工作的论文和专著，尽管其中大多数没有意识到社会工作的存在，但不自觉地包含了社会工作的思想与内容，这也是我们今天梳理社会工作研究史时不能忽视的一项重要内容。

社会工作专业发展史、社会工作学科发展史和社会工作教育发展史相互之间有重叠和交叉，而且不好断然分开彼此的"领地"。但是，它们三者还是有分别的。社会工作专业发展史是从专业成熟度的角度考察社会工作的发展水平，牵涉到社会工作实务领域；社会工作学科发展史是从学科成熟度的角度来进行考察的，与社会工作专业发展史密不可分，更与社会工作教育发展史"胶着"在一起；而社会工作教育的发展不仅促进社会工作专业的发展，也推动着社会工作学科的发展。

最后，中国社会工作史采用什么样的叙述方式，也是值得关注的。从横断面来看，中国社会工作史有两条比较清晰的线索，即教育线索与实务线索。虽然我们认定1912年北京社会实进会的成立是中国社会工作的起点，但专业教育才是中国近代社会工作发展最为成熟的领域，因此，本书作者将中国社会工作史的教育线索置于实务线索之上。

中国社会工作史的教育线索并不是连续的，在1950—1980年出现了一个三十多年的断裂期。中国社会工作教育的早期重镇在燕京大学和沪江大学。1914年，沪江大学创办社会学系，次年该系课程增加到5门，即人类学、社会学、社会制度、社会病理学和社会调查。尽管沪江大学社会学系在应用社会学分支（社会工作）上

---

① 卢谋华：《社会工作的理论与实践》，中国社会出版社2007年版，第33页。

开出的课程比较晚,但因其创建了著名的沪东公社而占有了比较重要的位置。燕京大学社会学系创立于1922年,1925年改称社会学及社会服务学系,开设"个案工作""团体工作""社会行政""精神健康社会工作""社会福利"等课程,培养了我国第一代社会工作者,我国的专业社会工作教育正式开始。在燕京大学社会工作教育起步后,复旦大学、之江大学、南京金陵女子学院、齐鲁大学、福建协和大学、清华大学、辅仁大学等高校也相继开办了社会工作专业教育或课程。

但是,与社会学理论的教学相比,社会工作专业教育明显落后。根据许仕廉在1927年对国内60所各类性质大学开设社会学课程的调查,所有这些大学共开设社会学课程308门,其中社会调查、社会立法与社会服务行政课程只有38门。① 言心哲也曾指出过这一问题:"以往对于社会事业与社会行政人才的训练,则未尝注意,以往国内各大学之社会学系中虽偶有关于社会事业课程的开设,而科目甚少,期望甚短,又因师资与教材缺乏,成效亦未显著。"② 1940年国民政府社会部成立后,这一状况才开始转变,一方面社会部委托各大学加以培养并给予经费支持,另一方面招收社会工作人员及抽调行政人员予以短期训练。但直到1947年年初,全国各大学或独立学院设立社会学系的有19校,设立历史社会学系的有2校,设立社会事业行政系的1校即社会教育学院。③ 社会工作专业教育的依附性特点,对于其后中国社会工作专业教育的发展影响十分深远。

---

① 杨雅彬:《中国社会学史》,山东人民出版社1987年版,第54页。
② 言心哲:《现代社会事业》,河北教育出版社2012年版,第211页。
③ 韩明谟:《中国社会学史》,天津人民出版社1987年版,第101页。

到了 1952 年秋季，中央教育部在高等学校教师思想改造的基础上，以"培养工业建设人才和师资为重点、发展专门学院、整顿和加强综合大学的方针"为原则，在全国范围内进行了高等学校的院系调整工作。在这次脱胎换骨般的院系大调整中，社会学彻底从中国的高等教育体系中消失，依附于社会学的社会工作教育当然也被取消了。直到 1988 年，社会工作教育才得以重新恢复。

中国社会工作史的实务线索与教育线索是交织在一起的，然而实务线索是连续的。尽管专业社会工作也在 20 世纪 50 年代初被取消，但一种全新性质的社会工作模式应运而生，我们可称之为"行政性社会工作"。到了 2004 年，专业社会工作实务重新兴起，行政性社会工作也开始向着专业化的方向转型，中国社会工作史的实务线索又接续起来。所以，中国社会工作史的叙述方式将是沿着教育线索与实务线索这两条"平行线"同时进行，且注意到两条线索的交叉与相互影响。

二、中国社会工作史的历史分期

从纵向上看，中国社会工作史可划分为四个阶段：引入、发展、蛰伏、重建。这四个阶段划分的依据是中国社会工作实务与社会工作教育跌宕起伏的实际情形，而每个阶段都有标志性的事件。

1. 引入阶段

作为舶来品的社会工作进入中国，最初是处于被动地位的，亦即由外国传教士和福利机构带到中国来的。引入阶段的标志性事件主要包括北京社会实进会的成立（1912 年），沪江大学社会学系创立（1914 年），沪东公社的成立（1917 年），北京协和医院社会服务部成立（1921 年），燕京大学社会学系创立（1922 年）。这 5 家机构当中，除去北京协和医院社会服务部是由慈善机构——美国洛克菲勒基金会赞助成立的以外，其余 4 家均为美国传教士所创办。由此可见，中国早期社会工作的引入是与美国教会的传教活动紧紧联系在一起的，但随着社会工作专业教育在中国的逐步扩大，宗教色彩日益淡薄，而专业色彩愈益浓厚。

2. 发展阶段

作为舶来品的社会工作进入中国以后，很快与中国的文化传统与社会结构相切合，从而获得了比较快的发展。主要表现在：

（1）发展出了多种实务类型，其中比较成熟的有城市社区社会工作、医务社会工作、农村社会工作、企业社会工作、儿童社会工作、军人社会工作、边疆社会工作，等等。

（2）初步形成了中国社会工作的理论体系。随着社会工作教育和实务的发展，对社会工作基本概念与基本知识的讨论与梳理也日渐受到重视，尝试建立中国社会工作理论体系的企图凸显出来，这主要表现在社会工作著作的出版方面。民国时期的社会工作著作，严格说只有 34 种[①]，其中，试图建立中国社会工作理论体系的又以蒋旨昂的《社会工作导论》和言心哲的《现代社会事业》为代表。

（3）成立了主管全国社会工作的政府机构。1938 年 3 月 31 日中国国民党临时全国代表大会召开，决定设立社会部，隶属于国民党中央执行委员会。1940 年 10 月 11 日，国民政府公布《社会部组织法》；11 月 16 日，社会部正式改隶行政院，成为全国最高社会行政机关。

---

① 彭秀良：《民国时期的社会工作出版物》，《中国社会工作》2012 年第 15 期。

（4）创办了社会工作专业刊物。1944年1月15日，《社会工作通讯月刊》在重庆正式创刊。《社会工作通讯月刊》设有专论、工作报告、法令文献、统计资料、社工消息和图书述评等栏目。这是近代中国最早以"社会工作"命名的刊物，意味着社会工作在中国有了自己的标志，社会工作在中国得到了合法化的地位。1948年5月，《社会工作通讯月刊》并入《社会建设》月刊，结束了自己的历史使命。

3. 蛰伏阶段

1949年以后，专业社会工作被取消，但社会工作实务以另一种形式即行政性社会工作得以继续存在。社会工作教育就没有这么幸运了，随着1952年高等院校院系调整，社会学被取消，社会工作教育也就被彻底取消。至此，中国社会工作史的两条线索只剩下了一条，要等到三十多年以后，中国社会工作史的教育线索才得以接续。我们既然承认社会工作的实务形态依然存在着，只是专业社会工作的因素被销蚀殆尽，因而就不妨称这一阶段为中国社会工作史的蛰伏阶段，时间跨度为1950—1988年。

4. 重建阶段

改革开放以后，随着社会经济的转型，各种社会矛盾、社会问题开始爆发。于是，重建专业社会工作就被提上了日程。中国社会工作史的重建阶段，主要有这样几个标志性事件：（1）马甸会议（1987年）——拉开专业社会工作恢复与重建的序幕；（2）北京大学开设社会工作与管理专业（1988年）——社会工作教育逐渐推开；（3）社会工作实务的萌芽与生长（上海2004年，深圳2007年）——专业社会工作全面推广；（4）社会工作制度层面的建设。

三、中国社会工作史的学科地位

中国社会工作史的学科地位目前还不明朗,但是,一个专业、一个学科没有自己的发展史,难以称得上是一个真正成熟的专业或学科。早在 20 世纪 40 年代,言心哲就将"社会事业史"纳入社会事业系的必修课程①,燕京大学社会学及社会服务学系也开设了"社会服务史"课程,并规定占有 4 个学分。② 这些都说明,在民国时期的社会工作课程体系中,社会工作史是占有一席之地的。

中国社会工作史是中国社会工作学科建设和专业建设不可或缺的组成部分,对中国社会工作史开展相关研究是中国社会工作专业趋向成熟的重要标志。在社会工作的整个学科体系当中,中国社会工作史有着不可替代的地位与作用,我们以往对之不够重视,是因为对其知之甚少。王思斌教授曾经指出过:"我们不但要了解西方社会工作的发展史,它的流派和知识,而且要了解我国社会工作的历史发展和理论知识。"③ 这就需要将中国社会工作史纳入社会工作专业的课程体系,通过课程学习和课外研修,来达到了解我国社会工作历史的目的。

本书内容与学习方法

---

① 言心哲:《现代社会事业》,河北教育出版社 2012 年版,第 231 页。
② 《社会学界》1928 年第 3 卷,附录一。
③ 王思斌:《走进应该留意的历史》,《中国社会工作》2012 年第 13 期。

第一章 中国社会工作的双重起源

本章要叙述的内容是中国社会工作的起源问题。一般认为，近代中国的社会工作是从西方引进的，是舶来品。从表象上看，这样的认识是符合中国社会工作发展历史的；但如果从本质上看，中国社会工作还有自己的源头。因而，我们提出中国社会工作具有双重起源的观点。

一、社会工作传入中国

"社会工作"一词的来历

在讨论社会工作专业的起源问题时，首先需要厘清"社会工作"一词的由来。社会工作是一个外来词，它对应的英文原词是"Social Work"。既然"社会工作"是个外来词，我们有理由相信这一专业是从国外引进的，否则就不会使用外来词来指称这一专业。

根据我们的研究，社会工作传入中国是在1912年，其标志是北京社会实进会的成立。但是，"Social Work"这一专有名词传入中国可能要晚于这个时间,具体是在哪一年,目前尚无法确定。倘若哪位读者(同学)对此感兴趣,又有能力完成此考证任务,可在阅读本章后面的内容后,尝试着做些探索,也许会有收获。现在要告诉大家的是:

"Social Work"最初的中文译法是很混乱的

在20世纪二三十年代,"Social Work"多被译为"社会事业""社会服务""社会行政",以"社会服务"的译法出现最早,而以"社会事业"的译法最为普遍。

说"社会服务"的译法出现最早,有实际例证:1921年开业的北京协和医院就建立了从事社会工作的专门机构,称为"社会服务部",而且这个叫法一直沿用到1952年。而中国较早建立社会学系的燕京大学,1925年将系名改为"社会学及社会服务学系",突出"社会服务学"的概念,直到1934—1935学年度雷洁琼在该系讲授的课程仍然是"社会服务学概论",但1929—1930学年度该系已改名为"社会学及社会行政学系"了。

关于燕京大学社会学及社会服务学系的系名及课程设置、任课教师等情况,可以参阅该系编辑出版的《社会学界》杂志。《社会学界》从1927年开始出版,每年一卷,1938年出至第10卷终刊,其中1935年和1937年没有出刊。在每一卷的附录当中,都有燕京大学社会学系的介绍。前述雷洁琼的任课情况,就来自于该刊第9卷"附录一",系1936年出版。《社会学界》可从国家图书馆的远程资源库读到,非常方便。

说"社会事业"的译法最为普遍,主要依据是1944年出版的一本社会工作著作——《现代社会事业》,这本书的作者是民国时期有名的社会学家言心哲。言心哲在书中写道:"'Social Work'在我国文字中译为社会事业,似无不当,国立编译馆所翻译之社会学名词,曾开会讨论,'Social Work'已多数赞成译为社会事业矣。"① 但他也承认:"现在我国,在某种情形之下,或称社会服务,或称社会福利,或称社会行政,似均无不可(例如现在各地所设之社会服务处,社会部之社会福利司、社会行政计划委员会),而各种社会服务活动的统称,则似以社会事业为宜。"② 这段话表明,当时对"Social Work"的译法是很混乱的。

言心哲为什么不同意将"Social Work"译为"社会工作"呢?他自己做过交代:"'Social Work'译为社会工作,原无不可,但慈善事业与合作事业等,似亦不便归在社会工作之内,而称为'慈善工作'或'合作工作'。"③ 在他看来,慈善事业与合作事业"不便归在社会工作之内"的理由是这两种事业属于消极的社会事业,不应该称为社会工作。

民国时期另一位有名的社会学家李剑华也写过一本社会工作入门书,就叫《社会事业》,1931 年由上海世界书局出版。从书名可以看出,李剑华是支持将"Social Work"译为"社会事业"的。他写道:"中国最初把'Social Work'译为社会工作,社会事业的译名系从日本来的,至于社会事业名称被使用的年代,只好留待后日去考证了。"④ 这段话告诉我们一个重要信息,"社会事业"的译名是从日文转借过来的,只不过不清楚开始使用的年代,这个问题也交由有兴趣加有能力的读者(同学)去解决。

---

① 言心哲:《现代社会事业》,河北教育出版社 2012 年版,第 9 页。
② 同上。
③ 同上书,第 8 页。
④ 李剑华:《社会事业》,世界书局 1931 年版,第 2 页。

李剑华还交代过"社会事业"名词的最初发明者："通常以德国社会事业成立之年为1902年，在这年，亚尔布来希德教授发表一部总括当时德国社会事业的大作，叫做社会事业教科书。不过社会事业的名字在1896年的时候，已经有人用了，故德国社会事业的来源，也可以说起于1896年。"① 根据他的说法，中国早期引进社会工作是以德国为模板的，这可能是因为德国社会工作的发展在当时最成熟。其实，对中国早期社会工作发展影响最大的并不是德国。

民国时期的出版物多以"社会工作"命名

在言心哲《现代社会事业》出版的时候，已没有多少人使用"社会事业"这个概念，而以"社会工作"为这一专业的专有名称了，出版的各种著作也多以"社会工作"命名。

检视一下民国时期以"社会工作"命名的著作，大致有这样几种：钮长耀著《社会工作初稿》（中央社会部1940年版），蒋旨昂著《社会工作导论》（商务印书馆1946年版），李安宅著《边疆社会工作》（中华书局1944年版），宋思明、邹玉阶合著《医院社会工作》（中华书局1944年版）。除去钮长耀的《社会工作初稿》以外，其他几种均已由河北教育出版社整理重印。而在杂志论文中使用"社会工作"的作品更多，如吴桢的《社会工作是一种社会制度抑或社会运动》（《社会建设》1948年第1卷第5期）、范任的《社会工作与大同之志》（《社会建设》1948年第1卷第3期），等等。

1944年1月15日，由国民政府社会部主办的《社会工作通讯

---

① 李剑华：《社会事业》，世界书局1931年版，第1页。

月刊》正式在重庆创刊，由时任中央社会部部长谷正纲题写刊名。该刊的发刊词阐明的办刊宗旨为："抗战建国期间之社会工作，与我国旧时及革命前期所推行者多有不同，与欧美各国常态社会中所推行者复恒异其趣：其意义与使命尚非尽人所能了解，愈深入社会基层，则愈有阐明之必要，其规制与方法更不能仰诸因袭，惟赖工作人员自现实中求创造，自体验中求发明；举凡本党社会政策之阐扬，社政法令之诠释，工作技术之研讨，社会需要之探求，又非有自由抒发及质疑攻错之机会不可。"《社会工作通讯月刊》的创刊，可以看作对这一专业名称的权威认定，而且这一时期官方制定的有关法规或政策均以"社会工作"相指称。

蒋旨昂强调统一使用"社会工作"概念

蒋旨昂是一位20世纪40年代崭露头角的社会学家，他的学术志趣集中在社会工作领域。他写了一本基础性的社会工作著作，取名为《社会工作导论》，明确指出应该有一个唯一的名词来指称这个专业。他说："所谓社会工作、社会服务、社会事业、社会福利乃至社会行政、社会建设，只是同一内容之相异的名词罢了，有些甚至只是同一事实之不同的译名罢了，随便应用，都无不可。我们却以为一个名词应该代表一个确定的概念；同时，一个概念应该有一个确定的名词来标明。"[①] 这段话表明了蒋旨昂在学术上的严谨态度。他还对关涉社会工作的几种基本概念做了专门讨论，最后确定选用"社会工作"这一专业术语，并对其他的关联术语做了严格的界定。

关于"社会工作"的定义，当时也有很多种，也是不统一的，

---

① 蒋旨昂：《社会工作导论》，河北教育出版社2012年版，第12页。

这里不多作讨论，只引用蒋旨昂的定义来做说明，因这一定义最具代表性。蒋旨昂给社会工作下了一个很独特的定义，他说："社会工作是一种过程，应用各种社会力量（亦即社会制度所发生的力量），加以配合，使之帮同增加人之社会接触、人之活动或自由，——至少减除阻碍此种增加之可能的因素，如愚、如穷、如弱、如私。换言之，社会工作是一种发展社会化，以培育个性的过程。"① 以过程的观点来给社会工作下定义，确实很有深意，需要我们去认真领会，尤其是在实务作业过程中加深理解。

做个小结

尽管由于翻译或理解上的差异，曾经对"Social Work"一词出现过多种不同的译法，但在社会工作实务方面并没有因为概念认识上的不同而受到影响。而且，在经过一个时期的争论与探讨之后，对这一概念的理解和表述也逐渐趋于一致，并且，随着对社会工作学科性质认识的不断深化，人们对其内涵和内容的理解逐渐趋于一致。

【问题研讨】

我们现在耳熟能详的"社会需要""社会政策""社会建设""小康社会"等词语，正是蒋旨昂当年用来给"社会工作"下定义所着力分析的基本概念。为了讲清楚"社会需要""社会政策""社会服务""社会行政""社会福利事业""社会建设""小康社会"等概念与"社会工作"之间的相互关系，蒋旨昂给出了一幅示意图，以层层递进的格局清晰地揭示了从社会需要起步到完成社会建设的

---

① 蒋旨昂：《社会工作导论》，河北教育出版社 2012 年版，第 16 页。

社会工作过程（见图 1-1）①。这幅示意图把外来的"社会工作"与我国传统语境中的多个术语完美地结合起来，给"社会工作"下了一个很本土化的定义。

请仔细阅读蒋旨昂《社会工作导论》第一章"社会工作之地位"的内容，思考：（1）社会工作的本质是什么？（2）社会服务与社会行政的关系是怎样的？

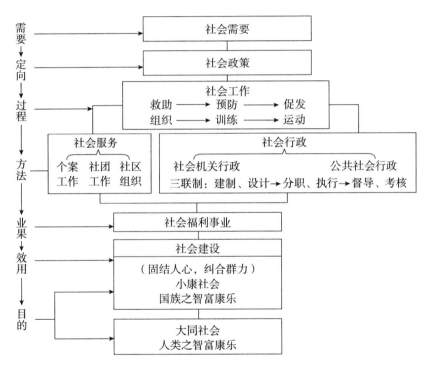

图 1-1　社会工作表解

【继续探索】

在前面叙述性的文字中，已经要求大家做些深入探索的工作：

---

① 蒋旨昂：《社会工作导论》，河北教育出版社 2012 年版，第 13 页。

（1）"Social Work"这一专有名词传入中国具体是在哪一年？

（2）"社会事业"的译名是何时开始在中国使用的？

还有一项是前面没有交代给大家的：

（3）蒋旨昂的"社会工作表解"有没有需要改进的地方？

【延伸阅读】

王思斌：《社会工作导论（第2版）》，第一章第一节，北京大学出版社2011年版。

孟亚男：《民国时期"社会工作"概念之辨》，《河北大学学报（哲学社会科学版）》2013年第3期。

步济时与北京社会实进会

根据我们的研究，近代中国社会工作的起点应该是1912年北京社会实进会的成立。北京社会实进会的创办人是美国人步济时（John S. Burgess），同时他也是燕京大学社会学系的创建人。

步济时的简要经历

步济时1883年出生于美国一个城市平民家庭，父亲是长老会的长老、基督教青年会的积极分子。步济时在普林斯顿大学读书时积极参加学生志愿者活动。他1905年毕业后短期在奥布林神学院学习，随后到日本京都基督教青年会教英语；1907年到哥伦比亚大学攻读社会学（1907年获硕士学位，1928年获博士学位）。1909年再任基督教青年会干事，受"觉醒的中国青年的挑战"吸引来到北京。在北京与一个美国传教士之女结婚，因此与在华教会发生联系，并为北京普林斯顿基金及其后的燕京-普林斯顿基金服务。步济时最初在北京城内组织社会联合会、学生社会服务社、产院，协助福利社团工作，并参加中国救灾委员会。他与成百参加基督教青年会活动的学生接触，使他们参加社会福利工作，成为社会服务的带头人。

1919年，步济时开始在燕京大学宗教学院教授社会学，在中国社会学研究中率先倡导实地调查，《北京行会》是他早期重要的社会调查成果。1922年，步济时倡议并亲自领导成立社会学系，开设应用社会学专业即社会工作专业，为中国培养了最早的社会工作者。步济时一家于1926年返回美国，他本人在1928—1929年间又来燕京大学一年，其后在美国几个大学教授社会学并任主任。步济时1948年退休，1949年逝世。因为步济时对中国社会工作事业的建立与发展做出了奠基性的工作，所以有人称他为"中国社会工作之父"。

北京社会实进会做了哪些工作？

北京社会实进会的最初名称是"北京学生团社会实进会"，由来自北京3所教会学校和3所公立学校的40名学生组成，隶属于北京基督教青年会。1914年6月，该会得到内务部的批准，被承认为正式服务社会的组织，名称也改为"北京社会实进会"。

从1911年起，每年或每隔一年的夏天，步济时便组织对基督教感兴趣的学生在北京西山卧佛寺开会，讨论一些有关基督教与社会服务结合的问题，如"近代社会科学与社会进步""耶稣的社会福音""慈善事业与社会工作"等，激发学生为社会服务的志趣。后来，学生们就不再满足于一般的讨论，他们要接触民众并为其提供力所能及的服务。于是，1912年10月6日，在另一名北京基督教青年会干事格林（Robert R. Gailey）的家里，由步济时主持，"北京学生团社会实进会"正式成立。

北京社会实进会都做了哪些工作呢？根据目前掌握的资料，我们只能归结为三个方面。分述如下：

第一，北京人力车夫调查。

社会调查、科学诊断、制定方案、采取行动，这是北京社会实进会的工作步骤。关于北京人力车夫生活与工作状况的调查是北京社会实进会组织的最早的社会调查，也是近代中国第一个社会调查。这次调查是在1914—1915年间进行的，调查问卷由步济时设计，社会实进会的学生搜集资料，北京大学社会学教授陶孟和分析资料并写出报告，步济时又做了补充说明。

根据京师警察厅的报告，1915年北京内外城的人力车夫共有20859人，如果再加上他们的家属，更是个不小的数字，他们的生活和工作状况足以代表北京下层社会的情形。为了收集到完整的资料，步济时采用了5个途径：（1）访问了数百位车夫，让他们按问卷回答问题，每人给5个铜子儿的酬劳。问卷共有41个问题，包括车夫的背景、经济、健康、娱乐、教育、宗教信仰等项目。（2）在街上观察车夫的年龄、衣着、身体、车况、车资、如何找主顾、车站等共16个方面的状况。（3）访问人力车夫聚集的茶馆或街头休息处，了解他们的娱乐方式，并从与他们的谈话中判断其教育背景及爱好。（4）访问车夫租赁人力车的车厂，通过观察并与车主、车夫交谈了解情况，因为有许多车夫就住在车厂。（5）到演讲堂、警察局、医院、收容所、粥厂等人力车夫常去的地方访问，了解情况。

在接受调查的302名人力车夫中，有一半已经结婚，近一半要各自赡养3人，有100人要分别养活一大家人。绝大多数车夫一天只能挣51—80个铜子儿，除去租车的费用，纯收入只有30—40个铜子儿。从车夫的家庭生活费用来看，每人每天约需15—20个铜子儿，一个3口之家需要45—60个铜子儿才能维持最基本的生活。由此可见，一个车夫每天拼命干活，也只能使全家勉强糊口。这样的结果显示，人力车夫是一个花大体力而又不经济的工作，既无技能可言又损害健康，将来还会被其他现代交通工具所取代。因为调查的初衷在于社会改良，所以他们提出了如下建议：在车夫个人方面，应注重其教育和技能培训，如普及工业教育；改善其生活方式，如教以节俭储蓄、为他们准备较健康的娱乐生活。在社会方面，应立法限制车租，除车租的10%为车主利润外，其余部分储蓄起来，供车夫购车之用；规定最低拉车年龄，按时间与车程制定统一的价格标准等。为了对人力车夫有些实际的帮助，他们还请来200名车夫和乞丐，让他们免费用餐并向他们宣传卫生与健康知识。

第二，开展社区服务。

北京社会实进会的社区服务工作大致上分为教育、演讲和娱乐等几个方面，宗教色彩不是很浓，更偏向于启发民智，增强底层民众的自立能力。

推广教育。为了使更多的北京人能够有读书识字的机会，创办了3所夜校，1914年有学生120人，主要学习国文、地理、算术、修身、卫生和历史。另外，还开设了两所免费夜校，主要为贫困子弟和一些年长失学的人提供学习文化的机会，并免费供应书籍及笔墨纸张。

举办演讲。演讲分为两类：普通演讲和特殊演讲。普通演讲面对的听众比较广泛，举办地点遍及京城10处及近郊农村，每周日演讲一次，内容包括卫生、社会和世界知识等。特殊演讲每两周举行一次，主要针对教养局、养济院、习艺所和济良所，试图把基督教的影响扩展到这些有特殊需要的人身上。对北京第一监狱的犯人宗教教育工作每周举行一次，由基督教青年会一名干事负责，利用犯人中午休息时间与他们谈话并向他们布道。

健身娱乐。在市内设有两处游戏场为市民提供健身游戏活动，内容包括体操和球类，有专人进行指导。另设有一处幼儿游艺场，活动有体操、篮球、秋千、杠架和跳远等，很受儿童欢迎。

第三，创办《新社会》旬刊。

1919年11月1日，北京社会实进会创办了《新社会》旬刊，由瞿秋白、郑振铎等主编。最初是4开一大张，从第7期开始改为8开本的小册子。该刊的主要撰稿人除瞿秋白、郑振铎以外，还有耿济之、许地山、瞿世英（瞿秋白的远房叔叔）等。《新社会》遵循的是一种以社会调查来研究社会问题、以社会服务来解决社会问题的思路，内容包括报道社会实进会的活动，介绍西方社会学家及其学说，讨论社会改造、妇女解放、劳动问题和知识分子的前途等现实问题。1920年5月1日，《新社会》被京师警察厅以"主张反对政府"的罪名查禁。

做个小结

北京社会实进会究竟是在哪一年结束的，现在还不太清楚。但是，它所开创的社会服务事业却在当时的北京社会产生了一定的影响，尽管这种影响更多的是在专业圈子里。后来，北京社会实进会的一些成员或是参加了平民教育运动，或是加入了中国共产党，把改造中国社会的目光集中在底层民众身上，为近代中国社会工作的发展播撒了火种。

【问题研讨】

我们把北京社会实进会的创立看作社会工作进入中国的开端，持不同意见的人可能不会太多。但是有人指出，这样看待社会工作在中国的起源忽略了社会环境甚至是政治环境的因素。在很多人的思维习惯中，推翻中国两千多年君主专制的辛亥革命才是中国社会工作兴起的决定性因素，这样的认识不能说没有道理。

以北京社会实进会所在的城市来说。民国初年，北京的市政管理机构创办了粥棚、弃婴所、孤儿院、济贫院、养老院和教养学校等，为贫困人群提供各种服务。从1914年开始，京都市政公所（这是北京最早的市政管理机构）使用市税收基金，向北京的每一家孤儿院提供每月100元的资助。1914年至1918年间，京都市政公所用于粥棚上的钱就有5000多元。逢旱涝等自然灾害时，市政公所还向市民提供特别的资助。

的确，辛亥革命开启了中国的社会现代化进程，具体表现之一就是原先纯粹由民间主办的社会救济机构转向由地方政府与民间组织共同办理。换句话说，民国成立后政府开始担负起救助困难群体的责任，这是现代政府与古代政府的本质区别之一。但北京社会实进会的创办与这个大背景的关系不是很密切，而与创办人步济时的个人主观因素关系甚大。实际上，中国社会的转型是从清末"新政"开始进入深水区的。因此，要追寻社会工作在中国生根立足的社会大环境还要从更早一些时候着眼，而不应该从辛亥革命的"断裂式"变化开始。

对这段历史感兴趣的读者（同学），可结合阅读中国社会史或中国社会福利史之类著作，继续研讨下列问题：（1）社会工作进入中国是否存在着很大的偶然性？（2）辛亥革命后确立的共和政体对中国社会工作的兴起与发展有着怎样的影响？

【继续探索】

就本节所涉及的主要内容而言，尚有几个问题需要继续探索：

（1）步济时一生的主要经历与学术贡献；

（2）北京社会实进会是在什么时候和如何结束的？

【延伸阅读】

彭秀良：《守望与开新：近代中国的社会工作》，第一章第二节，河北教育出版社 2010 年版。

左芙蓉：《一位外国社会学家眼中的民国初期北京社会服务》，《广州社会主义学院学报》2007 年第 3 期。

延伸阅读

二、社会工作的中国源头

社会工作虽然是从西方传入中国的，但这并不能否定近代中国社会工作还有自己的一个源头。中国古代丰富的社会福利思想和偏重于社会救助的制度安排，都对近代中国社会工作的形成产生了极大的影响。

中国古代的社会福利思想

我国古代的社会福利思想可谓源远流长，在两千多年前春秋战国时期的百家争鸣中，就能找到诸子百家对济贫的各种说法，最为著名的是儒家的"民本""仁政"和"大同"思想。

儒家的社会福利思想

《礼记》是儒家经典之一，是秦汉以前各种礼仪论著的选集。在《礼记·礼运》中记录了孔子一段关于"大同"的著名言论："大道之行也，天下为公。选贤与能，讲信修睦。故人不独亲其亲，不独子其子，使老有所终，壮有所用，幼有所长，鳏寡孤独废疾者皆有所养。男有分，女有归。货，恶其弃于地也，不必藏于己；

力，恶其不出于身也，不必为己。是故，谋闭而不兴，盗窃乱贼而不作，故外户而不闭，是谓大同。"

这段话的意思是说，大道施行的年代，天下为公，贤者和能者通过选举而执政，讲究言行的信用，注重社会的和谐。因此，人们不只是亲爱自己的亲人，不只是慈爱自己的子女，更使得老年人的归宿有妥善的安排，壮年人的才干有发挥的机会。独身的人、孤弱的人、没有子女照顾的人、身患残疾的人，都能够得到社会的供养。男人得以就业，女人各有夫家。人们绝不出于一己之心贪图财物，吝惜劳力。这样一来，阴谋诡计不可能滋生，盗窃反叛不可能造成破坏，家家户户夜不闭户，这就是"大同"社会。

孔子规划了"大同"社会的愿景，孟子则提出了"民本"和"仁政"的思想。《孟子·梁惠王下》有云："老而无妻曰鳏，老而无夫曰寡，老而无子曰独，幼而无父曰孤。此四者，天下之穷民而无告者。文王发政施仁，必先斯四者。"孟子指出了鳏、寡、孤、独这四种人是天下最为困难又无所依靠的群体，周文王施行仁政，首先救助的就是这四种人。孟子的"仁政"思想是与他的"民本"思想相一致的，所谓"民为贵，社稷次之，君为轻"① 是也。

在孟子的社会福利思想中，对老年人的关爱具有非常重要的地位。《孟子·梁惠王上》提出了"老吾老，以及人之老；幼吾幼，以及人之幼"的著名论点，告诉人们要将自己的慈孝之心推衍广大，落实到更宽大的社会层面。而对于老年人的福利待遇，孟子给出了更具体的主张：

> 五亩之宅，树之以桑，五十者可以衣帛矣；鸡豚狗彘

---

① 《孟子·尽心下》。

之畜，无失其时，七十者可以食肉矣；百亩之田，勿夺其时，数口之家可以无饥矣；谨庠序之教，申之以孝悌之义，颁白者不负戴于道路矣。七十者衣帛食肉，黎民不饥不寒，然而不王者，未之有也。①

"五十者可以衣帛"，是说五十岁的老者可以穿丝织衣物；"七十者可以食肉"，是说七十岁的老者可以得到肉食；"颁白者不负戴于道路"，是说须发斑白的老者不必再从事重体力劳动。孟子对老年人给予特殊照顾的见解，对后世执政者的影响是很深远的。

墨家的社会福利思想

除了儒家的社会福利思想以外，墨家的"兼爱"思想也广为流传。墨子主张"兼相爱，交相利"，提倡"天下之人皆相爱，强不执弱，众不劫寡，富不侮贫，贵不傲贱，诈不欺愚"。② 意思是说天下的人都相互友爱，强大者就不会控制弱小者，人多者就不会威逼人少者，富足者就不会欺侮贫困者，尊贵者就不会傲视卑贱者，狡诈者就不会欺骗愚笨者。

从"兼爱"思想出发，墨家又提出"有力者疾以助人，有财者勉以分人，有道者劝以教人。若此，则饥者得食，寒者得衣，乱者得治。若饥则得食，寒则得衣，乱则得治，此安生生"。③ 翻译成白话就是说，有力气的赶快助人，有钱财的努力分与他人，有道的人勉力教人。如此，饿的人就可以得到食，冷的人就可以得到衣，混乱的就可以得到治理。如果饿的人可以得到食，冷的人可以得到衣，混乱的可以得到治理，这就可以使人各安其生。从这段话

---

① 《孟子·梁惠王上》。
② 《墨子·兼爱中》。
③ 《墨子·尚贤下》。

可以看出，墨家的思想更接近于邻里守望相助的性质。

做个小结

孔子、孟子、墨子等古代思想家很早就为我们建构了福利社会的雏形，并在不同程度上影响了我国历代的社会福利措施，尤其是大同思想对我国后来的社会福利思想及实践有着极大的影响。以孔孟为代表的儒家思想主张政府积极介入济贫领域，由于儒家思想长期占据着中国传统社会福利思想的主导地位，政府积极介入的济贫思想也就支配着历代统治者的济贫实践，这是社会工作进入中国以后能够迅速生根发芽并获得快速成长的精神源泉。

【问题研讨】

在中国古代社会，农业是国民经济最主要的生产部门，国家的财源和民众的生存主要依赖农业。但是，农业生产因受季节、气候和自然因素的影响比较大，再加上频繁的战争等人为祸患，丰歉很难预料。因此，历代的政治家、思想家都主张要注意储存粮食，以备灾荒。《礼记·王制》中说："国无九年之蓄曰不足，无六年之蓄曰急，无三年之蓄曰国非其实，而百姓贫，夫是之谓上溢而下漏，入不可以守，出不可以战，则倾覆灭亡可立而待也。"这是主张国家加强粮食储备的明确表述，同时也说明，中国古代社会国家的绝大部分财富都掌握在官府手中，也只有国家才有条件对贫困者实施救助，这必然使官府成为实施社会救助的责任主体。

《礼记·王制》还说："少而无父者谓之孤，老而无子者谓之独，老而无妻者谓之矜，老而无夫者谓之寡。此四者，天民之穷而无告者也，皆有常饩。喑、聋、跛、躄、断者、侏儒、百工，各以其器食之。"这段话是说，对于矜寡孤独，国家要按时给以救济。各类残疾人在国家收养的前提下，量能授事，充分发挥他们的体能。仔细阅读上面引述《礼记》中的两段话，对于不认识和不解其意的字词，通过查阅字典或词典弄清楚，然后思考：（1）中国古代思想家主张的国家收养各类残疾人和救济矜寡孤独，与我们现在所说的救助困难群体是政府责任，有没有什么区别？（2）中国古代思想家在主张国家收养各类残疾人的同时，也提出了要让残疾人发挥自身潜能的见解，这与残疾人社会工作的理念是否一致？

【继续探索】

《礼记·王制》中说："老而无子者谓之独。"《孟子·梁惠王下》中也说："老而无子曰独。"可见，在中国古语中"独"字有着特定的含义。那么：

（1）我们现在常说的"失独家庭"，这个"独"字与中国古语中的"独"字含义是否相同？

（2）如果前一个问题的答案是否定的，又应该如何称呼所谓的"失独家庭"？

【延伸阅读】

王子今、刘悦斌、常宗虎：《中国社会福利史》，第一、二章，武汉大学出版社 2013 年版。

甄尽忠：《先秦儒家社会救助思想析论》，《河南师范大学学报（哲学社会科学版）》2005 年第 3 期。

刘华丽、李正南：《中国古代社会福利思想综述》，《南昌高专学报》2003 年第 1 期。

中国古代的社会救助活动

中国古代的社会救助活动主要在以下两个方面展开：一是在频繁的自然灾害风险中，更加重视灾后的救助，救助的内容十分全面；二是对于社会上的弱势群体，官府以及其他社会保障机构总是将对他们的保障当作自己的责任，形成了一套行之有效的保障制度与措施。

中国古代的常平仓、义仓、社仓

常平仓、义仓和社仓是中国历史上仓储制度的骨干，汉代首创常平仓，隋代出现义仓，至南宋创建社仓乃三仓齐备，此后一直沿用至清代。

关于灾害的救助，最早出现的预防和救助措施是常平仓的设置。常平仓相当于现在的国家粮食储备仓库，用来平抑粮价，救济百姓，即常持其平。常平仓大约起源于春秋战国时期，其起源当归于管子的轻重之术与公仓之外另设常平仓的设想，战国时期魏国的李悝就曾经建有常平仓，但以汉宣帝所设的常平仓最为著名。常平仓在制度设计上，既有利于备荒救灾，又能防止粮价剧烈的波动对农业生产和城市居民生活的不利影响，对维护传统社会生产的正常运行和社会、政治秩序的安定具有重要的作用。西汉之后的很多朝代都实行过常平仓制度，常平仓调节粮价与储粮备荒的功能得到了验证，成为中国古代社会荒政的一项重要的内容。

常平仓之外，中国古代社会还设置有义仓和社仓。义仓起源于隋朝，隋文帝开皇五年（585），依照工部尚书长孙平的奏请，在诸州"劝课当社，共立义仓"。义仓设置之初，专为灾年救荒之用，发放形式只有赈济一种。到了宋代，义仓职能有所发展，以赈济为主，增加了赈贷、赈粜的功能。赈济是义仓设置的原始目的，义仓谷物由民间义务输纳，是由政府管理的民间谷物储备。但政府只是代为管理百姓自己的储蓄，饥荒到来时，就将义仓谷赈放给灾民。义仓在一定程度上使百姓免遭颠沛流离之苦，减轻了灾害带来的损失，对尽快恢复正常生产生活也起到了积极的作用。

社仓首创于南宋时期。由于常平仓、义仓发展较成熟后都设置在州县城邑，故而救济的范围只是城市之民，而乡野之民较少得到恩泽，救荒成效受到一定限制。为了尽快解决这一弊端，社仓便应运而生。南宋社仓的性质是民办仓储，由民间好义举、有德行的人士发起设立，其管理权也不属于官府，"仍差本乡土居或寄居官员、士人有行义者与本县同共出纳"。著名哲学家朱熹对社仓制度的建立贡献颇大，他规定社仓的运作方式是每年贷借一次，春夏借秋冬还，归还时加收十分之二的利息，如年成较差减半收息，遇大饥荒时则全免收息。

常平仓、义仓、社仓有着很大的不同。首先是仓本来源、管理部门及由此导致的仓储性质的不同。常平仓由政府出钱为籴本，政府管理，是纯粹的官仓；义仓储积来自于民户正税之外的另项输纳，正税之外加纳百分之十或百分之五的谷物，是由政府管理的民间储蓄；社仓谷本借贷于政府或富户，由乡绅管理，是民仓。其次是各仓基本救荒手段的不同。常平仓主要通过赈粜来平抑物价，以达到救荒的目的；义仓谷物大部分用于无偿赈济；社仓则主要以常年借贷的形式来助民生存。再次是设置地点的不同。常平仓和义仓多设置在州县，社仓多置于乡村。

中国古代对弱势群体的救助措施

对于社会弱势群体的救助，通常体现为对其生存权利的保障，这被视为政府的责任。历代政府或制定政策保障其生活必需品的给付或设置专门的机构负责弱势群体和不幸人群的收养。《礼记》讲的"皆有常饩"就是指生活必需品的给付。唐代的病坊、普救病坊、悲田院，宋代的居养院、福田院，明代的养济院均是政府收养孤老病残乞丐和城市流民的机构，所需经费由官府拨付，并有严格的管理和考核制度来保证政策的实际效果。

除了生活必需品的给付之外，还有工作的安置、疾病康复和对弱势群体或不幸人群的人格尊重。《周礼》讲的"各以其器食之"和荀子讲的"材而事之"，说的就是根据其能力给予工作机会使其自食其力的意思，春秋时通常所见到的瞽人任乐师、刖者掌城门就是这一制度的体现；而历代的收养机构往往附带了疾病康复的内容，如宋代的安济坊。

弱势群体和不幸人群中的一个特别的类别是弃婴。弃婴源于家庭生活的困难和重男轻女的观念。这种现象在宋代的有些地区已经十分普遍。弃婴是有违人道的，而且还会造成国家的丁役困难，因此弃婴救助便成为保障机构的重要内容。宋代的慈幼局、明代育婴堂负责了政府保障弃婴的责任，而明清时期遍布于相对富庶的江南地区的基于慈善思想的民办育婴堂在极大的程度上分担了政府责任。

还应该提及漏泽园。它实际上是一个使贫困无依和羁旅无家可归者死后得以安葬的公共墓地。北宋时期首先由政府建立，然后民间仿效。这种理丧恤葬的保障措施实际上基于孟子"养生送死而无憾"的政治理想。对死者入土为安的举措，实际上是对生者的安慰。

另外，值得特别提及的是对老年人的尊重和赡养。历代统治者都为提高老年人的社会地位和生活水平采取过许多有意义的措施。这些措施首先体现为对老龄人口的优待政策。优待政策是与身份相关联的，即政府官员在到达一定的年龄后，有资格享受各朝政府不同替代率（致仕后的保障给付占致仕前俸禄的比例）的保障给付。

从社会保障的角度看，这种以身份为条件的制度，使得致仕的老年人在以家庭养老为基础的社会里生活得更加美好。对于一般的老年人也有物质给付的保障。这种保障一般仅仅与年龄相关联，即到达一定的年龄就可以享受老年给付。其将老年人细分为几个年龄阶段，在不同的年龄阶段享受不同级别的物质给付。在老年保障制度中还有免除措施，老年人可以免除徭役，在刑律上也可以优免，量刑时给老年减轻甚至免除处罚。值得注意的是，对老年人的保障往往会惠及利益相关者，如官员的后代可以获得荫补，一般高龄老年人的家庭还可以获得一人至数人的徭役免除，其目的在于解除老年人的后顾之忧，使其得到更好的家庭照顾。

做个小结

中国古代社会有着悠久的贫困救助传统。这一救助传统的存在，既表现了中国文化具有浓厚的人道主义价值取向，也表现了在我国古代社会，无论是国家权力还是社会精英群体，都有消除社会冲突、追求社会和谐的强烈意愿。我国在传统上是高度中央集权的国家，政府在社会生活的各主要方面都处于支配性地位。在贫困救助方面，政府具有同样的地位，尤其是在发生天灾人祸、贫困人口陡然增加之时，政府大规模的赈灾活动对缓解社会贫困状态起着决定性的作用。

【问题研讨】

著名历史学家钱穆世居江苏无锡七房桥，他在《八十忆双亲》里曾经回忆他的父亲为家族所设怀海义庄服务的几个细节：

> 七房桥阖族，有义庄三所。惟怀海义庄最先最大，乃由老大房五世同堂祖先所创立。特建一庄屋，在七房之最东偏。族中大集会必在此。而五世同堂一宅后最贫，特多

孤儿寡妇，老死者无以葬，幼小者无以教，婚嫁之资无所从出，有欲出外就业，亦乏资遣。而庄产须由富三房轮管，五世同堂不得过问。先父自以一贫苦孤儿出身，特痛悯同宅中孤儿寡妇。念祖宗置此义庄，本为子孙救灾恤贫。今庄业日起，而庄主日落，理当开放，务为拯恤。

……

既归，某叔父召先父商谈，嘱为义庄抚恤救济时期等级等，定一详细条款。谓："当一如君意，交义庄新聘账房照办。"自此五世同堂一宅，幼有养，老有归，皆得赖祖宗庇荫，粗衣淡食无忧，一宅欢然。而无伤义庄之资产。富三房对先父所定条款，亦皆翕服。乃不逾时，受抚恤者纷来告苦，谓所获米粮，品劣，几不可下咽。先父嘱携样米来，取两小包藏衣袋中，去至义庄。账房瀹茗陪坐。先父久不去。遂留午膳。先父席间语账房："君为五世同堂中贫病老弱操劳甚苦，然此乃君主要职责。此辈贫病老弱，不啻为君之真主人。"账房颔首曰："然。"先父因出示衣袋中两小包米，与桌上饭相比，曰："此乃君之真主人所食，与君日常奉养，精粗之差，何啻天壤。"账房立道罪。自此诸孤寡皆得吃白米。①

仔细阅读上面这段文字，认真思考下面的问题：（1）怀海义庄是个什么样的组织？（2）怀海义庄的管理模式是怎样的？（3）怀海义庄能够发挥什么样的社会功能？

---

① 钱穆：《八十忆双亲 师友杂忆》，三联书店2012年版，第16—17页。

【继续探索】

本节的内容可能是大家比较陌生的,因而需要深入学习与探索:

(1)通过查阅文献资料,比较常平仓、义仓和社仓的异同之处;

(2)电视连续剧《神探狄仁杰》中曾提到,对于超过一定年龄的老年人,县里要进行登记。请尝试着梳理一下中国古代社会"尊高年"的制度性规定。

【延伸阅读】

王子今、刘悦斌、常宗虎:《中国社会福利史》,第五、六、七章,武汉大学出版社 2013 年版。

张晓纪、刘锡涛、郭丛:《浅谈西汉常平仓》,《长春工业大学学报(社会科学版)》2012 年第 1 期。

许秀文:《浅议南宋社仓制度》,《河北学刊》2007 年第 4 期。

中国古代社会救助的制度安排

中国古代的社会救助活动虽然也和西方国家一样都停留在救灾济贫、矜孤恤寡等层次上,但中国古代官方所举行的社会救助活动绝非像西方国家那样是一种随机的、临时的救助活动,而是以国家制度和政策等形式固定下来的、比较完备的,被长期推行的一种社会保障活动。

中国古代的社会福利政策

中国在周代就有了最早的社会福利政策,"保息六政"是也。所谓"保息六政","一曰慈幼;二曰养老;三曰振穷;四曰恤贫;

五曰宽疾；六曰安富"。① 这六条政策中，前两条是关于国家扶助人民养老长幼的，第三条是关于国家救济鳏寡孤独的（鳏寡孤独四者谓之"穷"），第四条是关于国家扶贫济困的，第五条是关于国家宽惠残疾人的（免减力役），第六条是关于国家对富民不苛取（不专取其力其财）。这六条当中，除最后一条外，全部是平常时期经常性的社会福利救济事务，是国家福利救济行政的主要方面，至今犹然。

《周礼·大司徒》中还有"荒政十二策"的记载，也属于社会福利政策的范畴。所谓"荒政十二策"，"一曰散利；二曰薄征；三曰缓刑；四曰弛力；五曰舍禁；六曰去几；七曰眚礼；八曰杀哀；九曰蕃乐；十曰多昏；十又一曰索鬼神；十又二曰除盗贼"。这些政策和制度基本包括了社会救助的主要内容，即使以现代的眼光来衡量，也算得上是比较完备的。不过《周礼》距今的年代毕竟过于久远，其所记载的理想社会制度是否得以实施我们不得而知。但秦以来历代中央集权政府所实施的完备的荒政政策、汉以来积谷备荒的各项仓储制度、唐宋以降的居养制度等都是有据可考的信史。到了明清时期，各项制度和政策已臻于完善，形成了中国古代社会政府主办的社会保障事业的相对完整的制度系统，包括灾害救济中的雨雪粮价奏报制度，灾情勘报制度，灾蠲制度，仓储、粥厂等备荒、赈灾制度，以工代赈政策以及对特殊群体的优抚制度，尊老敬老政策，养济制度，育婴制度，等等。这些制度大多数在明清两代都是一以贯之的，是"固定的"和"经常的"。

中国古代社会救助的制度保障

据史籍记载，西周时期中央政府即已设立专门管理救灾事务的

---

① 《周礼·地官司徒》。

官职——"地官司徒","保息六政"也就是地官司徒的职责范围。《管子·入国》记载了管仲相齐时所实行的社会福利行政制度，即所谓"九惠之教"："一曰老老，二曰慈幼，三曰恤孤，四曰养疾，五曰合独，六曰问疾，七曰通穷，八曰振困，九曰接绝。"凡国皆设有"掌老""掌幼""掌孤""掌养疾""掌媒""掌病""通穷"等专官，具体负责救济事宜。后代仍有负责救济事务的官员，如唐代起初本为佛教寺庙主持的"悲田养病坊"，后被国家"置使专知"，有了专门负责的官员；宋代起初本由寺僧主持的帮助赤贫者安葬的事业，官府插手后变成"漏泽园"，也设置了主管官员。

除去设立专负其责的官员以外，在中国传统社会，政府对社会救助事务的介入基本上是受法律约束的，特别是到了传统社会晚期，官方在社会救助领域的主要活动基本纳入了法律规范的范畴。以对社会脆弱群体的救助为例，明太祖即位之初，不仅宣布了"鳏寡孤独废疾不能自养者，官为存恤"的原则，还将其贯穿于国家法律之中。《大明律》明文规定："凡鳏寡孤独及笃废之人，贫穷无亲属依倚，不能自存，所在官司应收养而不收养者，杖六十；若应给衣粮官吏尅减者，以监守自盗论。"《大清律》中也有这一条，其律文与《大明律》一字不差。

在《大明律》和《大清律》之外，明清两朝还颁布了大量有关社会救助的"事例"，如"尊高年""养幼孤""恤孤贫""收穷羁""安节孝""恤薄官"，等等。过去人们常将这些事例误解为"判例"，而事实上明清"例"亦具有法规的性质，而非单纯的司法判例。据此，若将明清两朝律例中吏、户、礼、兵、刑、工各部有关社会救助的"事例""则例"等汇聚在一起，完全可以编成一部"明清社会救助法规汇典"。

做个小结

从前面的简略分析中可以看出,我国古代的社会救助思想十分丰富,社会救助范围极为宽泛,并且做出了恰当的制度安排,这说明我国古代政府和民间的社会救助传统悠久而浓厚。西方的社会工作理念和方法传入以后,迅速在我国转型期的社会中生根发芽,并被结合进原有的优良传统。因此,中国社会工作的发展路径有着自己的鲜明特点。

【问题研讨】

明清两代对流浪贫民的照顾有着很完备的规定。清代在京师五城设有设栖流所,专责收养流浪贫民。《大清律例》规定:"京师五城每城各设栖流所收养贫民,凡外来无依及贫卧街坊者,该坊总甲报官收入,该司坊官按名登记循环簿。每名日给小米壹仓升,煤炭油菜制钱壹拾伍文。隆冬无棉衣者,给粗布棉袄一件。每所各募本城诚实民人一名,月给工食钱五钱,责令看管房屋,照料所在流民。若流民患病,报官拨医调治。有在所(中)病故及沿途卧毙者,通令报官掩埋,官给棺木,每口银价八钱。"

这样的规定按理说是很详细严格的,但执行起来效果并不是很好。这需要我们进行深入思考:为什么有如此良好的制度设计,却产生不了好的效果呢?

【继续探索】

作为一名研习社会工作专业、将来有可能从事社会工作职业的学生,一定要了解有关社会立法的基本知识。对于本节内容,我们应该继续探索:

(1)一旦已有的法律条文得不到贯彻实施,我们可以通过哪些救济途径,使得困难人群得到应有的照顾?

(2) 以后如果从事社会工作这种职业，在实务操作中要如何依据法律规定办事？

【延伸阅读】

王子今、刘悦斌、常宗虎：《中国社会福利史》，第八章，武汉大学出版社2013年版。

王侃、吕丽：《明清例辨析》，《法学研究》1998年第2期。

第二章　社会工作教育的起步与发展

本章要叙述的内容是社会工作教育在中国起步与发展的历史过程。社会工作专业教育的引入和创设是与西方教会的传教活动分不开的，但在创建之后，经过我国教育工作者的努力，它迅速与中国当时具体的社会问题相衔接，开始了本土化的过程。这一时期，社会工作教育从知识体系、课程建设、教材和师资队伍等方面都取得了一定的成就，值得我们回顾和借鉴。

一、社会工作教育的起步

西方传教事业与中国的高等教育

社会工作作为一门专业的引入和发展，与社会学息息相关。阎明的《中国社会学史：一门学科与一个时代》一书，特别指出西方教会对于中国高等教育的发展起了很大的作用："当时最早、最热心推动社会学教学与研究的，也是这些教会学校。"[1] 其中联系最

---

[1] 阎明：《中国社会学史：一门学科与一个时代》，清华大学出版社2010年版，第9页。

紧密的就是基督教，这和美国基督教的"社会福音"观念中参与公共事务和推广社会服务的社会信仰密切相关。

基督教的"社会福音"

作为最早一批社会福音布道者之一，华盛顿·格拉登（Washington Gladden）认为人类的本性是社会的而非个人的，因此没有人能够独自被救赎和拯救。这种观点就决定了基督教的社会福音强调的是一种积极的"入世"和"救世"情怀，希望以社会服务来实现社会的改革和进步。这种观念一经传入，就对近代中国产生了深远影响。由美国传教士湛罗弼（R. E. Chamers）创办，1902年创刊于广州的基督教刊物《真光月报》在1927年第6期首篇文章登载了师雅各、陈诗昌译述的《现代所需之社会福音》一文，重点强调了这种情怀。该文历数了当时的社会乱象，比如战争、阶级斗争、社会问题等，并认为由此产生的新运动，如劳动运动、经济革命运动、社会改造运动、国际和平运动、妇女解放运动等都是救时良剂。同时文章指出：

> 基督教以平等博爱自由为原则，即是诸般新运动之出发点。为基督徒者固常不后于人，身为先驱，以基督教救国救世救社会救人群，方不负耶稣降世为救主之本意。否则存独善其身之信念对社会之腐败，人民之痛苦，视若无睹，充耳不闻，拘守表面之仪文，羊坠于坑，不援以手。如耶稣所言撒玛利亚人之喻，彼遇盗受伤者，祭祀见，驱而避之，利未人见之，不顾而去。则耶稣再临之日，虽称曰主也主也，伊必应之曰速去，我未尝识尔。结果如斯，岂不大为哀乎？故吾人处今之世，尚有机会努力宣传社会福音，因社会福音，乃现代社会之不死药，回生剂，刻不

容缓者也。

所以，基督教的社会福音强调教派和信徒们的社会责任，而在当时进入中国的基督教宗教团体中，美国基督教青年会特别重视社会救济与社会服务。在本书第一章中曾经介绍了可以称为"中国社会工作之父"的步济时，其创办燕京大学社会学系并开设社会工作课程的经过，基本上可以作为中国社会工作高等教育创办的典范。

教会创办高等教育

从步济时的个人生平来看，其一生事业都带着典型的"社会福音"布道者的色彩。出生于教会家庭，父子两代都是基督教青年会的忠实信徒，又娶了一个在日本传教的传教士的女儿，这些经历都使得他本人对于社会福音无比忠诚，对其传教充满热情。步济时在华事业主要分为两部分，一部分是他极力倡导的社会服务，并希望通过社会服务来拯救当时衰败的中国；一部分是他的教育事业，正是他将系统的社会调查方法和社会工作专业引入当时的燕京大学，开创了中国社会工作专业教育的先河。

关于基督教（和天主教）开设教会学校的原因，王治心在《中国基督教史纲》中认为，最初单纯是为了传教士和信徒们的孩子有学上，而利用学校来传教以及服务的目的是以后逐渐发展起来的。所以晚清以来，教会学校最初以小学和中学水平居多。1922年，《中华归主》杂志统计当时全国高级小学和初级小学总计6593所学校，有学生184481人。到1900年以后，教会才逐渐发展高等教育。按照王治心在写《中国基督教史纲》一书时的统计，当时教会发展的高等教育机构分布如下（见表2-1）。

表 2-1　20 世纪上半叶外国教会在中国发展的高等教育机构

教派	片区	学校
更正教		北平辅仁大学
		上海震旦大学
		天津工商学院
	华北区	北平燕京大学设文、理、法三院
		山东齐鲁大学设文、理、医三院
	华东区	南京金陵大学设文、理、农三院
		苏州东吴大学设文、理、法三院
		上海沪江大学设文、理、商三院
		上海圣约翰大学设文理、工、医三院
		杭州之江文理学院
		南京金陵女子文理学院
	华南区	广州岭南大学设文理、农、工三院
		福州协和文理学院
		福州华南女子文理学院
	华中区	湖北华中大学设文、理、教育三院
		湖南湘雅医学院
	华西区	四川华西协合大学设文、理、医三院

表 2-1 也包含了我们现在一些知名高校的前身，从中可见当时教会办学的力度和决心。而且非常有意思的是，上面大学中赫赫有名的燕京大学、沪江大学、之江文理学院、华西协合大学等都曾开办社会工作专业。

做个小结

社会工作作为一个专业在 20 世纪初期被引入中国，西方宗教传教活动是一个重要的历史背景，这也是和社会工作自身的宗教渊源分不开的。在这一过程中，基督教（尤其是更正教）的社会福音观念与信仰起了很重要的推动作用。社会工作教育是为了推动社会服务来化解社会问题，为拯救和改良社会而培养人才。这一过程现在看来具有必然性，但实际上这是和当时重点推进这一事业的关键人物的社会学教育背景密切相关的。

【问题研讨】

研究一门学科的历史，专业教育是一个非常重要的要素。我国的社会工作发展实际上经历了两次引入，一次是20世纪初期，一次是1987年以后的专业恢复重建时期。由于长期以来中国社会工作史的研究没有得到充分重视，对于绝大多数目前攻读此专业的学生来说，对专业发展以及专业教育的知识往往只停留在第二个阶段。所以，普及20世纪初期到中华人民共和国成立这一段时间里社会工作发展的历史很有必要。通过我们的系统梳理，大家可以看到20世纪初期的西方宗教活动和社会工作专业的创立和产生之间的密切关联。

请阅读下面的文字材料：

> 为了在混乱岁月里生存下去并取得成功，青年会（中国基督教青年会——作者）迅速地将工作重点从社会服务转向了社会改革。北京青年会学生部干事柴约翰（John Childs）认识到学生们不再注意社会范围之外的宗教，他批评青年会在劳工问题上的犹豫和不清醒认识，认为在工业问题上的工作方式会有损青年会在社会改革方面作为革新力量的声誉。天津青年会的韩慕儒（Roscoe M. Hersey）还准备了有关社会改革的宣传册子，宣称宗教的最终目的是在地上建立上帝之国。
>
> 被誉为"中国社会工作之父"的北京青年会干事步济

时宣称:"对人类的拯救不仅是对个人的拯救,而是对整个社会系统的拯救和改变。"因他的确是青年会干事中对社会问题最有兴趣的先驱之一,提出在青年会的工作工程上应该包括工业改革和乡村改革。1911 年后不久,他在北京帮助建立了北京社会实进会,一个面对社会问题的城市基督教联合机构。早在 1917 年,在发表于《调查》杂志的《中国社会的挑战之一,美国社会工作者的机会》一文中,表达了他对中国社会改革紧迫性的认识。他还将社会科学的田野调查方法介绍到青年会,在 1929 年出版的《北京的行会》这本中国社会学研究的开拓性著作中,提倡研究类似行会这样的社会公共机构,可能是"这个面临巨大转变正进入新经济和政治联合体的民族来说,这也许是获得更多理解现在混乱局面的好方法。这些知识能给不可避免的东西方文化价值相互和谐融合带来一些光明。"①

根据上面的材料,继续搜集关于晚清到民国时期西方教会在中国的社会事工,分析:(1)教会所发起的社会服务与社会改革的动因是什么?(2)基督教的社会福音观念和信仰与社会工作的价值理念有何关联?

【继续探索】

(1)如何评价当时步济时以社会服务拯救中国的思想?

(2)如何以专业的眼光看待当时的教会事工(教会开展的社会服务)?

---

① 〔美〕邢军:《革命之火的洗礼——美国社会福音和中国基督教青年会 1919—1937》,赵晓阳译,上海古籍出版社 2006 年版,第 46—47 页。

【延伸阅读】

〔美〕邢军：《革命之火的洗礼——美国社会福音和中国基督教青年会（1919—1937）》，赵晓阳译，第一、二、四章，上海古籍出版社 2006 年版。

苑青松：《20 世纪初中国教会大学的特点及其现代意义》，《高等教育研究》2009 年第 6 期。

社会工作教育在教会学校的起步

教会学校开设社会工作专业的原因无外乎两个：一个是受当时国际社会服务已经开始专业化的趋势影响。至少在步济时开始在中国做调查的时候，英美的社会福利发展已经开始从物资救助向服务支持发展。比如，1917 年美国人玛丽·芮奇芒德发表《社会诊断》一书，标志着一些早期的社会工作方法也开始确立。第二个原因是社会工作本身是跟着社会学"打包引入"的，而社会学作为一门实证学科，为从社会调查和问题的诊断走向社会改良奠定了一个科学的基础。也就是说，中国社会工作专业教育的产生，应该是肇始于西方传教士的社会福音，是由以步济时为代表的带有专业背景的西方宗教人士，在调查分析当时中国落后衰弱的实际国情之后，将社会服务作为"济世良方"的一种选择——既然要以社会服务来"救世"，那么培养人才是必然的基础工作。当然，至于这一过程中是否在客观上带有"文化殖民"的色彩，答案也应该是肯定的。

步济时创办燕京大学社会学系

尽管学科史的专家们论证过葛学溥（Daniel H. Kulp Ⅱ）应该是最早在中国开设社会学系的人，但最早在华开设社会工作课程的，应该是燕京大学的步济时。前者在沪江大学开设的社会学课程在早期主要以社会调查等社会学课程为主。1926 年的《沪江年刊》中刊载了一位外籍教员所写的《概况：本校之社会科学科》一文谈道：

> 只有从比较上，我们能定自己的相当地位。所以几个含有友谊精神的比较，作兴是很有趣味的。譬如沪大是首先在中国创立社会学系，而得到这种荣誉。直到那个时候（1915 年——作者）其他大学或者是全无此类课程，或是只有一课为满足。多数的大学至今仍只有一课，一直到 1923 年吾校较任何学校社会学课程为多。此后燕京大学（受许多团体的赞助，如男女青年会神学除及大学本身）即开始创办社会工作科，兴添设许多课程。现在这两所大学对于此项学科较中国其他大学为优胜。

结合其他文献，中国社会学史上两个"最早"可以确定：葛学溥在沪江大学最早创立社会学系，时间是 1914 年；步济时在燕京大学最早设立社会工作课程，时间是 1922 年。关于步济时在燕京大学开设社会工作课程的原因，阎明转引了《步济时自传》里面的说法：

> 然而，当他开始接触中国大学生的时候，他的疑虑一下子就打消了。他感到自己发现了一个从未给开发的金矿。这些来自全国各地的年轻人，充满了理想，手里掌握着中国未来的命运。步济时认为，在中国的首都，没有任何传教士有这么好的机遇，能够帮助塑造这个国家的未来领袖。在他看来，中国在现代化的过程中接纳了西方的科学发明和机械装置，而这不过是欧美文明的表面形式。他要让这些年轻人认识西方文化中伦理的与精神的核

心动力——基督教。①

显然这种思路是和步济时本人认为通过社会服务可以治疗中国社会衰败的认识有关。要做社会服务,就必须有人能接受基督教关于社会福音的理念,能接受这种新理念的,大学生是最好的"传道"对象。当然,这不仅仅是步济时一个人的工作思路,也是当时北京基督教青年会的工作思路。步济时最初的工作是组织学生直接从事社会服务与社会改造,比如成立北京学生团社会实进会,他们在社会调查、社区教育以及社区服务中做了大量的工作。20世纪20年代反基督教运动开始,青年会的活动遭遇挫折,"普林斯顿—北京"中心做出了将工作重心向"燕京大学"转移的决定。按照艾德敷(D. W. Edwards)在1959年出版的《燕京大学》一书中谈到的,当时普林斯顿中心转移的原因,有非基督教运动的影响,也有人事安排的原因,也有考虑美国利益和苏联竞争的因素在,总之,就是希望将高校青年争取在手。步济时与燕京大学的结合一方面是普林斯顿中心的推动,另一方面,他本人作为普林斯顿的高才生在神学和社会学方面的素养是非常关键的要素。步济时最早在燕京大学的宗教学院任教,讲授社会学课程,他在1922年创设社会学系,最早将社会工作的一些课程引入其中,1925年改称社会学及社会服务学系。这迈出了中国社会工作教育的第一步。

早期的社会工作专业从属于社会学

在当时,社会工作作为一门专业也是从属于社会学的,至少在1930年之前并没得到重视和普及。1925年,许仕廉在《社会学杂

---

① 阎明:《中国社会学史:一门学科与一个时代》,清华大学出版社2010年版,第14页。

志》发表了题为《对于社会学教程的研究》的文章，里面讲到当时中学以上教社会学的"八大毛病"，其中第八大毛病就是："社会学实用方面，即社会服务，除一二学校外，绝不注重。"1929年出版的《社会学界》第3卷介绍了燕京大学、国立中央大学、沪江大学和厦门大学四所大学社会学系的状况，其中燕京大学和沪江大学均有专业社会工作课程开设。燕京大学社会学系的教员已经由最初的专职1人、义务6人，增长到专职6人、义务9人。沪江大学则也已经开设了社会个案、社会机关管理法等课程。社会工作专业教育自燕京大学起步后，沪江大学、复旦大学、之江大学、南京金陵女子文理学院等也相继开办了一些社会工作专业课程。

社会工作最早在教会学校开办，这主要和教会学校的社会服务价值体系密切相关，比如基督教会的"社会福音"核心的理念就是以服务来应对社会问题。所以当作为基督教青年会精英的步济时，遇上同样有基督教教会背景的燕京大学，二者一拍即合，为社会工作专业教育的"应运而生"提供了一个"必然"的契机。当然，还应注意到，这一学科之所以能够被中国接受，并逐渐落地生根，主要是因为在当时的中国，知识精英们也在积极寻求社会改良的手段，所以以许仕廉等人为代表的社会学界，接受这样一种应用性极强的专业，也并非偶然。囿于当时社会学本身也是刚刚在中国呱呱落地，知识、人才甚至生源都是相当匮乏的，因而社会工作专业早期的孱弱也是可以理解的。

做个小结

民国时期的社会工作教育是基于当时中国社会学乃至中国高等教育的大背景的，是与早期教会的引入和当时遍及全国的"西学东渐"运动密不可分的。步济时创办社会学系的工作延续了他本人在西方文化殖民背景下期望以社会服务来拯救中国的思路,他希望借助对大学和年轻人的影响来扩大对中国社会的改良工作;同时,社会工作在当时主要以课程的形式被涵盖在社会学的整体发展中,是作为社会学的一个重要分支——应用社会学存在的。

【问题研讨】

请仔细阅读许仕廉写于 1925 年的这段话:

> 教社会学不可不有一定方针,然后定程序科目。教育方针,不外四种。甲、一种普通科。使人知道社会原理构造生活及其问题。乙、一种高深研究科。由此渐进,以养成特别社会学理论家。此种理论家将来可以当教员,做编辑,著书立说,或任实地调查。丙、养成高等社会服务专门人才。其训练之苦,当比商科医科农科工程科,有过无不及。丁、立一种速成服务科,以教育现在慈善及其他机关服务者,或充青年会干事、教堂牧师者。
>
> 一学校应取何目的,全观该校意志及其经费确定,若经费充足,四项同时办理最好。中国正当社会改革时代,社会服务组织将日多一日,有训练之社会服务家,身价将日高。年来许多慈善堂模范监狱等处,出厚薪向余校求专门人才。余时有应付不周之苦。故依今日中国之趋势,社会学教育家不可不注重社会服务专门科。兹举欲应用社会服务专门人才的地方于下:(1)官立私立慈善堂孤儿院等其他慈善事业;(2)工厂中服务事务;(3)男女青年会;(4)华洋义赈会;(5)红十字会;(6)广东上海及其他各处所设社会服务机关;(7)地方服务团;(8)教会牧师等;(9)医院服务及公共卫生服务机关;(10)公共游

戏机关；（11）平民教育机关；（12）乡村地方团体。①

请分析以下问题：（1）燕京大学开设社会工作专业的背景和条件是怎样的？（2）当时人才培养思路与当时中国社会状况的关系是怎样的？

【继续探索】

（1）跟我们当前社会工作高等教育的课程设置思路相对照，许仕廉的社会学教育方针有何借鉴意义？

（2）以燕京大学为例，思考当时社会学与社会工作之间的关系是怎样的？

【延伸阅读】

王思斌、阮曾媛琪、史柏年主编：《中国社会工作教育的发展》，第一部分第一章，北京大学出版社2014年版。

孙志丽、张昱：《中国近代教会大学与社会工作》，《华东理工大学学报（社会科学版）》2011年第2期。

二、社会工作教育的发展

社会工作教育理念的探索

确立什么样的办学方针，培养什么样的人才，这是社会工作教育在中国获得初步发展以后必须面对和解答的问题。

燕京大学社会工作专业的办学方针

1926年，许仕廉在《燕大周刊》上发表了《燕大社会学系教育方针商榷》一文，提出：我们若仔细研究中国以往和现在的事

---

① 许仕廉：《对于社会学教程的研究》，《社会学杂志》第2卷第4期，1925年。

实，就知道我们在理论和空谈上已经产生了不少的国家领袖。他们工作的结果，就是社会紊乱与不宁的现象。这个时期的命运，我们相信他是不久的。继着他来的，便是"现身设法"期，燕大社会事业科——"照我所知道的，是中国的唯一的，——正是训练一种人才，适应目前之需要，以作各种社会事业，我们的老同学和毕业生已在社会事业上有了他们相当的贡献，早为全国人士所称许；但是我们应当精益求精。所以第一个教育方针，便是注重社会工作科。对于社会工作科，我们所要注重的有两件事：一、他的性质要极端的适用，教法和训练也要提高，使学生出学的时候，能直接服务社会，不致有什么阻碍，或需要重新适应的事。二、他的内容要全中国的，科学的。使训练能适应中国的环境，学生能得社会的信仰而占领袖地位。要搬到这两层，我们须有社会服务之标准，设立试验社会，与各种建设而不带政治性的社会运动联络，加聘各种社会服务的领袖人才（华人）为教授。虽然这些工作，都要有大宗的财力才能着手，我们也成功了不少。"这样一种办学方针让我们可以清晰明确地感受到燕京大学的"务实"，要求社会工作能服务社会，而且是让人才能够直接服务社会，缩短人才转化的周期；同时强调"本土性"，即人才培养既要科学，又要中国化，要适应中国的环境，尽可能让教学与当时的社会建设运动相结合，让中国人更多参与本土人才培养。

作为最早开办社会工作专业的高等学府，燕京大学社会学系的办学宗旨和目标具有鲜明的时代特征，注重科学的同时，也强调推动社会改良。于恩德在1930年第4期的《社会学界》中介绍了燕京大学社会学系的办学宗旨：（1）发展社会化的思想；（2）养成负责任的公民资格；（3）训练社会服务及社会调查专门人才；（4）提倡科学的地方建设；（5）促成以科学方法改良社会的舆论。而关于人才培养目标，在办系原则上有所说明："该系工作均依下列原则办理：（1）使学生对于普通科学，有广泛的预备，以便研究社会学与社会事业时有相当的基础；（2）使学生完成最少数的必修课程之外，均按个人之兴趣选修功课，以应个人的需要；（3）特别注重社会调查，使学生明瞭现代社会的情况，及搜集科学材料的方法；（4）求与实际的社会服务机关、社会运动及国内外的社会思想家相接近，对于实际工作与实际考察相完满的设备；（5）一切课程计划求应对中国的现实社会及政治改造的需要为目的。"

更具体的人才培养目标体现在1933年出版的《社会学界》第7卷发布的《燕京大学社会学系面面观》一文中。该文重申了社会学系的办学目的，其中包含了社会工作人才培养的要素："所以概括起来，本系的目的约有三种，即（1）社会建设专门人才的训练；（2）科学的社会研究；（3）社会服务的实验。分别来说，本系的设备不外使学生能：（1）在中等及高等学校讲授社会科学；（2）或在社会学方面做进一步的研究；（3）或加入地方服务工作，如城市之计划、模范乡村建设及地方自治、平民教育、公共娱乐与公民训练之指导；（4）或加入国家社会行政，如中央政府的内政部与市政府社会局之工作；（5）或在各种社会制裁机关供职，入监狱行政、感化工作与警察行政；（6）或做家庭福利、社会福利的工作，如各种救灾、医药、卫生、儿童福利机关之工作；（7）或做现代人口调查与人士等级等工作。"

言心哲的人才培养理念

社会工作教育的起步以及后续的发展，离不开高等教域领域知识分子的推动作用。到1940年前后，经过近三十年的积累，一批学术研究成果凸现。杨雅彬在《近代中国社会学》一书中指出："民国二十九年（1940年）国民党政府社会部的成立，对人才的需求才引起社会学界的注意，各校增加社会事业与社会行政科目，这方面的著作也日渐增多……其中蒋旨昂的《社会工作导论》具有学术上的意义。吴榆珍的《社会个案工作方法概要》是中国第一部个案工作之书。内容比较充实的是张鸿钧主编的《社会行政概论》，但署名为孙本文等著。而内容最详实的，是言心哲教授精心撰写的《现代社会事业》一书。"① 言心哲1928年毕业于美国南加州大学获得文科硕士学位，后受许仕廉邀请，先后任教于燕京大学、中央大学、中山大学和复旦大学社会学系，并从事社会问题与社会事业研究，积累了丰富的教学和科研经验，《现代社会事业》一书正是这种经验的一个总结。

该书的第三编"社会事业人才的训练"提出了关于社会工作专业人才培养的理念。首先是人才训练的目标，言心哲认为有七个方面：须顾及社会的需要；须注意于社会事业高级人才与低级人才之训练；须灌输现代社会事业的基本理论；须注意于社会事业专门技能的人才培养；须使被训练者能独立担任社会研究工作；要使学生有认识各种社会问题的本领及随时自动求得解决的能力；要使学生有深入民间、服务社会及办事的精神。

在此之后，言心哲介绍了西方学者对于社会工作专业人才分类的经验，提出适合当时中国的社会工作人才分类培养的思路：就我国目前社会事业人才之需要而言，社会事业人才的种类，似可分为：（1）社会事业行政领袖人才：须众望所归，对于社会事业的部

---

① 杨雅彬：《近代中国社会学（下）》，中国社会科学出版社2001年版，第854页。

门不必有其专精,但亦须略悉其梗概。(2) 社会事业的高级专门人才:必须有丰富的科学知识和社会事业的专门技术。(3) 社会事业的中等技术人才:须具有普通科学的知识及社会事业上所需要的各类普通技能,如调查统计、个案访问等。对于管理工作及记录各种事业的常识,亦甚需要。(4) 社会事业的低级普通人才:对于社会事业上的常识须略知其大要,并须善于劝导民众,通晓民情风俗。

蒋旨昂的人才培养理念

在《社会工作导论》一书的第七章"社工干部教育"中,蒋旨昂提出了他关于社会工作专业人才培养的理念,分为三部分。首先,社会工作成功之基础,离不开专业技术,而专业技术,只有精干的专业人员才会应用。针对"社工所努力者,是古已有之,由来已久的。既然古已有之,由来已久,便易司空见惯,便易以为谁都能担任"的错误看法,蒋旨昂认为:"正如许多人,以为生育子女是妇人都能办理的,不必假手他人,为什么要助产士,要产科医生呢?"所以要强调社会工作的专业性,不是谁都能干。当然,蒋旨昂并没有走极端,他认为:"同时也需确认,所谓专业,并非专得不与人相干的意思,事实上,社工人员所专的,便在于善于应用'助力',精于取得联系上面。"①

蒋旨昂将社会工作的专业人员分为两类,分别是社会服务人员和社会行政人员,社会行政人员须是由社会服务人员之中,按照其组织、任人和监督的能力选拔出来,才配为社会工作的领导人物。社会工作人员之教育,应以"训练""研究""服务"三者合一为最高原则。其具体机构可以分设专修科、大学系、研究所,基本可以

---

① 蒋旨昂:《社会工作导论》,河北教育出版社2012年版,第66页。

对应现在大学教育中的专科、本科、研究生三个层次。

蒋旨昂认为,社会工作的高等教育应包括五类课程。(1) 一般社会科学,特别是社会学,以作为确定社会工作态度的依据和认识社会问题的基础。(2) 熟悉社会建设国策和背景,使专业努力与建国需要相配合。(3) 卫生及教育技术,用来引发民众的具体手段。(4) 个案工作、社团工作、社区组织之技术,以为解决社会问题之专业工具。(5) 配备实习。

做个小结

燕京大学的社会工作办学理念延续了步济时的最初思路,但是体现在许仕廉那里又有了针对当时中国具体国情的本土思考。言心哲和蒋旨昂的专业开办理念则更多体现了一种借鉴国外并立足社会工作者知识体系的考量,也有针对中国社会问题和社会改良所需要专门人才建设的一种时代的本土考虑。后两者将这些理念融入教材,对当时学科建设是有重要意义的。

【问题研讨】

请仔细阅读以下材料:

> 孙本文在对中国社会学的发展作回顾时,特别指出了重视社会事业与社会行政的研究是"国内社会学界的一种新发展"。他并且对中国应用社会学的发展指示了方向。第一,详细研究社会问题。以往我国社会学文献中,以社会问题一类为最多。但此类书籍大都讨论西洋社会问题,其专论本国问题者,为数少。今后全国社会学者宜各就所长,对各种范围较小的问题,分别作详尽的研究,以期彻底了解本国社会问题的特质及其可能解决的途径。第二,加紧探讨中国社会事业与社会行政。我国学者向来不重视

社会事业与社会行政的研究，似不必讳言。自社会部成立后始引起一般社会学者的注意。今后宜有一部分社会学者专在此方面努力，借以研究我国社会事业与社会行政的实际状况及其可能发展的途径。第三，切实研究中国社会建设方案。今后全国社会学者应根据上述有关社会问题、社会事业与社会行政的材料，从社会组织、社会福利、社会服务及社会运动各方面，详细探讨当前及今后全国的需要，审慎拟订各种社会改革方案，借供政府参考。

孙本文给我们的提醒依然有效，我们对传统的隔膜越来越深，引进版的社会工作教材还在支配着人们的思维，真正对社会问题实施深度研究的进程远远不够。而现有的社会行政体制还停留在计划经济时代，不但不能适应市场经济的需要，更无法满足建设和谐社会的长远目标。

分析以下问题：（1）就教育理念而言，当时社会学教育的状况与我们当今有何相似之处？（2）当时的社会工作人才教育与培养理念，给我们什么启发？

【继续探索】

(1) 当前时代我们需要的社会工作人才是什么样的？

(2) 如何针对时代需要，明确我们的教育理念？

【延伸阅读】

张玮瑛等主编：《燕京大学史稿》，第一、二章，人民中国出版社1999年版。

彭秀良：《守望与开新：近代中国的社会工作》，第三章，河北教育出版社2010年版。

彭秀良：《言心哲与现代社会事业研究》，《团结报》2012年8

月 16 日。

彭秀良：《蒋旨昂及其社会工作思想》，《中国社会科学报》2013 年 1 月 25 日。

杨燕、孙邦华：《许仕廉对燕京大学社会学中国化的推进》，《北京社会科学》2015 年第 10 期。

林顺利：《中国社会工作教育的兴起与发展》，《社会工作》2016 年第 2 期。

社会工作课程设置的探讨

许仕廉关于社会工作课程设置的探讨

许仕廉在 1928 年出版的《社会学界》第 2 卷中发表了《建设时期中教授社会学的方针及步骤》一文，重点探讨了社会学学科与课程建设的思想，其中将社会工作课程放在了社会学的总体设计中。首先，许仕廉从中国革命角度出发论证社会学的贡献的第七条谈道："科学的社会工作（scientific social work），是以最新的方法改良社会制度（如救济制度、社会教育制度、工会制度、农会制度、乡村自治制度、监狱制度等），实行社会建设。"并认为："社会学之重要，既如上述，科学的社会学与科学的社会工作，在中国之提倡，乃不可缓矣。"其次，在课程设计中，社会工作是社会学的重要组成部分。许仕廉认为："一个社会学系教科应分为两部，基本教科和扩大教科。"基本教科共有 13 门课程，43 学时，包括：普通社会学（至少 6 小时）、社会原始学（至少 2 小时）、社会思想史（至少 3 小时）、中国社会问题（至少 4 小时）、家庭问题（至少 3 小时）、贫困问题及救济方法（至少 3 小时）、犯罪学及刑罚学（至少 3 小时）、社会调查（至少 3 小时）、社会统计（至少 3

小时)、劳工问题(至少3小时)、工业问题(至少3小时)、乡村社会学(至少3小时)、社会服务方法(至少3小时)。而扩大教科又可以分为五组:甲、社会服务组;乙、人类学文化学组;丙、社会问题组;丁、社会理论组;戊、社会经济组。每组至少教授一人,助教若干人。

言心哲关于社会工作课程设置的探讨

言心哲在国民政府教育部的大学课程方案发布以后,又对社会工作的专业课程设置提出了自己的详细方案,颇为有趣。他把社会工作的专业课程分为必修和选修两部分,必修课程如下(见表2-2)。

表2-2　言心哲关于社会工作必修课程的设想

课程名称	应修学期	学分数目	年级
社会学	2	6	1
社会问题	2	6	2
社会事业概论	1—2	3—6	2
儿童福利或妇女工作	1	3	2
社会调查与研究	2	6	3
社会心理学	1	2	3
社会统计	1—2	3—6	3
社会个案工作	1—2	3—6	3、4
社会团体工作	1	3	3、4
社会行政	1	3	4
社会立法或社会政策	1	3	4
机关参观及实习	1—2	2—4	2、3、4
专题研究或毕业论文	2	4	2、3、4

选修课程如下（见表2-3）。

表2-3 言心哲关于社会工作选修课程的设想

课程名称	应修学期	学分数目	年级
社会保险	1—2	3—6	2、3
公共卫生	1	3	2、3
劳工问题或劳工福利	1	3	2、3
社会政策	1	3	2、3
社会立法	1	3	2、3
家庭福利事业或家庭个案工作	1	3	3、4
儿童福利	1—2	3—6	3、4
妇女工作	1	3	3、4
社会教育	1	3	2、3、4
社区组织	1	3	2、3、4
心理卫生	1	3	2、3、4
贫穷与救济	1	3	2、3、4
犯罪问题	1	3	2、3、4
监狱改良事业	1	3	2、3、4
合作事业	1—2	3—6	2、3、4
社会运动	1	3	2、3、4
精神病人服务事业	1	3	2、3、4
医院社会工作	1	3	2、3、4
娱乐问题	1	3	3、4
行政学	1	3	3、4
农村社会事业	1	3	3、4
公文程式	1	2	3、4

蒋旨昂关于社会工作课程设置的探讨

在《社会工作导论》一书中，蒋旨昂谈了他所理解的社会工作课程设置。他认为，社会工作教育的目标应该是体验社会问题和解决社会问题，具体科目应该设置如下。

一年级。一般社会科学及求学工具，包括三民主义、社会学、政治学、经济学、法律通论、社会人类学、应用心理学、应用文、外国语、体育习惯。

二年级。社会现状：包括社会工作导论、社会研习方法、婚姻与家庭、合作经济、社会保险、社会教育、公共卫生、民法、行政法、地方行政。

三年级。社会工作技术：包括家庭个案工作、医药个案工作、精神病人个案工作、社闻音乐及舞蹈、社团工作、社会救济史、社会实验史、社会形态及其组织、民众组训、社工宣扬、社会机关参观、社会工作实习。

四年级。社会工作推广：包括农民政策、劳工政策、人口政策、其他社会政策、社会立法、社会行政、高级社会工作实习、论文。

同时他还指出，专修科以大学系二、三年级的课程为主，研究所更要注重大学系三、四年级课程的探讨。

燕京大学社会工作专业课程的设置

1933年《社会学界》第7期发表的《燕京大学社会学面面观》一文中，将燕京大学社会学课程分为两部分，一部分是社会学，一部分是应用社会学。在应用社会学部分列举了当时的社会工作课程设置（见表2-4）。

表2-4 燕京大学社会工作专业课程设置表

课程名称	学分数目（学分）
社会工作概论	3—3
贫穷与救济	3
犯罪学及刑罚学	3—3

续表

课程名称	学分数目（学分）
个案工作方法	2
儿童团体工作	3
儿童福利问题	3
公共卫生	2
精神病社会工作	3
社会立法	3—3
社会机关与行政	3
实习工作（甲）	3—3
实习工作（乙）	2—2
公共福利行政	3
社会工作研究班	2—2
研究生实习工作	2—6

在1948年发表的《社会学系近十年近况》一文中，将燕京大学社会学系的课程分为太平洋战争（1942年）以前和1945—1946年以及1948年三个阶段，与1933年比较，受时局动荡影响，社会工作专业课程的增减实际上并不能体现社会工作发展的渐进性。正如该文所言："综观十年来本系课程，我们可以看出影响科目的取舍的因素至少有三个：一是当时社会环境的需要，如成都燕大有盲民福利课程；二是人的变动影响到科目的变动，例如因最近几位先生之离校及新教员的加入也影响课程的变动；三是受晚近社会学思潮之影响，例如'知识社会学''当代社会学说''人口与社会'等介绍当代社会学思潮之课程。"从开设社会工作课程的院校来看，社会工作教育发展的方方面面都受当时社会动荡的影响，各大学的课程设置及其变化实际上都和燕京大学如出一辙。

国民政府教育部关于社会工作专业课程设置的规定

1944年秋，国民政府教育部召开大学课程修订会议，在社会学系课程中增设社会行政组（社会行政专业方向）选修课程，从而使得社会工作专业课程设置有了法定依据（表2-5）。

表2-5 国民政府教育部修订后的全国高校社会学系课程设置（1944）

修课性质	科目	学分	备注
必修课 （49—64学分）	1. 社会学	6	
	2. 统计学	6	
	3. 社会心理学	3—6	
	4. 社会制度	6	
	5. 社会调查	3—6	
	6. 社会事业及行政	6	
	7. 社会思想史	6	
	8. 人类学	3—6	8—10选习一科
	9. 农村社会学	3—6	
	10. 都市社会学	3—6	
	11. 中国社会问题	6	
	12. 中国社会制度史	3	
	13. 中国社会思想研究	4—6	
	14. 近代社会学理论	6	
	15. 毕业论文	2—4	
选修课程（一） （社会学专业选修，须选修28—38学分）	1. 社会政策	2	
	2. 社会立法	3	
	3. 社会运动	4	
	4. 社会事业史	3	
	5. 社会学名著选读	3—6	
	6. 欧美社会学家研究	3	

续表

修课性质	科目	学分	备注
	7. 社会变迁	3	
	8. 教育社会学	3	
	9. 宗教社会学	3	
	10. 社区研究	3	
	11. 家庭问题	3	
	12. 人口问题	3	
	13. 农民问题	3	
	14. 劳工问题	3	
	15. 华侨问题	3	
	16. 犯罪学	3	
	17. 优生学	3	
	18. 社会统计学	3	
选修课程（二）（社会行政专业选修，须选修28—38学分）	1. 职业指导与介绍	3	社会行政专业必修科目，除与上列社会学专业必修科目前10门及毕业论文相同外，并须在以下五门中任选两门：1. 中国社会问题；2. 社会立法；3. 社会政策；4. 社会运动；5. 社会事业史。另加社会行政实习4—6分。
	2. 社会组训	3	
	3. 社会保险	3	
	4. 社会救济	3	
	5. 合作事业	3	
	6. 儿童福利	3	
	7. 精神病社会工作	3	
	8. 医药社会工作	3	
	9. 妇女工作	3	
	10. 个案工作	3	
	11. 团体工作	3	
	12. 社区工作	3	
	13. 工矿检查	2	
	14. 边疆民族问题	3	
	15. 边疆语言	3	

续表

修课性质	科目	学分	备注
	16. 边疆行政	3	
	17. 边疆教育	3	
	18. 边疆社会工作	3	

并不稳定的教员队伍

据于恩德在1930年出版的《社会学界》第4卷里的介绍，燕京大学初创时，教员方面仅有专职1人，义务6人，课程10余门，而许仕廉担任系主任以后，至少在1930年，教员已经发展到了12人。而在1948年发表的《社会学系近十年概况》一文，详细地介绍了教员的发展。从1922年开始到1948年，燕京大学的社会学系经历了从创始到扩大以及一系列的人事变动。1922年的创始者除了步济时，还有甘博（S. D. Gamble）、甘霖格（I. Sweet）与艾德敷；1942年开始启用中国教员，当时专任教员是许仕廉，兼任的有朱友渔、陶孟和、李景汉等人；1925年增加社会服务短期科，更名为社会学及社会服务学系；1926年以后加设研究院，由许仕廉代理系主任；1927年创刊《社会学界》，增设专为社会服务机关人员培训的函授科，系主任为华义侠（J. S. Ward）；1928年接受美国洛克菲勒基金补贴，与政治、经济两系合并，成立应用社会科学院，杨开道等人加入；1929年吴文藻、林东海加入；1930年张鸿钧加入；1934年许仕廉被聘为政府实业部顾问，杨开道代理系主任；1937年杨开道任法学院农村建设科主任，吴文藻主持系务；1936年吴文藻出国考察，张鸿钧主持系务；1937年张鸿钧任华北农村建设协进会实习处副主任，系务由赵承信主持，1943年后由林耀华代理。

1947年，中国社会学会发表了《全国各大学社会学系一览表（民国三十六年九月调查）》一文，将教员分为教授、讲师和助教三个层次。人数最多的是国立中央大学，以系主任孙本文为代表，共计14人；设立社会学但教员仅有1人的还有7所院校，包括私立齐鲁大学、私立辅仁大学；没有设置专系但有社会学教员的还有9所学校，包括国立北京大学。当时全国社会学教师不超过120人。

社会工作教材的编写与出版

1926年，许仕廉在《燕大社会学系教育方针商榷》一文中提出："西方的科学材料，必须有系统的翻译。换句话说，我们对于西方的科学，必须有历史上连续的观念。自从我们翻译他国的书籍以来，除一两种，都是没有系统的，并且质量也不见佳。这些零星的翻译，现在看起来，可说是留学生们介绍西方文化失败的根本原因；结果弄得国内心理紊乱，与国际的误会。新文化运动的首领胡适先生甚觉翻译的重要，所以辞去北大哲学教习，而从事于翻译。梁启超先生对于他以前的工作也表示不满，着手作有系统地介绍西方文化事业了。"这就反映了当时社会工作教材本身不仅还处于编译引入阶段，而且翻译引进的工作也不尽如人意。

这种状况在民国中后期得到了一定的改善。从目前可得的资料来看，1944年言心哲出版的《现代社会事业》一书可以算作当时社会工作教材的"集大成者"，该书分为三编，不仅系统介绍了现代社会工作的概念，列举了当时英美德法苏日的社会事业发展，而且也简述了当时中国社会工作发展的概况；尤其是在第三编至第六编，系统介绍了人才培养和个案工作、社会团体工作、社区服务工作等社会工作"三大方法"，内容翔实且资料充分。从参考书目来看，该书吸收了当时欧美研究的主要成果，不仅包括经典著作，还包括了当时关于社会工作方法的最新研究成果。

1946年，由蒋旨昂撰写的《社会工作导论》一书出版。与言心哲的教材相比，该书更注重实用性。蒋旨昂认为："打算为关心中国社工的初学者，提出一种系统的认识也打算为已经从事社工的同志，提出一套思考的间架。初学者可以从一些关于社工事实的中外书籍和百科全书里面，得到详细的资料和消息。所以本书尽量减少事实之报告，不仅为了战时篇幅之节约，也求其提纲挈领，而清眉目。至于已经从事社工者，每天工作上的繁重手续，琐细节目，实在够他们忙了，所能抽出的余暇必不为多。为了他们，更要钩玄提要，以省阅读时间。"① 所以该书从社会工作地位入手，将社会调查、社工与个人、社工与团体、社区组织、社会行政作为社会工作的主要方法与本土问题结合做了介绍，同时将社会工作发展最重要的人才问题提出来，专列了"社工干部教育"一章；在该书的最后，为了便于新手学习，还交代了"社工所需的社会学概念"。

即便我们将教材的概念进一步扩大，实际上民国时期出版的社会工作图书也并不多。整个民国时期总共出版过4套"社会行政丛书"：第一套是重庆中国文化服务社推出的，只有两本书，孙本文主编的《社会行政概论》（1941年10月）和钟腾浩编的《总理遗教社会部门辑要》（1945年1月）；第二套是社会部研究室主编，正中书局出版的，共有15种图书，其中包括柯象峰的《社会救济》（1946年4月）、汪明瑀的《婴儿教保机关管理办法》（1946年12月）、关瑞梧的《儿童教养机关之管理》（1947年8月）；第三套是商务印书馆出版的，只有3种图书；第四套是中华书局出版的，总共有6种图书，分别是宋思明与邹玉阶合著的《医院社会工作》

---

① 蒋旨昂：《社会工作导论》，河北教育出版社2012年版，"自序"。

(1944年3月)、宋思明的《精神病之社会的因素与防治》(1944年6月)、李安宅的《边疆社会工作》(1944年8月)、熊芷与杨理合著的《妇女工作》(1945年5月)、吴榆珍的《社会个案工作方法概要》(1946年2月)、关瑞梧与李槐春合著的《区位儿童福利个案工作》(1947年2月)。在这几套"社会行政丛书"当中，与社会工作最接近的就是中华书局的那一套，其中的每一种都是直接阐述社会工作理论与实务的。

做个小结

民国后期，尽管受当时动荡的社会格局影响，高等教育也历经波折反复，但社会工作专业教育的主要环节和要素实际上均已相对完备。课程虽然受限于不稳定的师资队伍，往往因人设课，但主要的理念和方法课程在部分高校还能完整开设；教材编写虽然相对薄弱，但知识体系已经相对完整，本土化的思考和结合也已经具备。

【问题研讨】

请仔细阅读以下材料：

> 抗建大业，需要千百万社会工作同志齐来参加。社工教育因而有了迫切的需要。大学之中，社工课程之增加，是其明证。社会工作自然应该与其他已有历史的学问一样，有种明确的体系。但是初学者和已经从事社工的人，仍然时感社工之零星散碎，而无从把握其骨干。其故乃在社工新兴，无论中外，还在资料时期，未成一门完整的学问。即使有一两本想要有系统地讨论社工的专书，也全是西洋的，总使我们觉得有点隔靴搔痒，不便直接利用。所以，写了这本导论，打算为关心中国社工的初学者，提出一种系统的认识也打算为已经从事社工的同志，提出一套

思考的间架。

初学者可以从一些关于社工事实的中外书籍和百科全书里面，得到详细的资料和消息。所以本书尽量减少事实之报告，不仅为了战时篇幅之节约，也求其提纲挈领，而清眉目。至于已经从事社工者，每天工作上的繁重手续，琐细节目，实在够他们忙了，所能抽出的余暇必不为多。为了他们，更要钩玄提要，以省阅读时间。

本书想用社会学的观点，来建立中国社会工作之体系，虽是根据自己的实地工作和课室经验而拟订的，但究属尝试，尚望社工专家、社会学人，不吝赐教！①

分析以下问题：（1）结合当时的历史背景，思考社会工作专业的历史使命是怎样的？（2）结合蒋旨昂的原著，比较当时社会工作个案、小组、社区和社会工作行政四大方法与当前知识的联系和区别。

【继续探索】

(1) 一本好的社会工作教材应该是怎样的？

(2) 民国时期社会工作课程建设给我们带来哪些借鉴意义？

【延伸阅读】

孙本文：《当代中国社会学》，第十章，商务印书馆 2011 年版。

彭秀良：《民国时期的社会工作出版物》，《中国社会工作》2014 年 3 月（上）。

胡杰容：《动力与趋势：中国社会工作教育在教会大学的发轫与发展》，《社会工作》2016 年第 4 期。

---

① 蒋旨昂：《社会工作导论》，河北教育出版社 2012 年版，"自序"。

第三章 社会工作实务的兴起与拓展（一）

本章要叙述的内容是民国时期农村社会工作和城市社会工作的开展情况。农村社会工作是民国时期最为发达的社会工作实务类型，城市社会工作虽然逊色很多，但也有了初步发展。这两个领域的社会工作方法均以社区工作为主。

一、农村社会工作

定县平民教育运动

民国时期最为波澜壮阔的社会工作实验是晏阳初主导的定县（今河北省定州市）平民教育运动，这也是近代中国最为成功的农村社会工作实验，甚至是第二次世界大战以后联合国倡导的"社区发展计划"的精神来源之一。

晏阳初与中华平民教育促进会

晏阳初，四川巴中人；曾赴美国耶鲁大学深造，主修政治经济，1918 年毕业，获学士学位；1919 年入普林斯顿大学研究院攻读历史学，获硕士学位。

1918 年 6 月，晏阳初受美国基督教青年会协会之招聘，参加该会在法国战场的战时服务工作。第一次世界大战期间，远赴欧洲战场的中国劳工总共有 15 万人，其中三分之二为英军雇用。这些过惯了农业生活的华工，既不适应法国的食物和生活习惯，也不通语言，染病在身也无法寻医问药。更要命的是，华工多不识字，不能与家人通信。晏阳初在为华工代写代读家信时发现，他们并不愚笨粗鲁，只是因为贫穷和缺乏读书机会而不认识字。于是，晏阳初萌生了一个想法，如果教授华工识字并能写简单的家信，比较日常代他们写读家信，益处可能更加长久。他从国内最近出版的报纸杂志中挑选常用文字，再与华工日常习用口语综合比较，最后选定 1000 多个字做教读的基本，收到了良好的效果。

1920 年秋，晏阳初学成归国，先后在几个城市进行识字教育，实验他的平民教育理想。1923 年 8 月 26 日，晏阳初、朱其慧、陶行知等人在北京发起成立中华平民教育促进会（以下简称"平教会"），推举朱其慧任董事长，晏阳初为总干事，开始在河北及北京通县（今北京市通州区）附近推行乡村改造计划。1926 年 11 月，平教会在定县翟城村设立办事处，拉开了平民教育运动的序幕。

以社会调查为开端

延伸影像

1928 年 6 月，平教会设立社会调查部，聘请具有学术基础和实地调查经验的燕京大学讲师李景汉负责主持，开始了中国历史上第一次大规模的农村社会调查。这次大规模的农村社会调查是以县为单位进行的。

李景汉主持县单位实地社会调查的做法是，先把定县地图绘制出来，标清全县 472 个村庄的分布情况，拟定调查纲目，对全县的历史、地理、赋税、风俗习惯进行了概略的调查，随后又根据平教会划定的 62 个村庄，调查了教育、娱乐、宗教、卫生、生活、经济等情况。1930 年，社会调查部开展了全县各村的概况调查，项目包括每村的户口、村中领袖（村长）、学校现状、文盲人数、种地亩数、农产品种类、男女职业、医药状况等。这些都属于普查法，即宏观范围的调查。在此基础上，进一步进行了较细的分项调查，例如各村的土地分配、家庭手工业的调查、家庭生活费的调查等。在详细调查的基础上，他们编写出了若干种定县社会调查报告，并在 1930 年至 1937 年间陆续发表。

平民教育运动的基干队伍

推行平民教育要有优秀的人才，晏阳初从国内各大学延聘学有所成的归国留学博士和知名教授，共同为刚刚起步的平民教育运动出谋出力，时称"博士下乡"。数量如此之多的高级知识分子自愿到条件艰苦的农村工作和生活，有的甚至是携家带口，堪称中国历史上绝无仅有的壮举。下面我们就来盘点一下这些知识精英的"底细"。

陈筑山，平教会平民文学部主任，16 岁考中"秀才"，旋转往日本、美国留学 11 年，曾担任国立北京法政专门学校校长；郑锦（耿裳），平教会视听教育部主任，曾在日本留学 10 年，是梁启超亲近的友好，创办了国立北京艺术专门学校并担任校长 7 年；孙伏园，鲁迅的挚友，平教会创办的中国历史上空前的《农民报》主编，他曾留学法国，并在北京大学任教，他主编的《晨报》副刊更为时人重视；熊佛西，平教会戏剧教育委员会主任，美国哈佛大学博士，专门研究戏剧，回国后担任国立北京戏剧学校校长；冯锐（梯霞），平教会生计教育部主任，美国康奈尔大学农学博士、罗马万国农村研究院研究员，在丹麦研究合作社制度，又在美国农业部工作半年，回国后担任广州岭南大学、南京国立东南大学教授兼乡村生活研究所主任；汤茂如，平教会城市教育部主任，美国哥伦比亚大学教育硕士，并修毕高专教育行政博士课程，曾任北京法政大学教授；刘拓，平教会乡村工艺部主任，是美国衣阿华大学博士，原任北京师范大学教授，在定县设计改良汲取井水辘轳等大有成效；谢扶雅博士，平教会秘书长，留学美国时主修哲学，归国后任广州岭南大学教授。

这些参与平民教育运动的精英人物都是自愿参加的，纯系晏阳初的独特人格魅力所吸引而来。正是有了这些精英分子，定县实验才有了轰轰烈烈的成效。

平民教育运动的基本内容

晏阳初把平民教育运动的宗旨概括为"除文盲、作新民"，"除文盲"只是手段，"作新民"才是目标。晏阳初和平教会把中国农村落后的根源归结为"愚""穷""弱""私"四大基本问题，乡村建设的内容就是以"四大教育"来解决这四个问题。所谓"四大教育"是指用文艺教育攻愚，培养农民的知识力；用生计教育攻穷，培养农民的生产力；用卫生教育攻弱，培养农民的强健力；用公民教育攻私，培养农民的团结力。而在这"四大教育"中，生计教育有着极其重要的地位，因为生产力发展不上去，农民学习识字的价值就会大打折扣。

第一，在生计教育方面，以生计巡回训练学校作为训练农民领袖、普及农业科学知识的介质，以"表证农家"作为农业技术推广的中心和农村经济建设的枢纽。生计巡回训练学校着眼于使农民在农村中取得应用于农村当前实际需要的训练,以生活的秩序为教育的秩序。具体的做法是按照一年中时序的先后,在实验区内分区轮流巡回训练,传授切实的技术。训练时间以一年为一单位:第一期在春季三四月,为植物生产训练;第二期在夏季八九两月,为动物生产训练;第三期在冬季十一、十二、一、二月,为农村工艺及合作训练。训练以后即切实分别规定实施设计,由原来训练人员分负视导检查责任。实施成绩较佳的农民,即为对其他农民的"表证农家"。"表证农家"的"表证"是表演证明的意思,就是用农民自己的成功经验教育那些普通农户,让他们从身边人的成功中感受现代农业技术的威力。

第二,在卫生教育方面,建立了中国第一个以县为单位的卫生保健制度。定县的保健制度分为三级,第一级是保健员,第二级是保健所,第三级是保健院。保健员负责村单位的保健卫生工作,由本村平民学校毕业同学会会员自选一人充任,以热心服务、忠实可靠、身体健康而年龄在20岁以上35岁以下者为合格。保健所为区单位卫生机关,管理约3万人口的区域。保健所配有医师1人,护士1人,助理员1人。保健所的职责,一是训练与监督村保健员,规定保健所医师至少每半年要到保健员村中视察一次,保健员每半年应在保健所聚会一次,报告工作经验;二是每日接待和医治病人,尤其是保健员转来的病人;三是负责学校卫生和卫生教育;四是预防急性传染病。保健院为全县卫生事业的最高机关,其任务为管理全县卫生行政,实施卫生教育,计划全县卫生工作,训练全县卫生人员,治疗病人,进行传染病预防及研究工作等。

第三,在公民教育方面,设计出一系列增强农民团结力和公民意识的团体组织，即平民学校毕业同学会、家庭会和公民服务团。平民学校是平教会推行平民教育的主要机构，是晏阳初设计的区别于普通国民教育的教育方式，一般招收 14—25 岁的当地农民，学习时间是业余的，使用的教材是《农民千字课》。平民学校的毕业生组成同学会，原则上每村的平民学校毕业生组成一个同学会。同学会虽然解决了平民学校毕业同学的继续教育问题，可是年幼者和年长者仍然得不到受教育的机会，于是又有了家庭会的组织。家庭会根据家庭成员的年龄、兴趣、地位、职责和要求都各不相同这一特点，分为家主会、主妇会、少年会、闺女会和幼童会等 5 种集会。公民服务团是平教会训练农民的公民意识、建设新农村社会的基干力量，也是定县农村改造的基本队伍。公民服务团在村中以保甲或邻闾为基础，是一种以青年农民为重心、以教育为基础、服务本村本县从事改造活动、贯彻军队纪律的由下而上的民众组织。

做个小结

晏阳初领导的定县平民教育运动是迄今为止规模最大的农村社会工作实验，具有非常重要的意义和剖析价值。其持续时间之长、覆盖范围之广、创新力度之大，创造了迄今为止中国农村社会工作发展史上的多项"之最"，对于当今农村社会工作的开展也有重要的启发意义。

【问题研讨】

"表证农家"的"表证"是表演证明的意思，就是用农民自己的成功经验教育那些普通农户，让他们从身边人的成功中感受现代农业技术的威力。表证农家的技术推广方法收到了极大成效，下面是一个具体的案例。

刘玉田是牛村一名 40 岁左右的壮年农民，屡世业农，

家道小康。1930年，平教总会举办"表证农家"训练，刘参加受训，选修"作物选种"课程。毕业后，他感到一般农家在作物收获后再选大穗的留种，或是在作物脱粒以后选籽粒大的做种子，实在错误。应当有一定的标准，在田里挑选，才可选出真正好的种子。同时还可注意到田间生长期中，作物抵抗病毒害和耐旱、耐寒、抗风的力量。从此，他决定实行大地混合选种工作。

1931年夏，刘玉田按科学方法在20多亩田里，挑选没有病虫、产量大、成熟早、不怕风灾的无芒白小麦，共计5000单穗。秋季，播布于1亩大的种子区。翌年春夏，刘发现种子区的小麦麦苗整齐壮实，极少病虫害。当风灾过去，他又把合于标准且未被风吹倒的小麦，挑选500穗，秋季播布种子区。1933年，刘玉田种的小麦高矮一致、颜色一律，很少病虫害，引起邻人惊奇，当时有6户农家要求换种。刘毅然允许，6家共换去38亩地的好麦种。1934年，平教总会生计教育部又在牛村举办生计巡回训练学校。刘担任义务校长，召集村中青年农民受训，同时自己也按时旁听，并继续做小麦混合选种工作。是年夏，河北省北部小麦都染黄疸病，定县也不例外。但刘的小麦病势非常轻微，麦秆也不干。消息传布，各村农民都成群结队前来参观，刘玉田当众说明选种经过。是年收获时，刘的麦田比一般农家每亩多收大斗2斗5升。并且有人拿他的小麦磨麦试食，更得赞扬，从此附近各村都认识选种的重要。刘允许换种，共换去11石7斗小麦，有28家农户播种了199亩。同时，刘又将自己的田地划分为8

份,将从前他所有的很杂的小麦,分 8 种区别种植、表证、任人参观。

平教会农场于 1935—1936 年,特将刘玉田小麦与 72 号白麦作比较试验统计,结果显示刘玉田小麦优于 72 号白麦。因此将刘所有种子区小麦全数收买,由农场作繁殖观察之用。并应金陵大学"小麦试验合作"各地试验场的要求,分在各地播种,成果极好,并定名"定县刘玉田号"。中央农业实验所严密化验结果认定,"定县刘玉田号"是华北小麦珍贵品种。①

思考问题:(1)"表证农家"的技术推广方法与社会工作专业方法中的哪一种最为接近?(2)通过对"表证农家"方法的研读,你获得了哪些启示?

【继续探索】

定县实验区的同学会在县城设立了一个广播站,每天广播一次,内容多属于改进耕作技术、改善家庭情况、儿童保育、合作社和卫生指导等实用知识,其网络足以遍及全县。这项工作开始于 1934 年,当时无线电在中国还是比较新鲜的东西,在农村则闻所未闻。由于不是每个村都买得起收音机,同学会的会员们就自制了一些比较便宜的机器出售,结果有 30 个较大的村子买了。每个村子的收听点都设在庙里或空场上,由同学会会员管理,全村人在每天的特定时间聚集起来收听。

通过上面这个事例,你认为在农村社会工作实务领域,小组工作能够起到什么样的作用?

---

① 吴相湘:《晏阳初传》,岳麓书社 2001 年版,第 194—195 页。

【延伸阅读】

郑大华：《民国乡村建设运动》，第四章，社会科学文献出版社2000年版。

宣朝庆：《地方精英与农村社会重建——定县实验中的士绅与平教会冲突》，《社会学研究》2011年第4期。

郭占锋、杨萍：《晏阳初乡村工作理念对当前农村社会工作的启示》，《社会工作》2012年第11期。

燕京大学开办的清河实验区

在20世纪二三十年代改造农村社会的所有实验区里，只有燕京大学主持的清河实验是真正意义上的专业社会工作实践，因为参加实验的人员均是受过社会学专业训练的燕京大学师生，所以这一实验的"解剖"价值比较高。

清河实验区组织架构

清河实验的目的

1930年，许仕廉出任燕京大学社会学及社会服务学系主任，将办学方针进一步明确为："在社会服务工作方面，提出培养高等社会服务专门人才，设立速成社会服务科，培训在社会服务机关工作的在职人员，特别注重社会调查，使学生明白中国现时社会情况，掌握搜集科学材料的方法，教育上以结合本国实际为主。"① 因此，该系加重了社会工作实习的课程，并将"社会服务实习"科目规定为"第四年社会工作主修生必修"。

要将"社会服务实习"这一科目落到实处，就必须选择好社会

---

① 彭秀良：《许仕廉：民国时期的社会工作教育家》，《中国社会工作》2016年3月（上）。

工作实习基地。燕京大学社会学及社会服务学系的社会工作实习基地分为校内和校外两种，而清河实验区就是最重要的一处校外实习基地。许仕廉在回顾清河实验的一篇文章中指出，清河实验主要围绕两个目的：其一，对清河镇进行实验，把教学训练与科学研究融合在一起，为社会服务专业学生提供实习场地，培养领袖人才，为科学研究提供实验场所，发展理论知识；其二，积极服务社会，根据实际情况，改进农村社会工作技术方法，组建地方社会组织，力争把清河镇建成一个模范示范镇。其实，许仕廉所指出的清河实验的这两个目的是连在一起的，培养社会工作人才是为了更好地推进农村社会工作，而以清河实验作为服务社会、探索农村社会工作技术方法的基地，也有助于训练社会工作专业师生的实务能力。

实验地点的选择

清河镇距北平德胜门约9千米，很方便参与实验工作的燕京大学师生往返。在历史上，清河极具战略地位，北平通向张家口及蒙古等地的大道经过该镇的中心。但自从北平—绥远铁路通车之后，清河的重要性已被削弱。铁路在清河设有一站，原本期望有利于清河的发展，但火车站距镇中心尚有一段路程，加上停车的时间很短，旅客及货物一般不在此地停留。当地人的交通工具则有人力车、骡车、自行车、驮子等。一条河横穿清河镇东北部，将镇子分为两个性质不同的区域：北面是典型的农业区，村庄之间相距较远；南边人口密集，是一个受北平影响大、与北平关系密切的区域。

当初选定清河镇作为实验区，除去地理位置方面的因素外，还考虑了三个主要因素：第一，清河镇是"代表中国生活的村镇"。清河镇的范围大约为0.23平方千米，人口2437人，人口密度为每平方千米10572人。清河镇作为一个农副产品的集散地，有各式各样的店铺。该镇共有 122 家店铺，规模在 1—18 人之间，平均 5 人/间，经营方式则几乎全部为传统作坊。第二，清河镇"缺少大家庭势力"。一般都认为中国流行的是大家庭制度，有四世同堂、五世同堂的说法。但清河镇最普通的家庭是由夫妇及其子女组成的，每户平均 4.9 人，每个家庭平均 4.8 人（家庭只包括有血缘、婚姻关系的成员，一般比"户"小）。1920 年，美国家庭平均 4.3 人，英国 4.5 人。相比之下，中国的家庭规模并不比英美家庭大很多。第三，清河镇"有回教徒不少"。这种宗教因素与燕京大学的宗教背景有一定关系，使得清河镇更加适宜作为实验场地。

清河实验的基本过程

1928 年，燕京大学社会学及社会服务学系得到美国洛克菲勒基金会的资助，决定选择一个村镇进行农村社会改造的试点。基于前面给出的理由，他们选择了清河镇，开始了为期将近十年的农村社会工作实验。

根据那个时代农村社会工作的一般过程，清河实验也是从农村社区调查开始的。1928 年冬，燕京大学社会学及社会服务学系教授杨开道带领一个由 3 名调查员组成的调查组进驻清河镇，对清河镇的社会、经济、政治等方面的基本状况进行了普遍调查。杨开道，湖南新化人，早年留学美国，获得博士学位，归国后在多所大学任教，讲授社会学课程。他提出，可利用农村中自然形成的"农村社区"作为研究单位和改造单位。对清河镇的调查是与他关于农村社区的认识分不开的。

进行社区调查只是前提，调查的最终目的是要改善当地的社区生活。为此，燕京大学社会学及社会服务学系根据杨开道的调查结果，提出了 5 条改进措施：（1）成人教育：由于当地居民的文盲率较高，男子为 45%，妇女为 96%，所以应该开办成年人识字班、图书室等；（2）儿童教育：当地 6—11 岁的学龄儿童入学率仅为 45%，可将早先停办了的小学重新开放，由燕京大学师生义务教学；（3）医疗：清河除药店外，没有其他健康服务设施，也没有受过训练的接生人员，应开办一个卫生诊所，诊所每周有一个下午专门为妇幼检查、看病；（4）应帮助农民办销售合作社；（5）当地政府部门应与人民合作，修建道路及排水系统，并最大限度地利用河水灌溉，最终将清河建成本地区的模范镇。

1930 年 6 月，清河社会实验区举行开幕仪式，正式开办。清河社会实验区包括清河镇及其周围 40 个村庄，面积约 100 平方千米，有 99000 亩耕地，4500 户、22500 人，平均每户 5 人、耕地 22 亩。实验区隶属于燕京大学社会学及社会服务学系，工作人员由该系委派，工作计划与当地人协商确定。期限为 7 年，经费每年约需七八千元，前 4 年由燕大社会学及社会服务学系负担，之后逐渐增加自筹比例，7 年后全由本地筹办。

按照清河实验的工作进程，大致分为初创、成长、稳定、终结等四个阶段。（1）1930 年为初创阶段，起于 6 月开幕仪式。（2）1931—1933 年为成长阶段，在经济方面，开始信用合作与小本贷款工作，试办卫生工作；1931 年，实验的组织体系分为两个股，即经济股与社会股，当时的卫生工作附属于社会股，1932 年成立了研究股，随后卫生工作脱离，成立了卫生股。至此，该实验的组织架构已经完整。1933 年，清河乡村医院正式开办运营，卫生工作全面展开。（3）1934—1936 年为稳定阶段，这一阶段清河实验按照原计划有序稳步推进，与整体工作原则、目标是一致的。（4）1937 年为终结阶段，受日本侵华战争的影响，清河实验被迫中止。

做个小结

清河实验最大的特色，就是利用专业师生，在社区调查的基础上，从中国固有的民俗与实地环境中找出改进农村社会工作的技术。对清河实验的经验进行归纳和总结，仍然会对当下的农村社会工作发展带来有益的启示。

【问题研讨】

长达七年的清河实验尽管看起来是比较成功的，但也存在着很多不如人意之处。仔细阅读下面的材料：

> 清河中心的目标，是研究组成人口85%的农民的实际生活状况，以实验的方法改善乡村生活，并鼓励大学师生面向农村……在这里，社会工作者所遇到的（障碍），是千百年来形成的传统生活方式，以及生活水准低到没什么节余以冒实验之风险。……你若给农民解释，他便礼貌地点头，可到做的时候他就不见了。因此，尽管社会工作者受过理论训练，出发点很好，还有博士学位，但却发现自己也能从非常实际的小农的保守心态中学到很多东西。
>
> 例如，要建一所简朴而有住院设施的乡村医院，自然是一件适当的事情。全世界都有医院，清河当然也需要一所。于是在友人们的赞助下，医院建了起来。举行开业典礼，官员讲话，致颂词，献上各种美好的祝愿。可接下来，农民却点破了医院的治病方法。他立即看到一个十分荒谬的事情，荒谬得简直难以形容。一天8分钱的住院费，包括所有治疗、药品、医生、食物等，这对我们来说太便宜了。但从他的角度想，怎么会有人干这样的傻事。一个好端端的能做田间重活的男人，其开销只需此数的一

半。而既然谁都知道一个病人仅能吃健康人的一小部分，所以为什么要付三倍的钱作为正常人的一半或三分之一的饭费?! 再说医疗费，当地的中医用经过长期检验证明有效的草药治病，每年每人才要10分钱，而为什么让西医治病每天却要花……①

思考下列问题：（1）受过专业训练的社会工作者还从农民的保守心态中学到不少东西，对此你是如何理解的？（2）上面材料中所举出的开办乡村医院的例子，提醒我们在开展农村社会工作实务时，需要注意哪些方面的情况？

【继续探索】

1943年，晏阳初在和美国著名作家赛珍珠谈话时说：

> 你没有必要把这些人从他们的环境——农田中带走，而应该就在农田教育他们。这样，你就用不着在学成后把他们再送回来，因为他们始终就在农田里。许多的慈善家把孩子们送走，让他们住进豪华的楼房里，教他们读书，初衷是好的。然而不知为什么，长大后他们都不愿再回到自己的家乡去。我们从来不那样做，我们就在他们居住的地方开展教育，在他们学完平民教育课后，便马上把同学会组织起来。②

将晏阳初的上述说法与清河实验区的实际做法相比较，试总结农村社会工作的首要目标。

---

① 阎明：《中国社会学史：一门学科与一个时代》，清华大学出版社2010年版，第96页。

② 晏阳初、〔美〕赛珍珠著，宋恩荣编：《告语人民》，广西师范大学出版社2003年版，第317—318页。

【延伸阅读】

阎明：《中国社会学史：一门学科与一个时代》，第四章，清华大学出版社2010年版。

张学东、齐凤：《近代"清河实验"及其"学院派"社会工作风格》，《河北广播电视大学学报》2015年第5期。

其他地区的农村社会工作探索

除去晏阳初的定县平民教育运动和燕京大学的清河实验以外，民国时期在其他地方也进行了农村社会工作的探索，尽管这些探索距离专业的社会工作实务有些差距，但这并不妨碍我们对这些探索进行反思和检讨。

梁漱溟的邹平实验

比晏阳初稍晚一些，梁漱溟也开始了他的改造农村社会的工作，并称他的工作为"乡村建设"。尽管同属于农村社会工作的范畴，梁漱溟的着眼点与晏阳初有着不小的区别，在工作内容和方法上也不尽相同。由于梁漱溟的乡村建设运动主要是在山东省的邹平县开展的，所以被称为"邹平实验"。

邹平实验的特点是以村学乡学为中心，重建农村的社会组织构造。村学乡学是梁漱溟依古代《吕氏乡约》为蓝本所设计的一种政教合一的乡村组织。《吕氏乡约》最早为北宋时期的吕大钧兄弟所创，后经朱熹、王阳明等人提倡、发展而普及全国，其"约规"主要有4项：（1）德业相劝；（2）过失相规；（3）礼俗相交；（4）患难相恤。

梁漱溟设计的村学乡学由学董、学长、教员和学众四部分人组成。学董是村中或乡中有办事能力的人，其责任一是劝学众入学；

二是注意开会，用心讨论；三是凡经学董会决议的事情，应以身作则，倡导实行；四是领先尊敬学长；五是协助常委学董办事。学长是村中或乡中品德最高的人，他们由各村各乡村学乡学学董会依该区民众群情所归，于齿德并茂者中推举一人，经县政府礼聘产生，其职责主要是主持教育，为一村或一乡民众的师长。教员是村学乡学聘请的先生，他们大多是山东乡村建设研究院研究部或训练部的毕业生，亦即"乡村运动者"。和普通学校的教员不同，村学乡学教员的职责不仅仅是教书，还负有推进社会工作的责任，这种责任包括时常与村众接头，作随意的亲切谈话，随地尽其教育功夫；注重实际社会活动，向着一个预定的社会改良运动或社会建设事业的目标进行；更要紧的是吸收全村人众喜欢到村学来聚谈，努力把村学办成全村人众经常聚会的场所。学众就是一村或一乡中的男女老少一切人等，以一村之众为村学学生，以一乡之众为乡学学生，故称"学众"，也就是除了学长、学董以外的普通民众。

乡学除了教员之外，还有辅导员。辅导员和教员的地位不同，教员是村学或乡学聘请的先生，而辅导员则是代表县政府下乡去工作的，不属于乡学的组成人员。他们的职责主要是辅导乡学的学长、学董和教员各尽职守，并巡回视察指导该乡学所属各村学及小学的种种活动。

村学乡学的工作主要包括甲乙两项，甲项工作为学校式教育工作，乙项工作为社会式教育工作。先来看甲项工作，村学乡学有所分工。村学酌设儿童部（小学部）、成人部和妇女部，各村原有一切教育设置如小学校、民众学校等分别编入上述三部之中，统属村学。儿童部学制4年，相当于国民小学的初小部，白天上课，其课程也与国民小学差不多。成人部和妇女部主要是晚上上课，尤其是冬天农闲季节的晚上上课，故又称"冬学"，开设的课程主要有识字、唱歌、精神讲话、军事训练等。

再来看乙项工作。无论村学还是乡学，都有相机倡导本村或本乡所需之社会改良运动（如禁缠足、戒早婚、防吸毒、计划生育等）、兴办本村或本乡所需之各项社会建设事业（如兴办合作社、植树造林、兴修农田水利等）的义务，使一村或一乡的生活逐渐改善。乙项工作比甲项工作更重要，也是决定乡村建设成败的关键。

陶行知的晓庄实验

陶行知是我国著名的教育家，1927年他在南京城外的晓庄创办试验乡村师范学校，不仅是对教育实践的一次伟大探索，也是农村社区工作的早期尝试之一。

1927年3月15日，陶行知创办的南京试验乡村师范学校开学，校址位于南京城神策门外迈皋桥附近的小庄，陶行知取"日出而作"的意思改小庄村名为"晓庄"，学校因之被称为"晓庄师范"。后来，又创办多所小学和幼稚园，晓庄学校的规模逐渐扩大起来，但晓庄师范一直处于中心地位。陶行知以学校作为改造乡村生活的中心，因而他创办了8所中心小学、4所乡村中心幼稚园，还推出了一系列改造乡村生活的具体行动：

民众学校。在校本部开设农民夜校，在神策门、三元庵、万寿庵也开设了民众学校，目的是为了对农民进行识字教育，扫除文盲，为改造乡村确立基础。另外，还在附近的驻军中办了一个军人班，试行军人教育。

中心茶园。先后在佘儿岗、黑墨营、神策门、万寿庵设立中心茶园，起初是单独的场所，后来便全部办在中心小学里面了。中心茶园的形式亦如普通茶馆，不过壁间张挂些有意思且浅显易懂的图表,并准备有象棋、乒乓球等体育娱乐用品,还请人说书演讲,目的是对农民进行休闲教育。茶园不许赌博,不准吸食鸦片,只许进行有益的音乐活动。

乡村医院。只建起了一所(地址在晓庄),规模也不大,有一位院长(后来到定县负责卫生工作的陈志潜)、一位医生(马绍季先生)和一位助手,为附近15里范围内的40多个村庄的农民免费看病,还开展普种牛痘、预防天花的流行以及消灭蚊蝇的卫生运动,对农民进行卫生科学教育。1929年3月,晓庄被定为乡村卫生模范区。

晓庄剧社。1929年年初,田汉率领上海南国剧社的演员到晓庄演出话剧,之后陶行知组织创办了晓庄剧社,配备有剧务、导演、化妆、布置等一套班子,共有30多人。剧社将晓庄学校师生自编自演的好节目拿到农民观众当中演出,丰富农民的文化生活,还外出到镇江、无锡、苏州、常熟、嘉定、宝山、上海、杭州、萧山等地巡回演出,获得了赞誉。

联村运动会。从1928年4月开始,每年举行春秋两次联村运动会,参加的人有农友、晓庄师生(包括小学以及幼稚园的小朋友),加上前来观看的各村男女老少,总数在千人以上。比赛项目以农村常见的劳动节目为主,运动会结束时颁发奖品。这对晓庄一带乡村体育事业的发展起了推动作用。

联村自卫团。由晓庄学生和附近青壮年农民百余人组成,开展防匪防盗的自卫活动,并且负责禁烟禁赌,在维持社会治安、打击歪风邪气和为百姓除害方面做出了很大成绩。

陶行知以学校为中心改造乡村生活的实践活动取得了不菲的成绩,也为农村社区工作的开展积累了宝贵的经验。然而,正当各项工作顺利开展之时，1930年4月，国民政府突然下令封闭了晓庄。陶行知受到政府部门的通缉被迫逃亡日本，晓庄实验就此湮灭。

山东乡村建设研究院

邹平实验和定县实验有一个共同的地方，就是都注重乡村建设人才的培养，都注重训练能够留在当地的人才。不同的是，邹平实验区设立了一个训练乡建人才的中心机构，这就是山东乡村建设研究院。

1931年6月15日，山东乡村建设研究院正式在邹平宣告成立。开始时，院长由梁耀祖担任，副院长是孙则让，梁漱溟只担任研究部主任。不久，梁耀祖离去，院长一职由梁漱溟继任。根据梁漱溟的设计，研究院要成为乡村建设问题的研究中心、乡村建设干部的训练中心和吸收青年从事乡村工作的指导中心。与此相适应，研究院主要由三部分所组成。

第一部分是乡村建设研究部。研究部的任务是研究乡村建设理论，制定有关计划、方案和政策。它招收的对象是大专院校的毕业生或具有同等学力者，每期招收四五十人，学期一年。其课程有两类：一是基本研究，二是专科研究。基本研究的科目有党义、社会进化史、乡村建设理论、军事训练等；专科研究的科目有农村经济、农业改良、产业合作、乡村自治、乡村教育、乡村自卫及其他项目。无论是基本研究，还是专科研究，都强调理论联系实际。

第二部分是乡村服务人员训练部。训练部的任务是训练到乡村去工作的乡建干部。招收的对象是世代居乡、至今本人家在乡村的中学毕业生或同等学力者，年龄一般在20岁以上35岁以下。每期招收300人。其课程有乡建理论、精神陶炼、乡村自治、乡村礼俗、乡村教育、乡村经济、乡村自卫、农业常识、土壤肥料、畜牧改良、水利建设、农家副业、现行法令等。教师主要由研究院毕业留校人员担任。

第三部分是乡村建设实验区。为了推行乡建计划，使理论与实际结合起来，经山东省政府同意，划邹平县为乡村建设实验区。1933年春，根据第二次全国内政会议决议，改邹平乡村建设实验区为县政建设第一实验区，同时又划菏泽为县政建设第二实验区。到1935年，又将以济宁为中心的鲁西14个县划为实验区。实验区的设立为乡村建设者提供了大展身手的舞台，山东乡村建设研究院也因此以教育机关、学术机关而兼为行政机关，梁漱溟的设想有了转化为实地操作的基础。1937年抗日战争全面爆发后，山东乡村建设研究院被迫停办。

做个小结

梁漱溟和陶行知都把学校作为改造乡村社会的中心，这是他们推行农村社会工作的共同之处。但是，陶行知明显地突出了学校在农村社区工作中的地位，把它当作农村社区工作的中心，这又是他与梁漱溟相区别的地方。总结这两处的农村社会工作实践，可以看出近代社会转型期的某些突出特点。

【问题研讨】

1927年，陶行知撰写了著名的《中国乡村教育之根本改造》一文，对原先的中国乡村教育提出了尖锐的批评：

> 中国乡村教育走错了路！它教人离开乡下向城里跑，它教人吃饭不种稻，穿衣不种棉，做房子不造林；它教人美慕奢华，看不起务农；它教人分利不生利；它教农夫子弟变成书呆子；它教富的变穷，穷的变得格外穷；它教强的变弱，弱的变得格外弱；前面是万丈悬崖，同志们务须

把马勒住,另找生路!①

认真思考陶行知对中国乡村教育的看法,探讨他是如何得出使"乡村学校成为改造农村生活的中心"这一结论的?

【继续探索】

自己动手搜集晏阳初、梁漱溟、陶行知等人对乡村社会改造的言论,比较他们之间的相同点和不同点。

【延伸阅读】

郑大华:《民国乡村建设运动》,第五章,社会科学文献出版社2000年版。

邓宗琦、熊贤君:《为中国教育寻觅曙光——陶行知在晓庄的生活教育实验》,《教育研究与实验》1989年第1期。

张秉福:《20世纪20—30年代乡村建设模式的比较与借鉴》,《统计与预测》2006年第3期。

陈锐:《乡村建设的儒学实验——现代化视角的梁漱溟"邹平建设实验"解读》,《城市规划》2016年第12期。

二、城市社会工作

沪江大学创办的沪东公社

沪东公社是民国时期成立的第一家社会服务机构,在中国社会工作史上具有极其重要的地位。

沪东公社的创办

1915年,沪江大学社会学系创建人葛学溥指导学生在上海杨

---

① 方明编:《陶行知教育名篇》,教育科学出版社2005年版,第85页。

树浦地区的东部搜集有关住房、人口、工业、教育、宗教等方面的资料，并制成图表，这是中国大学中进行的最早的社会调查。杨树浦一带工厂林立，人口密集，工人的居住条件和生活条件都相当差，社会矛盾突出。可能就是这次调查引发了葛学溥创办社会服务事业的信心，他于同年在沪江大学校内组织了一个"沪江社会服务团"，实施慈善方面的救济贫苦活动，并且希望通过对社会状况的深入研究达到改正社会陋习的目的。"沪江社会服务团"附设了8个小组，开展面向贫民的社会服务工作，其中乡村考察组负责对大学周围的村庄做一系列的调查，学生福利组专门照料生病的学生并在每年开学时照料新生，平民教育组担负指导学校校工和学校周围农村儿童的读书写字，宗教教育组负责每星期天去一个附近村庄向村童们布道，翻译组负责其他各组所需要的翻译工作，卫生组负责校园内的卫生状况尤其是厨房的卫生，娱乐组则尝试教村童们怎样游戏。

葛学溥深受基督教福音理论的影响，他之所以创办社会服务机构，在某种程度上也是为了传播基督教社会福音思想。但是，随着当时社会环境的变化和具体服务对象的改变，社会服务工作的宗教色彩越来越淡化，社会救济和社会服务的功能越来越加强。1917年，葛学溥将社会服务范围进一步扩大，在校外设立了一个社区服务中心，英文名字为"The Yangtzepoo Social Center"，直译为"杨树浦社区中心"，葛学溥给它起了一个很优雅的中文名字——"沪东公社"，此后它一直伴随杨树浦的居民走过了三十多年的风风雨雨。

沪东公社的服务内容

沪东公社提供服务的主要内容依然没有离开教育，其起步也从对周围工厂的工人开设补习班开始。最初,沪东公社在祥泰木行开设工人补习班,次第推及各工厂,如慎昌机器厂、电力公司、怡和纱厂等。此后,随着办学经验的积累和经费资助来源的扩大,从开办小学日校招收附近工厂工人的子弟,到开设夜校辅导在职的工人,其形式根据对象的不同而纷繁多样,在学学生的规模也不断扩大。如1930年9月,有日校学生240人,夜校学生300人;1933年2月,日校有男女学生370人左右,校舍颇为拥挤;1934年9月,日校学生384人,夜校普通科学生449人,妇女班96人,共计有学生929名。在面向周围工厂工人提供就学方面,沪东公社也采取了一些灵活的措施,如1930年11月,永安公司送女工一百余名前来求学,为适应工人就业的实际情况,公社创办了晨校,自上午6时至7时授课,钟点工友求学者极踊跃;1935年3月,夜校与中华五金厂合作,由该厂送工人20名至夜校;1937年2月,为沪东工厂工人补习教育就读便利起见,公社在韬朋路与沈家滩两处添招分校。

除教育以外,沪东公社为民众服务的其他形式也是丰富多彩的,具体内容主要包括:(1)民众图书馆:1933年3月,沪江大学辟设一新建筑,专门用于开设民众图书馆,通过募捐等方式增加藏书量,前来看书者不断增加。如1935年,民众图书馆每日阅书之数平均40人,3月份总计有1200余人;1936年12月,阅览民众日超百人以上,为了增进阅览者的兴趣,特置备大型无线电机一架;1937年4月,为扩充民众图书馆,发起劳工书籍征募运动,目标为一万册,分三期募集。(2)民众代笔处:为不识字者代写书信。(3)民众食堂和民众茶园:1935年11月《沪大校闻》记载,"民众食堂及民众茶园开办以来日趋发展"。(4)民众同乐会:沪东公社在这方面的指导思想很明确,即"以电影为先导,使工人于劳动之余获一新奇之欣赏,同时将西方所有之各种球类运动绍介于劳工,并设立各种俱乐部"。1921年,沪东公社得到由外国友人捐赠的电影放映机,此后放映电影即作为公社提供给民众的一种重要娱乐形式。如1934年3月某星期二,由中国纺织协会来社放演纺织电影,沪东区各工厂之工程师到者甚众。每月放映教育电影两次,借以增长社员知识。1936年3月《沪大校闻》记载,"日前举行民众同乐会,开映教育电影,观众四百人"。民众娱乐还包括民众歌咏会、学徒联欢会等多种形式,如1936年4月某星期六,民众同乐会举行民众歌咏,参加者300余人;1937年3月某星期六晚7时举行人力车夫同乐会,颇多教育游艺节目。民众同乐会不光是进行娱乐活动,还进行"公民教育",如1937年4月某星期六举行民众民乐会,并施以公民教育,大学部教育系民众教育班同学到社参加,并担任节目表演。(5)施诊所:1931年,公社开设儿童施诊所,受到周边民众的欢迎,到1931年4月来儿童施诊所就诊者已逾1400人;1946年6月下旬,鉴于杨树浦一带贫苦无告之人患病而求治不得者甚众,公社会同当地人士办理施诊给药事宜,每日下午2时至5时开门应诊,求治者分文不取。

1937年"八一三"事变爆发,上海成为抗战前线,社会环境发生了急剧变化,使沪东公社的活动也有了很大的变化,主要表现在直接参与当时的难民救济,以及专门面向学徒开设夜校等。在孤岛时期的上海,沪东公社艰难地生存下来。

沪东公社的终结

在沪东公社的发展历程中,沪江大学一直是它的最重要的后方基地和物质支柱。沪东公社所开办的各项事业能够维持下去,其经费一部分来自所办学校收取的学杂费,一部分来自社会各界的捐款,其中包括学校教职工的捐款。沪江大学的领导特别是首任华人校长刘湛恩给予了极大的帮助和支持,他多次深入公社了解情况,进行指导,成为公社精神上的领袖。1952年,全国高等院校进行院系大调整,沪江大学被撤销,所属各院系分别并入华东师范大学、复旦大学、上海财经学院。沪东公社也失去了依托,不得不宣告终结。

做个小结

葛学溥创立沪东公社的初衷,一是为当地工人和家属提供服务,二是为沪江大学社会学及相关专业的学生开辟一个社会实习的场所,三是为了扩大传教。但是,沪东公社却开启了中国社会学专业教育的一个优良传统,即以大学为依托,把人才训练和社会服务结合起来,实现"产学研一体化",树立了大学的社会责任和社会形象。

【问题研讨】

沪东公社的负责人之一金武周曾在1936年发表过一篇文章,题目是《沪东公社之回顾与前瞻》,其中谈到沪东公社的缘起:

> 沪东本郊野之区,虽工厂林立而荒原满目。时有葛学溥先生者,闲步其间,目击现实,慨然有组织团体改进民生之宏愿。适东效积方面有一小学;此间有一基督堂会,虽学徒零落,堂务萧条。预计加以改进,不难臻于完善。故此仅一时之理想,初未敢其果能成为事实。如今日者,实则本社之肇始,固亦宛若黄粱一梦也。

请思考:(1)金武周上面这段话提到当时沪东"工厂林立而荒原满目",是以才有沪东公社之设立,这反映出社会工作专业的哪些特点？（2）"此仅一时之理想，初未敢其果能成为事实"，对这句话你是怎样理解的？

【继续探索】

1949年4月1日，沪东公社创办了《沪东》双周刊，此时离上海政权易手只有不到两个月的时间了。其创刊小言中如此写道：

> 沪东双周号今天诞生了。沪东公社是杨树浦工业区唯一的社会工作中心，三十年来它帮助了无数的劳工们获得知识，砥砺品格，更帮助了无数的贫苦者解决衣食，觅得职业，它是劳工们和贫苦者的朋友，并且永远是他们的朋友……我们呼出我们的困难和需要，使社会人士予我们以同情合作，使我们能做更多有益人群的工作……我们热诚地接受任何善意的批评和指望，使本刊能逐渐接近读者们理想的境地。

通过阅读上述材料，你是否承认"沪东公社是杨树浦工业区唯一的社会工作中心"？试理解作者写这段话的心境。

【延伸阅读】

王立诚：《美国文化渗透与近代中国教育——沪江大学的历史》，第三章，复旦大学出版社2001年版。

马长林：《基督教社会福音思想在中国的实践和演化——以沪江大学所办沪东公社为中心》，《学术月刊》2004年第3期。

李卓、王如月、郭占锋：《社会工作思想在近代中国的发端与实践——以沪江大学创办的"沪东公社"为例》，《华东理工大学学报（社会科学版）》2017年第2期。

北平第一公共卫生事务所

1923 年,北京协和医学院聘请加拿大人兰安生(John B. Grant)担任公共卫生学教授,开启了中国预防医学的教学与实验活动。1925 年,兰安生得到京师警察厅的同意,划定北京市东城内一区为实验基地,正式成立"京师警察厅试办公共卫生事务所",1928 年以后改称"北平市卫生局第一卫生事务所"(以下简称"一所"),辖区人口由最初的 5 万人增加到 10 万人多。最初所址在东城干面胡同一小庙内,1935 年迁至内务部街。

卫生事务所的组织结构

在行政上,一所最初是由京师警察厅管理的,后来归属北平市卫生局。在业务上,由协和医学院公共卫生系负责规划和管理,并提供绝大部分经费。故而,一所名义上是政府机构,实际上是协和医学院公共卫生系的教学实验区。但一所在组织结构上体现出复合性的特点,自成立之初就设立了董事会,由 7 人组成,京师警察厅厅长为董事长,警察厅卫生科科长、卫生事务所所长以及兰安生、首善医院院长方石珊等知名人士为董事。董事会负责制定工作计划、经费预算和财产保管,并负责聘请卫生事务所所长等重大事项。

所长负责一所的具体行政事务,在所长之下设立了 5 个股:(1)第一股,统计兼防疫:主要负责全区的生命统计、死亡调查、传染病管理等;(2)第二股,环境卫生:主要负责饮水、食品的卫生检查检验,公共场所的公共卫生检查等;(3)第三股,卫生保健:主要开展妇幼卫生、学校和工厂的治疗保健、居民普通医疗、牙病和结核病的防治等门诊工作;(4)第四股,公共卫生护理:主要负责地段家庭护理（妇幼、传染病），学校、工厂等群体护理保健及全所的健康教育工作；（5）第五股，总务：负责秘书、后勤事务工作，并配合牙科门诊开设了一个做保健牙刷的工厂。

卫生事务所的服务内容

由于一所的服务对象是整个示范区的10万居民，为解决他们从生到死各个生长时期可能出现的疾病和健康问题，一所建立了自己的医疗保健网。这个网的基层是地段保健（包括学校卫生和工厂卫生在内），其次是一所医疗保健各科门诊，再次是合同医院（协和医院或其他医院）。

地段保健。一所把示范区划分为20个警察派出所地段，每个地段约有5000名居民，地段居民的卫生保健工作主要是通过家庭访视（由约10名公共卫生护士和若干护士实习生）来实现的。除了节假日以外，地段护士每天要进行5—10次的家庭访视。凡经地段护士访视过的病人或病家，不仅有访视记录，一所病案室也存有他们的家庭记录，将家庭每个成员的患病及健康情况按规定的表格记录下来；每份家庭记录都有家庭编号和个人编号，查找起来非常方便。另一方面，地段还和一所各科门诊紧密配合，对病人进行及时治疗。例如，地段发现有急性传染病患者立即转送一所门诊进行诊断和治疗；如患者需要住院治疗，则由一所转送合同医院；如患者不需要住院治疗，则由一所转回地段，由护士设"家庭病床"进行床边护理和治疗，以及采取必要的和可能的隔离和消毒措施。如发现病人家有经济困难时，地段护士则将病案转介给一所的社会工作人员帮助解决。

各科门诊。一所设立各科门诊的最初意图是想通过治疗来做好预防工作。兰安生顾虑，如果单纯通过预防来实现预防的目的，在中国落后的教育情形下是不能达到的，必须把治疗作为载体，居民才会从看病的过程中接受健康教育。因此，一所尽量设法在门诊开展卫生教育宣传，候诊室里挂上卫生宣传画，医生和护士不厌其烦地向病人及其家人反复介绍治病防病的基本知识和方法。一所还特别注意妇幼保健，设有产前和产后检查门诊、健康儿童门诊、小儿科门诊、营养门诊和梅毒治疗门诊，但是没有关注到老年人保健。

学校卫生。学校卫生分为两类：甲类要求学校负担部分保健费和设立保健室，乙类则不要求学校这样做，因为它们全是公立学校。把学校卫生分为甲乙两类的目的，是为了通过建立甲类学校卫生来示范怎么根据公共卫生原理开展学校卫生工作的理想模型，而建立乙类学校卫生是想搞一套适合当地社会及经济状况的学校卫生模型，以便于在全国各地推广。学校卫生的工作项目包括健康（或称体格）检查、缺点矫正、医疗服务、传染病管理、环境卫生检查和卫生宣教等六方面。

工厂卫生。一所与仁立、燕京两个地毯厂（共有500多名男工和200名女工）和一个玻璃厂（50多名工人）签订合同，开展工厂卫生工作。工厂卫生的组织形式和工作内容与上述甲类学校的相仿，除要设立保健室和落实上述六项卫生保健工作外，还要着重考察如何防治职业病、工人常见的营养缺乏病和肺结核病。

在医疗保健网之外，一所的工作还有两大项，一是环境卫生，一是传染病管理和生命统计。环境卫生方面，一所定期用漂白粉消毒30口公用水井的井水，督促自来水公司首次使用漂白粉消毒自来水，派卫生监督员定期巡查示范区内30余座公厕、街道卫生和垃圾污水处理，并巡查饭馆、小摊贩、洗澡堂和理发店的卫生情况。在生命统计和传染病管理方面则遇到了很大困难，因为既没有国家卫生法令强制执行，又触犯了居民的风俗和禁忌，但一所还是尽最大可能争取居民的信任和合作，收集到了一些可靠的资料。

卫生事务所的结束

1941 年太平洋战争爆发后，协和医学院被日军占领，但北平市卫生局第一卫生事务所的牌子未被摘下，日军也未前来干扰。在十分困难的处境下，一所仍然坚持开展工作，继续为辖区居民服务。抗战胜利后，一所的工作恢复如前，裘祖源、何观清相继担任所长。1950 年，一所受卫生部委托，招收了最后一班进修公共卫生的护士 50 名。1951 年年底，第一卫生事务所改为北京市东城区卫生局。

做个小结

一所将医学和人群联系起来，在世界上是首创，当时欧美发达国家的公共卫生也只是理论上的教学而没有用于实践，兰安生也因此获得美国公共卫生界的最高奖章。有人质疑一所的业务活动与社会工作专业的关联度不高，这其实是误解，一所的地段护士（公共卫生护士）具有社会工作人员的基本特征，而且他们的工作方法也跟个案工作与社区工作极为类似。

【问题研讨】

请仔细阅读下列文字：

在社区访视中，第一卫生区事务所划分为 20 个警察派出所地段，每个地段平均有 5000 名居民。辖区内卫生保健通过家庭访视来实现。每次家庭访视由约 10 名公共卫生护士和若干名护士实习生来完成。除节假日外，地段的公共卫生护士每天进行家庭访视 5—10 次。这种社区式护理，有助于随时掌握居民的健康状况，及时发现危重病人和传染病患者，为维护辖区内的卫生安全提供了很好的保障。①

请回答：（1）家庭访视与个案工作方法有何异同？（2）在今天的社区工作方面，我们应该向他们学习什么？

【继续探索】

兰安生不仅推动建立了第一卫生事务所，后来还积极参与晏阳初的定县平民教育运动，负责设计定县的公共卫生制度。请收集相关资料，理清兰安生与定县公共卫生服务之间的关系。

【延伸阅读】

何观清：《我在协医及第一卫生事务所的经过》，载政协北京市委员会文史资料研究委员会编：《话说老协和》，中国文史出版社1987年版。

唐文娟、甄橙：《北平第一卫生区事务所的公共卫生护士》，《健康报》2010年1月8日。

王勇：《兰安生与中国近代公共卫生》，《南京医科大学学报（社会科学版）》2013年第1期。

其他城市的劳工福利事业

中国近代本没有制度性的劳工福利设施，南京国民政府秉政后，方有所发展，后来民间组织和一些工厂也开始探索建立福利设施。因上海一城之厂居全国之半，其劳工福利事业极具典型性，我们将着眼点放在上海及其周边的城市。

---

① 唐文娟、甄橙：《北平第一卫生区事务所的公共卫生护士》，《健康报》2010年1月8日。

上海浦东"劳工新村"

1926年,上海基督教青年会在贫苦劳工集中的浦东开工修建劳工新村,建住房12所,公共活动中心1所;1928年冬天续建住房12所,共占地6亩。劳工新村有24个带起居室、卧室、厨房和卫生间的住房,为社区家庭提供社会、教育和娱乐服务,有能容纳125个工人子女的日校和50名成人工人夜校的学校1所,有公共活动中心1所,运动场1个,以及协调安排村中生活的青年会干事的宿舍。劳工新村的建设费用均来自于国内外募捐,当时估计需要15年才能收回成本。

劳工新村由工人组织的社区自治团体经营管理,内容包括收取房屋租金和组织各种活动。每间房子的月租金是3—4元,村民基本没有拖欠。活动以青年会提倡的"德(德育)、智(智育)、体(体育)、群(群育)"为宗旨,德育活动有查经班,专门讲解圣经,宣传基督教的基本知识;智育活动有工艺日校、平民男校、平民女校、英文夜校、智育演讲、卫生演讲等,重视职业技能教育和培训;体育活动有游艺场、日校体操班、体育游戏等,并且将体育运动和公共卫生结合起来;群育活动有新剧团、怡情国乐社、每月一次的团聚会等,宣传提倡新的生活方式,杜绝不健康的娱乐消遣。

劳工新村的名声立刻遍及全国,蒋介石、实业部部长孔祥熙、北京大学校长蔡元培以及其他知名学者和政府官员都曾为劳工新村题词。20世纪30年代,上海市政府开展平民住屋计划时,也曾以浦东劳工新村为样板进行规划。

无锡申新三厂的劳工自治区

1933年,中华职业教育社与荣氏兄弟(荣德生、荣宗敬)合作,在无锡申新三厂办理劳工自治区,对工人施以文化技术教育,起到增加生产、改良社会风化的作用。在今天看来,劳工自治区属于企业社会工作的内容,但在当时的特定条件下,我们更倾向于将其视为城市社区工作的内容。

申新三厂是荣氏兄弟创办的申新纺织总公司的下属企业,1919年开始筹建。申新三厂创建之初,就先后派人远涉重洋,考察东西方各国工厂之现代文明管理,并根据申新三厂管理状况,提出设立该厂劳工自治区的主张和方案。其根本宗旨在于改善区民生活,培养良好的工友,使区民人人有读书的机会,有正当的娱乐场所,有培训学习技能的机会。

劳工自治区隶属申新三厂总管理处。自治区设区长,区长即由总管理处长兼任。区长以下,又分为两个系统:(1)在事业方面,其主管机关有总务科,总务科分设13个股室,分管工人补习教育、技艺训练、工人子弟学校、合作社、图书馆、代笔处、托儿所、医院、浴堂、茶园、公园、储蓄保险、运动、娱乐、自治法庭等。(2)在工人住宅方面,分单身宿舍和劳工家属宿舍两类。单身宿舍包括男子单身宿舍和女子单身宿舍,以女子单身宿舍来说,共分为8个村,每村有14—26个房间,每个房间8—12人,房间里是上下层的铁床,每个工人每月交纳4角钱的宿费。劳工家属宿舍分为4村,各有村长;每村5组,组有组长;每组包括10户,户有户长;除户长外,村长、组长均由住户选出,重大事项由村长会议或组长会议讨论决定。

劳工自治区内设有劳工裁判所及自治法庭。前者由工人推定7人组织裁判委员会,主持工人纠纷裁判事宜;后者由区长及各村领袖组织,为不服裁判所裁判之工人之申诉机关。为村民解决的纠纷每年约有 40 件。

劳工自治区的惠工措施除单身宿舍和劳工住宅以外，还有以下几项：(1) 工人教育及工人子女教育：工人教育有单独的"晨夜补习学校"，特别注重技能教育，并置备了相应的图书资料和实验设备；在单身男女工人宿舍，每室都选举知识较高的工人作为小导师，休息时间教大家粗浅文字。(2) 合作事业：兴办了各类消费合作社，供应职工生活用品，合作社的股本来自于全体工人一工的工资；辟有园圃、鱼塘、鸡场、鸽场，工人业余时间可以种花果蔬菜，养鸡鸽兔鱼，所得收入用于办理其他惠工设施，并不分用。(3) 休假和抚恤制度：每人每月放假 3 天，假内放电影、演戏等；实行带薪年假制度，职工服务满一年，经主管同意就可以休息两星期，服务满 10 年可以休息 3 个星期，休息期间工资照发。关于妇女的产假、职工的生老病死、因公致残或致死抚恤费等都有明文规定。(4) 运动及娱乐设施：设有运动场，举办球类运动；有容纳 1500 人的大戏场，每逢节日例假组织游艺会，；备有电影机，常租影片来厂放映，工人免费入场；还辟有茶园、围棋、象棋免费供用。(5) 代笔处与托儿所：代笔处系义务代写性质，但所需一切纸张概系工人自备；托儿所仅有两间房，为便利自治区内夫妻均在厂内做工者寄托乳儿而设。

做个小结

上海浦东"劳工新村"虽然仅限于工人福利设施的改进，但也有了劳工自治的萌芽；无锡申新三厂的劳工自治区则完全侧重于劳工自治，社会工作元素更多一些。如何加强产业工人的自组织能力，进而改善自身的生活状况，是企业社会工作面临的一大课题。

【问题研讨】

1935年《东方杂志》新年号刊登了朱懋澄的《劳工新村运动》一文,对上海劳工新村的经验进行了全面的总结,并发展为指导劳工新村运动的一般性理论纲领。其中,他谈到劳工新村的自治事务:

> 组织本村救火会、自治会、保卫团、各种娱乐团等;设立男、女浴室,消费合作社,储蓄会,小规模贷款银行,各种学校,医院及儿童健康社,工儿收容所等;组织清洁竞赛会,职业介绍所,各种问题讨论团如宗教、家庭、职业、婚姻、政治等;禁止赌博、宿娼、盗窃、奸淫、吸食鸦片或打吗啡针等恶习。

思考下列问题:(1)朱懋澄所指出的这些自治事务,是不是与社区工作方法很接近?(2)上海浦东"劳工新村"的某些做法,是不是看上去很眼熟?

【继续探索】

民国后期劳工福利事业的兴办,折射出中国传统福利向现代福利观念的转变,你是如何看待这种转变的?

【延伸阅读】

吴至信:《中国惠工事业》,载李文海主编:《民国时期社会调查丛编(社会保障卷)》,福建教育出版社2004年版。

匡丹丹、张婷婷:《略论上海政府举办的劳工福利事业(1927—1937)》,《法制与社会》2007年第12期。

傅国涌:《1936年:劳工自治实验》,《中国经营报》2009年9月5日。

第四章　社会工作实务的兴起与拓展（二）

本章要叙述的内容是民国时期医院社会工作、精神健康社会工作和儿童社会工作的开展情况。医院社会工作和精神健康社会工作有着内在的联系和许多共同点，也是民国时期发展得比较好的社会工作实务类型。相比之下，儿童社会工作则要差一些。

一、医院社会工作

私立医院的社会工作

民国时期，我国医院社会工作以北平协和医院为起点，逐渐发展到其他医院，成为比较成熟的社会工作实务类型，以北平协和医院社会服务部和金陵大学鼓楼医院社会服务部为代表，它们都属于私立医院的性质。

北平协和医院社会服务部

北平协和医院开业于1921年，是北京协和医学院的附属医院，在建院之初就成立了社会服务部。协和医院社会服务部从成立到1952年被撤销,其历史进程可以简要地划分为四个阶段:草创期(1921—1928年)、扩大期(1929—1937年)、萎缩期(1938—1941年)和恢复期(1948—1952年)。

美国人浦爱德(Ida Pruitt)女士被美国洛克菲勒基金会选聘到北平协和医院建立社会服务部,成为中国医院社会工作的先行者。最早与浦爱德一起在协和医院社会服务部工作的有两个人,都是中学学历。1928年以后,社会服务部的工作人员主要来自燕京大学社会学系的毕业生。到1930年,社会服务部已有14名工作人员,此外还有8位办事员。到1938年,社会服务部扩大为拥有10名男性、24名女性工作人员的机构,其中包括两名俄国翻译。医院规定,社会服务部的工作人员可以享受穿白大褂、在医生食堂用饭、用午茶、有病可住头等病房等跟医生一样优厚的待遇。

北平协和医院社会服务部是医院中的一个直属院长办公室管辖的事务部门,它与医院中的其他各科系平行且独立。社会服务部的人事编制相当完备,管理层次比较清晰,分工比较明确,运行效率较高,主要包括以下几个层次:

主任:管理全部的工作及编制任务,其职责还包括负责服务部对外联络及推广工作,服务部工作员的指导与管理,以及对新职员的培训指导等工作。

副主任:协助主任办理行政事务,并帮助解决处理病人的问题。

监督员:辅导初级社会工作人员的工作。

高级社会工作人员:可以在一科及病房独立工作。

初级社会工作人员:在工作有问题时请示监督员。

学员:在监督员指导下学习。

监督员、高级社会工作人员、初级社会工作人员和学员都是个案工作员，他们大多是社会学或社会工作专业毕业生，在社会服务部有半年以上的工作经验。

书记：包括中、英文记录员、打字员，职务是专门整理服务部的个案记录、文字材料、票据、书信报告等。

北平协和医院社会服务部的服务内容主要包括：（1）外出调查病人的社会情况。（2）与医生合作进行治疗：协和医院规定各科室每周开一次例会，由各科主任、医生、社会工作人员、饮食部主管人员、护士共同出席，彼此交换意见，共同促进治疗。（3）寻求各类资源：协和医院的社会工作人员非常重视家庭的作用，认为这是中国社会文化的特质和中国家庭制度的优点。遇到有的个案或家在外地，或家庭不和，或家人对病人态度冷淡者，社会工作人员总设法取得病人家属的支持和合作。同时促进病人的上司与医院合作，协助病人康复。（4）病人的随访工作：一些出院后仍应继续治疗之病人如不能按时来医院，社会工作人员就需要前往拜访，协和医院的社会工作人员一般都有自备的卡片箱，记录着病人应返院时间。（5）善后工作：一般住院病人或慢性重病者出院后，均需一段时间的调养。协和医院经常遇到家庭经济困难的病人，调养期间无力自顾。于是医院拨出经费设立调养院，由社会服务部管理，社会工作人员可以介绍经济困难的病人减免费用。

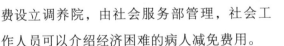

案例

1941年12月8日，太平洋战争爆发，北平协和医院被迫停办，社会服务部随之停止工作。抗战胜利后，因原有设备损失40%，直到1948年5月协和医学院及医院才重新开始工作，社会服务部也复业，但人事、组织及工作范围皆不如前。1952年，北平协和医院被中华人民共和国中央人民政府接收，社会服务部也被撤销。

金陵大学鼓楼医院社会服务部

20世纪30年代初，金陵大学鼓楼医院与金陵女子文理学院及南京国际妇女会合作成立社会服务部。1934年3月，社会服务部被承认为医院的独立部门。鼓楼医院成立专门的社会服务部是希望通过社会工作人员以更加专业化的工作方式服务病人，因此该部门的工作人员基本都是金陵大学或者金陵女子文理学院的老师或者毕业生。

鼓楼医院社会服务部的工作运用个案工作方法，调查病者个人境遇或家庭情形，遇有贫病无资入院医治者，经调查属实，该部亦可设法济助其留疗。对于孤独伶仃、背井离乡之病人，尤为加以安慰，以宽其心而解其病。受当时的医疗水平和设备条件所限，许多病症医院不能给予适当的治疗，但是这些疾病又具有重要的科学研究价值，因而社会服务部就需要说服这些病人仍入院治疗以配合医学研究，社会工作人员需要向病人把医生和病人的关系及医生所决定的治疗过程解释清楚。鉴于当时的医院没有现代化的血库，社会服务部于1934年3月建立了输血制度，每次有病人需要输血时，都由社会服务部筹划与安排，至当年7月已有62人成为合格的输血者。社会服务部还提出了母婴福利计划，建立了免费的健康婴儿诊所和计划生育诊所。

抗日战争全面爆发后，国民政府做出撤离南京的决定，鼓楼医院的绝大部分医护人员也纷纷离开南京，社会服务部的工作陷于停顿。震惊世界的南京大屠杀之后，社会服务部在1939年初重新恢复工作，在日伪统治下一直持续到1941年12月太平洋战争爆发。太平洋战争爆发后日美关系破裂，1942年2月12日，鼓楼医院被日军接收。

1945年8月15日，日本无条件投降；9月25日，金陵大学鼓楼医院复业。1947年1月，医院重新恢复设立社会服务部，除主任陈张秀芝外，还设助理员3人。次年，为扩大社会服务工作，另建一个贫民诊疗所，添设免费门诊部，其中包括灭虱站及调养室。战后，由于贫苦患者和难民剧增，社会服务工作显得更加重要，当时在社会服务部求诊的门诊病人每天有七八十人之多。因为鼓楼医院社会服务部成立时间较久远，病人自相传告知者日众，所以自行前来社会服务部求助的贫苦病人占到全部免费门诊人数的一半。医院社会工作的重心不仅是提供经济支持，还注重对因疾病带来的社会问题的解决，以及疾病的预防的知识，这一时期社会服务部提供的服务内容更加广泛深入。1948年，苏北、皖北流亡到南京的难民中患黑热病者较多。该病必须长期系统治疗，如果得不到及时治疗十分容易致死。有鉴于此，社会服务部便请本院内科医师吴锡琛大夫、贾爱美护士与该部合作，设黑热病免费门诊部，患者可每日下午前来注射针药。社会服务部的工作重点是为患黑热病的儿童服务，供给他们特别营养，半年来受惠儿童达200人。

1949年4月23日，中国人民解放军攻占南京，鼓楼医院进入了一个短暂的过渡时期。虽然医院经济状况多有不利，但没有完全影响其社会服务的开展。1950年朝鲜战争爆发后，所有在鼓楼医院工作的美籍人员全部离院回国。1951年6月，南京市人民政府接办医院，易院名为"南京市人民鼓楼医院"。11月，鼓楼医院进行机构调整，成立医务部，社会服务部被撤销。

做个小结

正如专业社会工作来源于教会慈善事业一样，私立医院的社会服务部也是医疗慈善事业的进一步发展，因此，在其工作内容中自然包含着较多原先慈善救助的内容。不过,随着专业社会工作的出现,医院社会服务的内容和方法有了质的飞跃。著名社会学家言心哲在1946年写道:"国内各大医院中有社会服务一部者颇多,例如前上海之中山医院、上海之中国红十字会医院、南京之鼓楼医院、重庆之宽仁医院及北平之协和医院等,其中以北平之协和医院办理较有成绩。"[①]

【问题研讨】

北平协和医院社会服务部的经费来源比较单一,就是医院的拨款。而金陵大学鼓楼医院社会服务部的经费来源稍微复杂一些,一方面是从医院收入中拨出的,即从特等病房收入中拿出一部分来垫付三等病房贫困患者的费用,另一方面是美国教会及国内外热心人士的赠款。表4-1是根据档案资料统计的1939年下半年到1941年年初,鼓楼医院社会服务部接受赠款的情况。这里并不能完全包括所有赠款,但从中可以大概了解这一时期赠款结构的多样化。

表4-1 1939—1941年金陵大学鼓楼医院社会服务部接收赠款情况

时间	捐赠者	捐赠数额 (单位:美元)/物品	备注
1939年 7—8月	南京基督教战争救济协会	100	旨在帮助本院出生的贫苦人家的婴儿出院后购买寝具和衣服
	Brady夫人	6箱蚊香	Dr. Brady是鼓楼医院医生
	Jones夫人	50	Jones夫人是Trimmer先生及其夫人的客人,特意捐款给社会服务部帮助医院贫苦孩子

[①] 言心哲:《现代社会事业》,河北教育出版社2012年版,第292页。

续表

时间	捐赠者	捐赠数额（单位：美元）/物品	备注
1939年12月—1940年4月	南京国际妇女俱乐部	32.65	
	南京某教堂星期日学校的孩子	1.75	陈品菱女士到该学校做报告，学生十分同情医院贫苦孩子而捐款
	Trimmer夫人美国朋友的救济基金		帮助一位去世病人的女儿到慧文初级学校上学
	Miss Ely	34	帮助某位黑热病病人
	Rev. Magee	40	帮助一位得了不治之症名叫陶贤营的病人
	Mr. H. L. Sone	提供棉服	
	1939年12月1日起获得的定向基金共有158.66美元，获得礼物68.56美元		
1940年11月—1941年2月	美国教会	16件婴儿衣服和7套寝具	
	南京国际救济委员会	25套棉服	
	1940年11月1日起接收到指定基金共计355.02美元，礼物92美元		

资料来源：The Social Service Department（July, 1939-August, 1939），The Social Service Department（December, 1939-April, 1940），南京市档案馆藏，档案号1010-1-34。

请仔细阅读表4-1，然后思考这个问题：与北平协和医院社会服务部相比，南京鼓楼医院社会服务部的经费来源有什么优缺点？

【继续探索】

1949年4月23日以后，南京鼓楼医院的经济困难加重，开展社会服务工作也面临诸多困难。医院针对贫困患者的服务在免费人数和免费数额方面都呈现了较为复杂的情形。这一时期鼓楼医院的社会服务工作依然是从免费登记、免费检查、免费医药费用、免费手术、免费 X 光和荧光镜检查、为病人提供食物或者交通费用等方面开展。但在服务患者的数量方面，1949 年 7 月，免费登记人数一度达到了 1763 人次，而到 1950 年 3 月，这一数字下降到了 603 人次。

请思考：（1）为什么 1949 年 4 月 23 日以后医院的经济困难会加重？（2）服务患者的数量下降说明了什么问题？

【延伸阅读】

张中堂：《社会服务部二十年》，载政协北京市委员会文史资料研究委员会编：《话说老协和》，中国文史出版社 1987 年版。

吴桢：《我在协和医院社会服务部》，载政协北京市委员会文史资料研究委员会编：《话说老协和》，中国文史出版社 1987 年版。

李传斌：《条约特权制度下的医疗事业：基督教在华医疗事业研究（1835—1937）》，第六章，湖南人民出版社 2009 年版。

赖志杰：《浦爱德与北平协和医院社会服务部的医务社会工作——兼谈中国医务社会工作的发端与早期发展》，《华东理工大学学报（哲学社会科学版）》2013 年第 6 期。

张慧卿：《南京大屠杀前后鼓楼医院的医疗救治》，《档案与建设》2017 年第 1 期。

公立医院的社会工作

20 世纪 30 年代，国民政府在国外医疗保健制度的影响下开始推行公医制度，以增进国民健康。1941 年，中国国民党五届八中全会通过了《实施公医制度以保证全民健康案》，该案认为国民的健康绝非个人康乐问题，医疗卫生事业完全由国家经营，所需经费均由国库或地方自治经费项下支给，全国民众都有无条件享受之权利。在公医制度下，一批中心医院初具规模，医院社会工作也有所开展。其中，成立于1933年的南京中央医院社会服务科当属办得最有成效。

南京中央医院社会服务科概况

南京中央医院的前身是1929年1月筹建的中央模范军医院，是国内第一家由国人自主创办的国立西医院。1930年1月国民政府行政院下令该院改名为中央医院，归卫生署直接管辖。1931年国民政府拨款扩建，1933年6月竣工。

1932年7月1日，涂庆钊接受聘请到中央医院创办社会服务事业。他救济贫病同胞，襄助医师调查病人家庭状况，并予以相当治疗。一年之后，中央医院鉴于这项工作的重要性，乃于1933年7月15日设立社会服务科，聘请尤浩德女士专门办理社会服务事宜。尤浩德，祖籍福建晋江，毕业于金陵女子文理学院，时年24岁。当时该科仅一人，后逐渐增加。社会服务科列于医务部下，与各科室并列同级。

抗日战争全面爆发后，南京中央医院西迁，社会服务科停办。抗战胜利后，中央医院于1946年2月在南京复业。4月即恢复设立病人服务室，以期解决贫苦病人的医疗问题。服务室主任由王杰仪担任，服务员5人，分别为洪祥辉、张先梅、吴连荆、刘淑元和孙慧娟。复业后，南京中央医院对社会服务工作人员的选聘标准开始严格。因为其工作之冗繁，较一般社会工作人员更甚，其所具备之条件，自较一般社会工作人员更为严格。

南京中央医院社会服务科的服务内容

社会服务科的具体工作内容涉及17项之多,可以归结为这样几个大项,一是给予减免费或资助的,二是病人住院期间给予帮助的,三是给予病人出院后的照顾与帮助。

关于第一大项,也就是给予减免费或资助的,具体包括:(1)给予免费及减费住诊。对于来院求诊的贫苦病人和育婴堂等慈善机构送来的病人,社会服务科予以免费者为数甚多。(2)给予免费或半价挂号。本科对于贫苦病人,给予免费或半价挂号并施免费药品。(3)惠助川资。凡有贫苦病人出院后想回家者,即由社会服务科工作人员申请惠助川资。(4)补助照X光费、拔牙费和输血费。(5)代为申请抬埋费:无人认领或赤贫的病故病人,社会服务科代为从医院事务部申请发放大洋12元,再交人办理抬埋事宜。(6)发给新旧单棉衣衫。

关于第二大项,也就是病人住院期间给予帮助的,具体包括:(1)家庭探访。家庭探访是社会服务员的主要工作,因为要给予社会救济,必须了解被救济对象的家庭实情。1933年7月15日之前,涂庆钊忙于门诊指导和办理贫苦病人的入院手续,很少有空余时间兼顾家庭探访工作。社会服务科成立后,虽然添加了工作人员,但对于家庭探访工作还是没有办法做到全部实行。究其原因有以下四点:一是三等病房的病人多数是工人,他们来自离南京城数十里或百里之外的村落,路途遥远;二是一些下层军人,并无家室;三是南京市内也有多处交通不便,服务员难以到达;四是社会服务科还担负着预备和传唤输血者的职责,要花费很多工作时间。(2)病室慰问。平时如果没有意外的事情发生,社会服务科的服务员每天下午4点至6点到各三等病室与病人作简短谈话,借以了解病患的需求。(3) 周旋于病人亲友与医师之间。有病人亲友前来医院探访病情，社会服务科负责引见。医师要求病人家属来院领回病人或商讨治疗方法，也需要社会服务科负责通知、传达。(4) 输血事宜。社会服务科还接受内科的嘱托，承办了医院的输血事宜。因为当时人们视输血为畏途，虽然经服务员多方解释仍不能使献血者释疑，所以此项工作在起初十分困难。于是社会服务科改变策略，给予每位献血者检验费5角，每100CC 输血费大洋3元，若头等、二等病房的病人愿意多付，亦听其便，这才使得贫苦之人踊跃前来应征献血。由社会服务科负责人先填写应征献血人的姓名、年龄、住址及拍照，以便日后认识正身，然后再由急症处检验身体，并抽血5CC 检查血液。

关于第三大项，也就是给予病人出院后的照顾与帮助，具体包括：(1) 改良病人的家庭生活环境。如给予报纸糊贴墙壁、芦席铺地和棉被御寒。(2) 家庭卫生指导。如社会服务员劝导肺结核病人自备饮食器皿，不要随地吐痰，多事休息等；又如，社会服务员教导沙眼病人一定要自备面巾和手巾等。(3) 转介病人。无家可归的病人或者出院后还需休养的病人，社会服务科即函转南京救济院收容；对于医治无望的贫病军人，经医师诊断后，也由社会服务科办理转送到陆军医院。一年半来共转送了两名军人。(4) 贷助资本，有能力而无资本经商者，贷助10元或2元。(5) 介绍工作。病人出院后无业者，社会服务科帮助介绍工作。(6) 教授缝纫。社会服务科帮助给出院病人介绍工作，并非易事。因此，该科添设缝纫一门，由尤浩德女士亲自剪裁指导。

社会服务科为了工作的便利，也积极与政府有关部门和相关社会服务机构取得联系，一方面希望它们能协助本部门的工作，另一方面也竭力协助各有关机关的工作。这些机构主要有社会部、行政院善后救济总署、南京市立救济院、红十字总会、学生救济委员会、南京各大学社会学系以及基督教青年会、妇女指导委员会等。

做个小结

南京中央医院作为当时唯一的国立中央医院，其成立社会服务科具有标杆的作用，因而其服务内容是较全面的，经费也有保障。此外，由于国民政府对社会救济事业的发展有所重视，加上战后行政院善后救济总署的援助，各社会救济机构的横向联络也得到加强。由此，南京中央医院社会服务科的一些业务不仅得到合作解决，同时也发挥了自身在整个社会救济事业中的应有作用。

【问题研讨】

南京中央医院社会服务科复员后，其工作人员的选聘标准主要如下：

(1) 学识经验方面，必须具有大学社会工作专业教育或接受社会工作专门训练，有普通一般社会工作之经验，更应具有医学常识，稍能了解医学上疾病治疗和药物的名词。而且，因为患者在疾病痛苦时心理会发生不正常，所以社会服务科的工作人员还应具有社会心理学的知识，了解心理和精神分析，具备应付不正常心理者的技能。(2) 个人性格方面，应有健康的身体，更要有耐劳任怨的精神，诚恳忠实的态度，富有创造力，镇静沉着，上进好学。(3) 工作态度方面，能了解病人的身心痛苦而予以同情，有正确的客观态度，实事求是，不以感情用事，能组织工作，使工作系统化。给予求助者帮助时，应使求助者了解帮助的意义，注意发展其人格，使其能自力更生，恢复其原有社会地位。

请思考这个问题：与当前对社会工作人员的从业要求相比较，你认为当时的选聘标准有什么特点和不足之处？

【继续探索】

请阅读下列材料：

  医院不可避免地会出现医疗纠纷和医患矛盾。1934年就是南京中央医院的多事之秋。是年5月，一名7岁幼童因牙根化脓在中央医院施拔牙术，术后继发蜂窝组织炎，接受二次手术后死亡。接着，一位16岁的女孩在盲肠手术两个半小时后突然呼吸骤停，抢救无效死亡。两名死亡患者的家人都到法院提起诉讼，虽然二审法院判定中央医院医生无罪，但最后涉事医生和院长刘瑞恒作为公立医院的医生和领导遭到监察院的弹劾。8月，许佛成之子在中央医院诊治后死亡。9月，监察院女职员朱青莲在中央医院做小产手术后住院二十余日竟告不治。其兄向内政部举报，请求整顿该院。12月底，山东省政府驻南京办事处处长唐佛哉夫人张率真吞食鸦片烟送中央医院抢救无效死亡，唐的副官在《国医正言》发表启事，怒称中央医院是"杀人场"。

  在此情形之下，1934年，内政部调查委员会到南京中央医院调查，对社会服务科提出建议，认为社会服务科的职能应该扩张，尤其应注重医院各部门包括医务、事务和护士部与病人之间的沟通和信息交流。如果病人有误会时，社会服务科工作人员应该详细为之解释，直到其满意为止。如果医师和护士有不称职的地方，社会服务科工作人员应该通报各科主任转报院长，"以凭依章办理"。

思考：（1）医院社会工作人员对于化解医疗纠纷和医患矛盾的作用有多大？（2）内政部调查委员会建议社会服务科的职能应该扩张，尤其应注重医院各部门包括医务、事务和护士部与病人之间的沟通和信息交流。对此，你是怎么看的？

【延伸阅读】

宋思明、邹玉阶：《医院社会工作》，第一章，河北教育出版社2014年版。

黄庆林：《国民政府时期的公医制度》，《南都学刊》2005年第1期。

周云：《民国时期的中国医疗保障探研》，《武汉科技大学学报（社会科学版）》2011年第1期。

本土医院社会工作的理论总结

在民国时期，有一位优秀的医院社会工作专家，他的名字叫宋思明，以《医院社会工作》和《精神病之社会的因素与防治》两本著作独步民国社会工作界。

宋思明，字智轩，1930年10月出生于直隶省迁安县（今河北省迁安市），1986年4月逝世于上海。幼年时期家庭有条件让他读完私塾，之后到昌黎读中学，不久考入燕京大学社会学及社会服务学系。1928年8月大学毕业后，进入北平协和医院社会服务部工作。宋思明在北平协和医院社会服务部工作了6年多的时间，后来他在总结自身实践经验的基础上，与同事邹玉阶合作完成《医院社会工作》一书，由中华书局于1944年出版。这本《医院社会工作》的内容主要包涵医院社会工作的性质与功能、医院的组织联系、工作内容与步骤以及服务守则等内容。

医院社会工作的性质

关于医院社会工作的性质，宋思明界定说："医院社会工作，系社会工作之一种。"同时又指出："因其所服务者，非为团体，而系以病者个人为对象，其所解决之社会问题，亦系因疾病而发生之社会问题，不过因问题性质不同，而解决此问题之方法亦随之而异。"① 宋思明给出的这个定义，实际上在说明医院社会工作与一般社会工作的共性和个性关系。医院社会工作肯定属于社会工作的一种，即也是为解决人们所面临的社会问题而产生的，同样也要使受助者恢复其社会功能。但是，医院社会工作还有其个性特征，亦即以个案工作为主，且此种个案工作纯粹是由疾病而发生之社会问题引起的。

医院社会工作的意义

对于医院社会工作的必要性，宋思明是从反驳当时社会上流行的"生物医学"模式而发的。"一般人以为医院之设立，系为疾病之治疗，无需添设一医院社会服务部，以增加医院之经费。讵知人之患病，无论其为贫富，病之本质即为一社会问题。其贫者因疾病丛生而愈贫，愈贫而无力讲求卫生及获得适宜营养，则愈易患病，患病后种种社会问题即随之发生。如此循环不已，乃成社会上之一极大问题。即富者之患病，因其经济宽裕，自表面观之，似无若何问题。但一人因疾病缠绕，其本人即由生产者变而为社会之附庸，社会本身直接间接已受其影响。至于因疾病所引起家人精神上之不

---

① 宋思明、邹玉阶：《医院社会工作》，河北教育出版社2014年版，第4—5页。

安，更无论矣。"①

既然都已认识到医院社会工作的必要性，对其功能的界定就有了充分依据。宋思明将医院社会工作的功能归结为这样几个方面：一是医院社会工作为医院治疗之一部；二是医院社会个案工作员系医院与病人中间之媒介；三是医院社会工作能使病人完成治疗；四是医院社会工作能将医生之计划付诸实行；五是医院社会工作乃为"久病"及"残疾"病人之唯一依靠者；六是办理病人调养工作；七是医院社会工作能减低医院经济负担；八是医院社会工作能使医院行政组织得以改善，以适合社会之环境；九是保护个人及团体免受传染病之危险；十是医院社会工作系用一种个案工作方法，以谋种种问题之解决；第十一，医院社会工作并可解决许多有关之社会问题，因为疾病系社会病态之一种。

医院社会工作的组织与人员分配

医院社会工作需要专业部门来承担，一般是设立社会服务部，由院长直接领导，社会工作员与医生享有同样的权利，这是宋思明总结国内多个医院社会工作机构的情况得出的结论。宋思明将医院社会服务部的结构设计为：

主任1人，综理该部一切行政与指导工作，及对内对外一切事宜。以在大学或研究院研究医院社会工作，并于毕业后曾从事此种工作二年以上，见识远大、品高德重者为合格人选。

副主任1人，辅佐主任办理一切事宜，多注意指导工作，应与主任所受训练相同。

监督员若干人，自己实地担任一科社会工作，并负责指导一部

---

① 宋思明、邹玉阶：《医院社会工作》，河北教育出版社2014年版，第5页。

高初级社会工作员。最好是大学修社会工作专业毕业,修其他社会科学而对此工作感兴趣者亦可,但都要在本部工作四年以上。

高级工作员,担任一科社会工作,并辅佐监督员指导初级工作员之社会工作。学识应与监督员相同,须在本部工作两年以上。

初级工作员,不宜自己担任一科事务,而以随监督员及高级工作员工作为宜,二年后始可相继升任。

秘书1人、书记员若干人,专司来往文件、抄写、打字,及其他呆板工作。

宋思明所提出的医院社会服务部的结构,其实就是北平协和医院社会服务部的翻版。除了对医院社会服务部的结构做了说明以外,宋思明还对社会工作人员的分配进行了简单说明,他的意见基本上是按照医院的诊疗科室设置分工配备社会工作人员,有的社会工作人员可以服务于两到三个科室。

医院社会工作的外联

至于医院社会工作要与外界加强联系,宋思明认为主要是出于一般社会工作原理。"任何社会问题发生,绝非因一单纯之因素而起。而每一社会工作机关之设立皆限于一二种单纯之功能,无法适应所有之问题。故欲解决一社会问题,非某一社会工作机关所能独力解决,医院社会服务部每日所遇之病人,其社会问题正如前章所述,种类非一。除医药部分外,其余者亦有赖于其他社会机关之合作。"[①] 宋思明阐述的各社会服务机构密切合作的思想,确实值得我们认真对待,在进行有关制度设计时,一定要照顾到全面,方能收到良好的工作效果。

---

① 宋思明、邹玉阶:《医院社会工作》,河北教育出版社2014年版,第28页。

医院社会工作的工作内容与步骤

从工作对象上看，医院社会工作的内容取决于病人所遇到的社会问题。宋思明将与病人有关的社会问题仔细开列出来，共有21类，虽然现在看来这些问题有明显的重复之处，但确实是制约病人康复（包括社会康复）的主要因素。最为难能可贵的是，他还按照内科、小儿科、骨科、耳鼻喉科、眼科、瘤科、皮肤科、妇产科等分科顺序，分门别类地讨论了每一科所常见的社会问题，为实务工作者提供了切合实际的参考资料。根据这些常见的社会问题，宋思明界划出了医院社会工作的内容，并将其分为前期工作、后期工作与其他工作等三类。

第一类，前期工作。前期工作是指在外堂（或称门诊处）的工作，具体包括：(1) 指示初来就诊者之迷途；(2) 帮助病人从一个专科转到另一个专科；(3) 解释疾病，即帮助医生向病人解释病情；(4) 辅助行政部分；(5) 介绍至其他医院；(6) 介绍病人至其他社会服务机关；(7) 完成治疗工作；(8) 解释社会问题；(9) 免减费事项；(10) 办理住院事项；(11) 候床位事项。

第二类，后期工作。后期工作是指病人住院后和出院后的工作，具体包括：(1) 病人住院时社会工作员应从事之工作；(2) 记录工作；(3) 解释病情工作；(4) 办理不听劝导请求出院事项；(5) 出院之安置；(6) 临时问题之解决；(7) 职业治疗，即为病人出院后更换职业做准备；(8) 随访工作；(9) 附办调养院工作，主要是针对一般贫苦病人来院复诊服务；(10) 介绍工作事项；(11) 觅取家庭亲友之合作。

第三类，其他工作。其他工作就是为对实习生的培训工作，对外预防医学知识的宣传工作，以及接受其他机关的委托调查工作和研究工作。

从上面开列的工作内容看，医院社会工作是相当琐细而繁重的，这也是医院社会工作者需要不断加强自身职业修养的理由所在。而要完成这些琐细而繁重的工作，尚需要有一套严格而科学的方法与步骤。宋思明把医院社会工作的步骤划分为调查工作、诊断工作、确定计划、社会治疗、善后处理等五个阶段，并且对每一个阶段的工作重点和工作方法作了详细说明。这里不讨论医院社会工作的实务过程，因而不再对这部分内容进行引述，有兴趣的读者可参看原著。宋思明特别用了一章的篇幅来讨论个案记录的问题，从中可见其对个案记录的重视程度，也间接说明个案记录之于医院社会工作的重要性，这是我们应该高度注意的地方。

医院社会工作的服务守则

医院社会工作作为一种专门职业，需要专门人才来做，也有自己的职业伦理。宋思明特别谈到了医院社会工作员的养成问题。他说，从事医院社会工作需要多方面的知识，但是在学校里只能学到教育学、经济学、社会学等方面的知识，医学和自然科学知识则不易学到。因此，要成长为一名合格的医院社会工作人员，还要在实际工作中不断地充实自己。

做个小结

《医院社会工作》一书中蕴含着丰富多彩和深邃精辟的福利哲学思想、社会福利理论、社会工作理论和社会工作实务智慧，是中国和汉语世界中医务社会工作实务的开山之作。

【问题研讨】

民国时期的医院社会工作方法局限于个案社会工作，并未涉及小组社会工作、社区社会工作和宏观社会工作方法。请结合中国社会工作的发展历史，探讨为什么会出现这样的问题。

【继续探索】

《医院社会工作》一书中认为："医院社会工作，自有其发展之历史。不过其产生年代，较其他社会工作尚为幼稚。"

你认为这样的评论是否符合民国时期医院社会工作发展的实际情况？

【延伸阅读】

王春霞：《民国时期医院社会工作研究》，第十章第一节，人民出版社2018年版。

彭秀良：《宋思明的医院社会工作思想》，《中国社会工作》2012年11月（上）。

二、精神健康社会工作

精神健康社会工作实务的开展

在西方，随着心理卫生运动的兴起，20世纪30年代精神治疗社会工作逐渐成为独立领域。在此影响下，民国时期我国的精神健康社会工作也开始出现，并取得了一定的成绩。

北平市精神病院社会服务部

1928年，北平协和医院正式建立神经精神科，除开展教学和门诊工作外，还指导北平市疯人院医疗业务及学生临床实习工作，标志着中国现代精神医学的开始。1933年，北平市疯人院从破落的高公庵民房中搬迁至地坛公园内，并修建房屋，改善住院条件。次年，疯人院更名为北平市精神病院，设置病床200张，作为北平协和医学院神经精神科的教学医院（现北京安定医院的前身）。该院社会服务部也同时成立，工作人员全都来自北平协和医院的社会服务部，宋思明担任首位主任。

宋思明将精神健康社会工作的工作内容概括为："应用科学方法辅佐医师，调查精神病发生之原因，解决病者之社会问题，以从事预防治疗及善后工作，并藉此而减少病者之痛苦，经济之损失及维系社会之安宁。"① 在此思想的指导下，社会服务部开展的具体服务如下：

其一，社会工作人员通过对病人的社会调查，配合其他各项检查进行诊断。由于当时精神病的诊断时间往往是治疗的两三倍，精神病社会工作对诊断的贡献显得尤为重要。精神病学家作精神检查，其他医师做体格检查，心理学家做心理测验，精神分析家从事于精神分析，而最重要者却是社会之调查。具体做法包括与伴送病人来院者会谈、与病人本人会谈（病人清醒时）和外出调查。

其二，社会工作人员配合医生治疗。一是向家属解释新的治疗手段，消除医患误解。二是通过与病人会谈，进行治疗。会谈治疗方法在精神病治疗中占极重要之地位，收效之大，常出人意料之外。三是职业治疗。社会工作部了解病人以往是何职业、有何专门技能后，安排合适的职业治疗工作。社会服务部下设有职业治疗部，社会工作人员将院内病人分男、女两部，男病人的工作种类有钩地毯、织围巾、编藤工、绘画、习字等，女病人则有缝纫、刺绣、绘画、做手帕、洗衣等。此外，为了让病人恢复正常的社会生活，服务部还根据病人的不同情形安排其适当角色，如安排一个前清秀才在职业治疗部作书记；让曾留学海外的病人教其他病人英语；其他人有的帮助厨房煮菜、送饭，有的负责打扫庭院、担水，

---

① 宋思明、邹玉阶：《医院社会工作》，河北教育出版社2014年版，第109页。

有的洗衣、喂重病人吃饭，有的负责公事房及病室装饰；实施病人假释办法试行出院，社会工作人员伴同病人回家探视并试住一二日后返院，直至家庭与病人皆认为可以出院时为止。在院外开设工厂，使病人出院后可来工作。

其三，与护士合作。社会工作人员与病人会谈时，对方若有危险，必须请护士在旁监视；社会工作人员可以从护士的记录及报告中，得到治疗的线索；平日社会服务部与护士部合办娱乐事项等。院里经常开展的娱乐项目有下棋、玩纸牌、球类、读书、阅报等，节日期间还组织游艺会或运动会，邀请病人亲友参观。

其四，精神病人出院后的善后处理也是社会服务部的重要工作内容。如果安置病人在自己家中，社会工作人员必须对病人的日常生活有所安排，对他家人彼此间的关系有所调整。如果安置病人返回工作，社会工作人员要与其雇主取得合作，可使病人先试工，工作钟点起初要少，逐日增加；要劝病人同事勿以精神病人视之，以避免病人受刺激而复患；如果原来工作不再适合，社会工作人员还需视病人的情况为其另谋工作。有的病人是因酗酒等习惯而患精神病，出院后社会工作人员要按时随访，使勿再犯。对于治愈无望的精神病人，社会工作人员需要倡导呼吁由相关机构或低能学校进行监管，或与当地主管机关合作，择一公屋加以收容。

其五，病案资料的保存。凡来院之住院病人皆有一编号之病案，以作诊断、治疗及研究之根据。此病案包括住院处，医师，精神分析家，心理学家，社会工作人员、护士及职业治疗员之各种记录。病人出院后，即应将各种记录交病案室集为一本，以做参考。需要注意的是，社会工作人员与病人谈话的材料，系属精神检查，宜置于精神检查案中，不可混于社会个案记录内。此种会谈所得之材料，所用纸张的颜色也不同。

毫无疑问，在当时的中国开展精神健康社会工作会有很多困难。例如，病人入院前常因无空床，难以入院；经警察或社会团体送来的病人，因为没有亲属，病人出院后多不易安置；有些病人入院时，病象已深至精神衰退，医生与社会工作人员都束手无策；经济困难无力交费之病人，或因免费病床已满不易安置的，等社会工作人员调查后再收入院，亦非所宜；因为社会工作人员人数过少，使个案累积过多不易全顾；精神病的治疗需要各种专家的合作，许多时候因各人工作性质不同，会发生意见不合甚至摩擦，以致工作不能进行。另外，因为国人对精神病患者有畏惧和鄙视的心理，也容易使精神病经常复发，导致复患问题严重。

1939年11月，因地主收回城内院址的租权，北平市政府遂以安定门外地坛拨与该院作为新址。此时协和方面鉴于两地相距甚远，来往不便；院内经费不足，院务不易发展；专门人才缺乏，治疗不集中，而不易收效等原因，遂于1940年4月8日将一部分病人迁往协和医院内新精神病室，而与该院分离。医生、看护及社会服务人员亦皆调回协和新设精神病室。但院长仍为魏毓麟医生，由协和支薪；住院医生一人，由卫生局支薪。该院社会服务部自与协和医院脱离关系后，只留书记两人担任，只做询问及填表等工作。1941年2月，该院因经费关系及社会服务部成绩不佳，只剩下一人工作，在医治方面亦无大建设。

案例

南京精神病防治院社会工作科

抗日战争胜利后，原北平协和医院神经精神科医师程玉麟向卫生署署长提议在南京建立一所公立的精神病院，获得批准。1947

年 3 月，程玉麟在南京中央医院内后面的一排平房成立专门病区收治精神病人，设床位 50 张，挂牌为"卫生署神经精神病防治院"，程玉麟任首任院长。同时，国民政府拨款 3 亿元，按 200 张床位设计，在南京广州路随家仓建设南京精神病防治院。1949 年年初，该防治院初步建成（今南京脑科医院），包括一幢病房、行政楼及门诊部，以及宿舍、厨房、食堂等。

该院对临床心理学和社会工作很重视，专门设有临床心理科及社会工作科。心理工作室主任为心理学界著名的丁瓒教授，下有黄坚厚、许淑莲、王景和等心理学工作者。社会工作科主任由金陵女子文理学院社会学系教授汤铭新担任，成员有林志玉、郑咏梅、傅玲、李美生、段淑贞、邱景华等，均为金陵女子文理学院社会学系毕业生。1949 年以后，除程玉麟、黄坚厚、林志玉等人外，其余原班人马在 50 年代初继续开展儿童行为指导及个案工作，当时医院更名华东精神病防治院。

南京精神病防治院病室完全采用新式科学方法管理，病人一般可以毫无约束地自由活动。对于处于狂躁兴奋中的病人，医院为了避免妨害他人，才加以隔离。医院的工作宗旨不仅仅是治疗精神病患，也重视精神疾病的预防，推广心理卫生知识，倡导教育宣传工作。

南京精神病防治院在工作模式中，注重各学科的联合诊断和治疗。医院每周举行病人个案讨论会，由医师护士、社会工作人员及心理卫生员等分别报告，分析讨论，确定病源，以资治疗。每周召开病例讨论会时，先由社会工作人员报告患者的社会史，包括家族史、个人史、现病史，十分详尽。接着由心理学专家报告心理测查所见，医生报告病史，然后大家展开讨论，最后由程玉麟进行总结。医院每月还举行技术人员讨论会一次，讨论病历及有关的文献，并对一月来之院内工作加以检讨。除此之外，医院同仁还捐助基金，设病人福利基金委员会，为病人购置娱乐用具、杂志书报等。医院每周四开病人娱乐会一次，每月开扩大娱乐会一次，还会邀请已痊愈出院的患者返院参加，借以观察其精神是否正常。

在南京精神病防治院各位同仁的努力下，病人取得了良好的医治效果。据1948年住院治疗结果统计，有35%的患者痊愈，30%的患者有进步，35%的患者无进步。

做个小结

北平市精神病院社会服务部开了中国精神健康社会工作的先河。作为第一任主任，宋思明指导下的谈话治疗、娱乐康复、职业康复和社会康复工作，无疑是十分有效的，对当代精神健康社会工作也有非常重要的参考意义。南京精神病防治院社会工作服务的最突出特点是实际上已实行了"生物—心理—社会"医学模式，病区中的患者除了接受生物治疗外，并接受合理的、良好的心理治疗和社会治疗。

【问题研讨】

民国时期，我国的精神健康社会工作深受美国的影响。实际上，美国的精神健康社会工作实务近百年的发展，可分为下列几个阶段：（1）约发生于19世纪末，与"疯人院"的设立和禁锢治疗有关；（2）约发生于20世纪初，为早期精神卫生和精神病院的设立和确定；（3）约发生于20世纪50年代，由非院舍化和社区精神健康运动开始；（4）约从20世纪90年代到现在，主要是由社区支持系统、证据主导实务和复原导向所主导。

根据以上材料，结合本节内容，你怎么理解"疯人院"向早期精神病院转化的实质意义？

【继续探索】

精神健康社会工作的角色和定位，是随着不同年代精神康复、心理健康实务的发展而有所改变的。台湾学者叶锦成认为，社会工作在精神康复和心理健康中的角色有下列几种改变：（1）从医护式的非专业助手转变为多元科际的社会工作专业人员；（2）从以院舍为基础的工作手法转变为以社区照顾为主导的工作取向；（3）从以临床个案工作为主的工作手法转变为多元化的多种工作手法。（4）从以病患者角度转变为以消费者及参与者的角度去看待受助的精神病患者和康复者。当然，这些转变并不表示传统取向的手法应遭受淘汰，而是新的取向使得社会工作在精神康复和心理健康中的角色和定位更为清晰和突出。①

阅读上面的文字，思考这样两个问题：（1）怎样理解传统精神健康社会工作手法的当前意义？（2）为什么说新的精神健康社会工作取向使得其角色和定位更加清晰和突出？

【延伸阅读】

王春霞：《民国时期医院社会工作研究》，第十章第一节，人民出版社2018年版。

王春霞：《民国时期精神健康社会工作研究——以北平、成都、南京三地的实践为中心》，《社会工作与管理》2016年第1期。

郭沈昌、陈学诗、伍正谊、许律西：《缅怀前辈 开拓未来——忆我国神经精神病学奠基人程玉麟教授》，《临床精神医学杂志》2000年第4期。

---

① 叶锦成：《精神医疗社会工作：信念、理论和实践》，台湾：心理出版社股份有限公司2011年版，第3页。

本土精神健康社会工作的理论总结

1944年，应国民政府社会部之约，宋思明以其在北平市精神病院社会工作部的经验为基础，出版了《精神病之社会的因素与防治》一书，从而成为中国精神健康社会工作理论的奠基者。

精神健康社会工作的含义

关于精神健康社会工作的含义，宋思明是这样界定的："精神病社会工作，系社会工作中之一种，其步骤为应用科学方法辅佐医师，调查精神病发生之原因，解决病者之社会问题，以从事预防、治疗及善后工作，并藉此而减少病者之痛苦、经济之损失及维系社会之安宁。"① 从定义上看，宋思明认为精神健康社会工作具有社会工作的一般特征，但又有不同于一般社会工作的特殊之处，而这些特殊之处才是建立精神健康社会工作学科的学理依据。该定义还对精神健康社会工作的内容与过程做了概括，即预防、治疗及善后，进而实现精神病社会工作的功能，即减少病者之痛苦、经济之损失及维系社会之安宁。如此看来，宋思明对精神健康社会工作的定义属于功能性定义，强调了精神健康社会工作的意义和价值。

精神健康社会工作的内容

宋思明将精神健康社会工作的内容分为预防、治疗和善后处理三个方面，个案工作方法也就覆盖到这三个方面。

第一，精神疾病预防。身体疾病的预防具有重大的社会意义，精神疾病预防较之身体疾病的预防更有社会意义。宋思明指出："精神病为一种极端难治之疾病，其危害社会又极严重，若能早日

---

① 宋思明、邹玉阶：《医院社会工作》，河北教育出版社2014年版，第109页。

用预防方法,减少其发生之数目,即可减轻人类生活之许多苦恼,及社会之经济损耗矣。"① 精神病预防的途径与方法,宋思明给出了这样三种:

第一种方法是开展心理卫生运动。开展心理卫生运动的具体做法是开设心理卫生门诊和儿童指导门诊部,社会工作员对心理卫生运动的贡献在于调查病人的社会环境及其所招致此种心理病态的原因,然后调整或改换不适合的环境,并鼓励病人努力克服,使其生活纳入正轨。

第二种方法是进行社会治疗。社会治疗的办法是研究致病因素,然后依其顺序制定意见书,逐步实施,最后对已治愈出院病人进行随访。

第三种方法是提倡优生学。精神病与遗传有关,因而社会工作员要与医师合作,向社会做好宣传解释工作,积极提倡优生学。

第二,精神疾病治疗。他把精神健康社会工作人员参与治疗的方法分为5个部分,分别给出了相应的方法。

(1) 与医生合作从事治疗的方法,包括:①从医生处获得信息,主要是关于病情的试行诊断、治疗程序及对病情的预测;②与医生开会,汇报社会治疗的进度并听取各方面意见;③对特殊问题随时调查。

(2) 与病人会谈及治疗的方法。与病人会谈,在精神病治疗中占有极重要的地位,社会工作人员应该帮助医生做好这项工作。与病人会谈的方法,宋思明列举了很多,有兴趣的读者可参看原著。

(3) 职业治疗。职业治疗是指利用各种手工艺如织衣、刺绣、做玩具、绘画等,使普通病人可以减去其长期疗病期间之寂寞,精

---

① 宋思明、邹玉阶:《医院社会工作》,河北教育出版社2014年版,第134页。

神病人可借此恢复其现实生活。职业治疗除能够帮助病人恢复其现实生活外，还能从他们的劳动作品看出某些心理偏差，有助于后续治疗。

（4）与护士部合作实施治疗的方法，包括：①与病人会谈时得到护士的帮助；②借助护士的记录或报告；③协助护士举办娱乐事项；④与护士合作取得关于病人的意外消息。

（5）其他社会治疗的方法，包括：①试行假释办法，就是对病情已见好转的病人，在征得医生同意后，让其回家试住；②试行外出工作，就是让病愈者出院后进入工作状态；③试验根据病人的特点安置工作。

第三，善后处理。善后处理就是病人出院后所施行之种种安置办法，其目的在使病人能恢复原来社会上之地位，及预防其疾病之复发。在安置前，社会工作人员必须对病人的社会环境有彻底的了解，取得与病人有关系的人的同情与合作，还必须合乎医生的意见，并按时随访以对病人作适宜之指导。善后处理的方法有多种，大致包括：（1）安置病人重回旧日工作岗位；（2）为病人另谋工作；（3）筹设农场以安置病人；（4）将病人安置于寄养家庭；（5）由精神病院录用；（6）无痊愈希望的病人采取特殊安置办法。

精神健康社会工作人员的培养

由于精神疾病治疗的难度远较身体疾病为大，所以精神健康社会工作人员的素质也应该更高一些。宋思明认为，精神健康社会工作人员至少应为大学毕业，专门学习社会工作，且对心理学也有相当的知识。这类工作人员在上学期间就应参加医院实习，工作后仍要实习半年至一年的时间。

关于培养精神健康社会工作的大学课程设置，宋思明开出了一个清单：（1）理论灌输方面：普通心理学（一年级必修课）、儿童心理（从事心理卫生运动的基础）、变态心理学（学习精神病学的基础）、心理测验（智力测验、性格测验等）、社会学原理（一年级学习）、社会问题（使学生明了贫穷、犯罪、疾病、儿童、家庭工业等种种问题）、医院社会工作及精神病社会工作（实习之依据）。（2）实习教学方面，一是各种社会工作的实习，可到各社会机关如家庭福利社、保育院、救济院、养老院等实习；二是普通医院社会工作实习，目的是为了明了社会部的组织功能及如何处理各种疾病、医药社会问题。宋思明特别强调实习指导和个案记录，并专设一章来讲个案记录的方法，实用性非常强。关于精神病社会工作的研究，宋思明只讲了几点指导意见，本书不再转述。

做个小结

宋思明所著的《精神病之社会的因素与防治》一书，不仅是中国精神健康社会工作领域的奠基之作，更是精神健康社会工作本土化探索的理论结晶。在这本书的最后，他满怀信心地指出："深望对精神病工作有兴趣之人士，起而倡导之，再由政府之协助，使此种病人能得到完善之治疗。社会工作亦可发扬光大，造福于人群社会，良非浅鲜也。"[①] 对于这位社会工作的前辈，我们应该表示崇高的敬意。

【问题研讨】

阅读下面的材料，然后思考后面的问题：

  宋思明在北平精神病院从事社会工作服务时，利用精

[①] 宋思明、邹玉阶：《医院社会工作》，河北教育出版社2014年版，第174页。

神健康个案工作帮助了许许多多的患者，使其渡过难关。据他回忆：曾经有一军队伙夫患有精神病，时常伤人，被警察强制送入医院治疗。经医生诊断，治疗后有所好转。病人住院时经常帮助厨房工作很勤奋，宋思明认为，若出院后任其飘荡，必将复患。因此，宋思明每日与患者长谈，取得其信任，并定好他出院后先由社会部帮助，做一小本生意，再做安排。不久，病人出院后住在宋思明为其安排的住处，自己炊饭，每日乡间收买鸡蛋，次日早送到医院，送去的鸡蛋新鲜味美很受院里欢迎。之后，宋思明又同其计划和建造养鸡场，病人从此在乡间过农人生活，生活问题解决，精神安定，从未再患病。①

（1）宋思明为什么要在患者出院之后帮助他寻找工作？（2）宋思明的做法表现出精神健康社会工作的哪些特征？

【继续探索】

宋思明将其所著的图书命名为《精神病之社会的因素与防治》，从这个书名，你能感觉出精神健康社会工作不同于医院社会工作的地方么？

【延伸阅读】

刘继同：《导读》，载宋思明、邹玉阶：《医院社会工作》，河北教育出版社 2014 年版。

彭秀良：《宋思明的精神病社会工作》，《中国社会工作》2012 年 11 月（下）。

---

① 彭秀良：《宋思明的精神病社会工作》，《中国社会工作》2012 年 11 月（下）。

三、儿童社会工作

关瑞梧对儿童社会工作的探索

民国时期,妇女社会工作和儿童社会工作也取得了不小的进展,但限于资料收集的困难,目前只能叙述儿童社会工作领域的进展。1946年,关瑞梧与李槐春合著的《区位儿童福利个案工作》一书出版,这本书以实务工作经验为基础,提出了颇具本土色彩的儿童社会工作理论。

何谓区位儿童福利个案工作

关瑞梧,广西苍梧人,1907年出生于北京。1931年毕业于燕京大学社会学及社会服务学系,专修儿童福利。毕业时因学业成绩优异,被校方介绍入美国芝加哥大学社会工作研究院做研究生,1933年获硕士学位。

与同时代其他同行的经历相类似,关瑞梧归国后,一方面在燕京大学社会学及社会服务学系讲授儿童福利课程,并担任实习导师;另一方面又在社会服务机构担任实际工作,她于1934年至1937年任北京香山慈幼院第一校主任,并在抗日战争全面爆发5年后随燕京大学迁往成都,与李槐春合作实验用个案工作方法做儿童福利工作。这两个不同阶段的经历,对关瑞梧开展儿童社会工作实务的影响也是不一样的。在北京香山慈幼院的工作,使得她获得了基于中国实地工作的经验;后一阶段的工作,则注重于社会工作方法研究,以期为社会工作从业者提供训练方法上的指导。

什么是区位儿童福利个案工作呢?这是关瑞梧在西方社会学和社会工作学理论的基础上,结合中国的实际情况,创造性地发展出的一套实地工作方法。理解这个概念，首先要理解"区位"的含义。"区位"本来是一个地理学术语，后被引入到社会学领域，形成了所谓"区位研究法"的社会学方法。关瑞梧对"区位研究法"给出的解释是：选定一个固定区域，研究分析这区域内的各方面环境，如地区的位置、住居的状况、人口的组合、各家庭的状态、人和人的关系等现象所形成这区域内的一种与他处不同的文化表现，同时研究这些文化表现给予住在这区域内人们的影响。在社会工作实务领域，使用"区位研究法"的目的，是在对某个区域的情形有了认识以后，才能着手用个案工作方法去进行改善。

理解区位儿童福利个案工作的第二步，就是儿童社会工作主要是个案工作。将个案工作运用于某个区域，就形成了区位儿童福利个案工作。关瑞梧认为："所谓个案工作方法，是对一个人或一个团体，研究其生理、心理、社会各方面的状况与问题，从改善环境及转变态度着手，设法使其适应社会。"[①] 对于个案工作方法，关瑞梧认为应包括个案研究与个案工作两个阶段，具体步骤为：（1）访问，由服务员做家庭拜访，或与有关系的人谈话，并观察一切的环境，找到关于一个人或一个团体各方面的事实；（2）诊断，由多次的访问观察，找到问题的症结；（3）服务，利用社会上的设备，并用友谊的劝导，改变人与人之间的态度及人对事的态度，帮助解决问题。

区位儿童福利个案工作方法及遇到的困难

1941年，全国儿童福利会议确定了儿童福利政策的五大目标，即善种（奖励身心健全男女的生殖，抑制遗传缺陷分子的生殖）、

[①] 关瑞梧、李槐春：《区位儿童福利个案工作》，河北教育出版社2014年版，第4页。

善生（指导适当的孕育，并护理孕妇、产妇，以期生育的健全）、善养（提高生活水准，减少灾病死亡，施行妇幼保健，普及儿童养育常识，使儿童身心得到合理的健全发展）、善教（陶冶高尚品性，养成优良习惯，并学习一般儿童所需要的知识与技能）、善保（防止虐待儿童，并对不幸儿童、问题儿童，予以适当之保护，以免遭受损害）。关瑞梧实验的区位儿童福利个案工作，也是遵循着这些目标进行的，但因为善种涉及医学领域，非单一的社会工作人员所能办到，就删去了善种的目标，而以其他四个目标为鹄的，并突出了善养这一目标。

首先，在善生方面，要推进善生工作。首先社会工作人员要改变产妇的"怕羞"等陈旧观念，介绍她们去医院分娩。同时，社会工作人员要改变居民对妇婴卫生的观念和态度，引导他们信任新式助产设备。其次，在善养方面，关瑞梧指出当遇到患病的个案时，社会工作人员定会亲自带他到医院，向他介绍医院看病的程序，并给医生解释案主的情况，以免误诊。案主住院时，社会工作人员每天到医院探视，随时帮助他解决问题，并给予心理上的安慰。案主病愈回家，社会工作人员也每天访视慰问。再次，在善教方面，社会工作人员就尽量利用社会上可能的设施为儿童提供最低限度的教育机会。除了直接的教育活动，社会工作人员还尽量利用社会上的各种机会。最后，在善保方面，关瑞梧指出主要是针对不幸的儿童如流浪儿童、童工、童犯等开展的。由于种种原因，社会工作人员在进行此工作时候比较困难。

做个小结

《区位儿童福利个案工作》一书是以实务案例的形式来阐述儿童福利个案工作方法的，全书共详细列举了15个案例，但她们仍然试图给出一般性的方法。这些一般性的方法包括：（1）通过访问谈话和佐证观察等方法找到真正的事实，建立社会工作人员与案主之间的相互信任关系；（2）在个案工作推进过程中，要充分利用社会的设备；（3）个案工作的价值准则是帮助和引导居民改变不科学的观念和行为，而不是将其强加于他们。

【问题研讨】

关瑞梧将其理论归纳为"区位儿童福利个案工作"，那么，对区位的选择就显得至关重要。她选择的区域是紧接成都燕京大学后门的一条窄巷：

> 一到这龌龊、人烟稠聚的小巷，则可以见到满街满巷各处分布着儿童，污垢满脸，衣服褴褛，大人们在门口拆破臭的袜子或是整理破布条时，不会走的幼儿则多滚在这些污臭的破烂堆中。四五岁及学龄的儿童，则在巷口尘土飞扬出售破烂的市集内，东窜西荡；十一二岁的儿童，则多从事家事，抱弟妹、做纸烟盒或其他帮助家庭生产的工作。极明显的就看到这缺乏卫生与教育的区域内，给予儿童的影响。①

但是，关瑞梧却认为，这才是她们要找的地方："它正需要我们去习用社会工作的理论与技术去找出这特殊区域给予儿童的影响和如何去改善。"请思考：（1）关瑞梧为什么认为这是实验儿童社会工作的合适区域？（2）你是如何理解区位儿童福利个案工作的？

---

① 关瑞梧、李槐春：《区位儿童福利个案工作》，河北教育出版社2014年版，第37页。

【继续探索】

由于在实验区域内,儿童极度缺乏营养,关瑞梧做了很大的努力。这里的居民受教育程度偏低,经济状况又极为恶劣,他们对于儿童的营养既存在错误观念,又听不进别人的劝告。在这种情况下,社会工作人员要运用个案工作的特殊技巧,引导他们树立科学的营养观念。关瑞梧给出了用豆浆补充营养的实例。豆浆不仅富含多种营养成分,而且价格便宜,很适宜在研究区域内推广。但是,居民不仅丝毫不知营养为何物,更不愿意改变原有的育儿习惯。社会工作人员多次劝说而效果甚微,便采用了合作个案的方法。区域内有些知识水平较高的住户,对社会工作人员的工作特别了解与合作,或是为显示自己在本区域内经济及社会地位优越,对社会工作人员的劝导无论内心如何想法,表面上总是很快地接受。社会工作人员利用这两类人的合作,间接地影响到其他的居民,这就是合作个案的方法。"这区域内住房稠密,人们彼此模仿性极大",合作个案的方法能够取得出人意料的效果。

根据这个案例,请思考这个问题:合作个案的方法与晏阳初等人所推行的"表证农家"的方法是否有异曲同工之妙?

【延伸阅读】

顾东辉:《导读》,载关瑞梧、李槐春:《区位儿童福利个案工作》,河北教育出版社2014年版。

彭秀良:《关瑞梧与儿童社会工作》,《中国社会工作》2016年9月(上)。

儿童行为指导工作的开展

20世纪二三十年代,美国掀起了儿童辅导运动,各地纷纷创设儿童指导所，聘任精神病医师、小儿科医师、心理学家及精神健康社会工作人员等，分担研究与治疗儿童异常行为的责任。在西方先进国家的示范下，我国的儿童行为指导工作也开始起步，尤其以抗日战争时期金陵女子文理学院社会学系教授汤铭新在成都创办的儿童行为指导所成绩最为突出。

成都儿童行为指导所始末

抗战期间西迁至成都的金陵女子文理学院为适应战时需要，将社会学系改为社会学及社会工作系。因为战时难童增多，在社会部的倡导下，1943年春，金陵女子文理学院开办儿童福利人才培训工作，即在社会学系和家政系分别设儿童福利组以培养专业人才。社会学系儿童福利组由汤铭新主持，为了给学生提供实习场所，她主持设立了儿童行为指导所。

此时，原北平协和医院神经精神科医师程玉麟也来到成都，并担任华西大学医学院神经科主任。程玉麟曾指导过北平市精神病院的医疗工作，深知精神病预防工作的重要性，对精神病社会工作的业务也很熟悉，于是开始与汤铭新合作进行儿童行为指导所的工作。1943年春，汤铭新在成都市南郊三所小学中选择行为异常的50名儿童做个案研究，发现这些儿童的行为问题几乎全部是由恶劣的环境影响所致。这一研究结果坚定了他们推进此项工作的决心。儿童行为指导所通过对有孤僻、多动、习惯性说谎等异常表现的儿童进行心理和行为治疗，以加强精神疾病的预防和早期治疗。

由于成都儿童行为指导所的成效显著，1944年秋，该项工作被划为成都基督教大学儿童福利人才训练委员会实验工作，受到美国援华联合会儿童福利委员会的经济协助，还得以增添一名专任个案工作员作汤铭新的助理。1945年春，该所定名为"华西大学医学院金陵女子文理学院合设儿童指导所"。抗战胜利后的1946年,汤铭新随金陵女子文理学院复员到南京,该所工作结束。

儿童行为指导的实务内容及特点

1948年,汤铭新将成都儿童行为指导所的工作进行总结,写成《儿童行为指导工作》一书,由商务印书馆出版。《儿童行为指导工作》不是一本理论著作,而是根据实际指导儿童行为的经验所写的实地工作报告。全书大部分内容是研究儿童行为的个案记录,翔实而有趣,从中我们也可以分析成都儿童行为指导所实务的具体内容及特点。

第一,汤铭新强调儿童行为指导工作需由不同专业的人士合作完成,但都须接受心理卫生知识训练。她认为,儿童行为指导所的工作人员应聘有精神病医师、小儿科医师、心理学家和精神健康社会工作员,分工合作,共同完成儿童身体、精神、心理和社会四个方面的研究、诊断和治疗。在对儿童行为指导所里各类工作人员的修养及训练要求方面,汤铭新特别重视心理治疗技术的训练。

第二,儿童行为指导工作的步骤也应有一定程序。汤铭新主张先由精神健康社会工作人员采用社会个案研究法,研究儿童的个人生活史、家庭背景、父母的婚姻和感情、父母子女兄弟姐妹间的关系、父母教育子女的方法、家庭经济的状况、友伴活动及社区环境等,再由精神健康社会工作人员斟酌情形,让儿童做身体检查、精神检查或心理测验。检查前,精神健康社会工作人员应与儿童及儿童之父母详细解释各项检查或测验工作的必要性,从而使他们乐于合作。对儿童身体、心理、精神及社会四方面研究完毕,即举行个案讨论会,由小儿科医师、精神病医师、心理学家及精神健康社会工作人员报告各方研究结果,共同商定诊断与治疗的方法。如果儿童行为问题的重心是儿童本身的人格失调或精神失常，则由精神病医师负责治疗。如果儿童行为问题与智力或情绪的发展有关，则归心理学家处理。如果儿童行为问题是受身体疾病的影响，则由小儿科医师负责治疗。事实上，大多数儿童的行为问题是因为社会环境的影响所致，此类问题必须由精神健康社会工作人员主要负责处理，例如家庭关系的调整、适宜学校与学级的安置、友伴的选择、休闲的指导与兴趣的培养等。

第三，社会工作人员对于儿童问题处理的基本技术，兼用社会个案工作与社会集团工作（小组社会工作）两种技术。在个案工作方面，书中详细陈述了对 11 名典型儿童的服务过程。最主要运用的方法是访谈法，社会工作人员首先与儿童本人、家庭、学校或其他有关的人接触与谈话获得充分的资料，然后用谈话的方法解决儿童的各类社会环境问题。其中，谈话次数最多达 86 次。在链接资源方面，社会工作人员为家庭贫困的儿童寻求营养食物、联系适宜的学校、争取学校老师和同学的帮助、提供一些必要的生活用具，等等。为了诊断的科学性，社会工作人员还运用各类调查表格，如书末所附的《儿童指导所个案登记表》《儿童家庭生活概况调查表》《儿童异常行为调查表》《儿童异常行为发展概况表》及《儿童指导所个案研究大纲》等件。同时，对于个案工作的流程的记录也十分完整、详细。在团体工作方面，共有 15 个儿童参加了各种集团活动，如演说比赛、园艺劳作、木工土工、绘画、雕刻、打球、远足、参观展览等，效果也都十分明显。

第四，在总结本土化经验方面，汤铭新首先指出，受指导的儿童通常以 12 岁以下者为限，但在我国青少年行为指导工作未开展以前，12 岁以上至 20 岁以下的青年也有享受指导的权利。对儿童行为指导工作机构的设置，汤铭新认为既可以是独立的，也可以附设于医院或有关机关之内合作办理。因为当时饱受战乱之苦的中国，经济力量已十分虚弱，加上专业人员稀少，难以保证独立机构的设置要求。

做个小结

儿童行为指导工作是20世纪二三十年代所倡导的心理卫生运动中最基本的工作内容。当时，国内一些心理学专家多倡导从教育入手增进儿童心理健康，汤铭新主张几个相关学科合作共同促进儿童的心理卫生运动，其主持的儿童行为指导所的工作应是最前沿的。

【问题研讨】

20世纪二三十年代社会工作经历了一个所谓精神病学的"洪水期"，弗洛伊德成为社会工作理论模式的核心人物。紧接着兴起的"诊断学派"和"功能学派"仍是在精神分析学说的基础上建立起来的，旨在探索和解决案主的精神疾病。之后，心理动力论、认知理论、行为理论等使社会工作的理论基础获得长足进展，但仍然是以心理学为主体。因此，当时的资深社会工作者吴桢回忆："20世纪四五十年代，社会工作者几乎都必须学心理学，对案主的调查也着重于案主的感情与感觉。在医药社会工作、精神病社会工作、青少年犯罪、儿童行为问题等领域，社会工作者都要与心理学者合作，运用智力测验、心理测验、特殊才能测验等方法。"[①]而且，在1948年，吴桢也翻译并出版了美国心理卫生专家普莱斯顿（George H. Preston）1943年初版的《心理卫生十二讲》一书。

---

① 吴桢：《漫谈个案工作和个案分析》，《江苏社联通讯》1983年第3期。

请你根据西方社会工作理论发展的历史，谈谈民国时期我国社会工作理论的发展特点。

【继续探索】

1948年第1期的《儿童与社会》杂志刊登了这样一则题为《过失儿童辅导所在沪设立》的消息：

> 上海儿童福利促进会、国际礼拜堂儿童辅助委员会及少年村鉴于上海被拘留于警察局拘留所之儿童人数颇多，乃联合在沪设立一过失儿童辅导所，专为被拘留于警察局拘留所及监狱中之儿童服务。该所系由一富有经验之社会工作员主持，另有三位社会工作员协助，并请上海警察局律师朱鸿达先生为法律顾问。

分析上述内容，你认为儿童行为指导工作由预防性的心理卫生工作扩展至矫正性的司法社会工作，其工作内容会有哪些不同？

【延伸阅读】

朱智贤、林崇德：《儿童心理学史》，第十七章，北京师范大学出版社1988年版。

苏华：《抗战时期难童的异常心理问题》，《民国档案》1995年第3期。

肖朗、范庭卫：《民国时期心理卫生的理念和思想对教育学术的影响》，《社会科学战线》2010年第11期。

第五章　社会工作实务的兴起与拓展（三）

本章要叙述的内容是民国时期边疆社会工作和伤残重建社会工作的开展情况。边疆社会工作和伤残重建社会工作都是民国时期独有的社会工作实务类型，虽然持续的时间不长，更是特定时代环境的产物，但至今仍有一定的借鉴意义。

一、边疆社会工作

边疆社会工作的兴起与衰落

边疆社会工作是抗日战争全面爆发后社会学界研究的一个重点，当时是出于对边疆安全和国家安全的整体考虑，也是国民政府西迁重庆以后巩固大后方的客观形势使然。

边疆社会工作兴起的时代背景

1937年抗日战争全面爆发后，国民政府西迁重庆，全国经济、文化的中心逐渐转至西南，以前甚少受人瞩目的西南地区因抗战的缘故，成了民族复兴的基地和抗战建国的大后方，地位陡然提升，无论政府还是民间均对此地都寄予厚望，故而极为重视。当时以研究边疆为宗旨的组织主要有三个，即华西边疆研究会、中国边疆学会、华西大学边疆研究所，它们既互相配合又各自独立地开展调查研究，实地考察，主办公开演讲，举办文物展览，出版刊物等，表现出边疆研究的繁荣景象。华西大学边疆研究所有计划地派出研究人员到边疆进行实地考察，或收集材料、文物，多次举办边疆文物展览，并写成调查报告或论文、专著发表。

1943年5月18日，国民政府公布了《边疆从政人员奖励条例》。条例所称的边疆行政人员系指该条例施行后由内地派往边疆服务之人员，原在边疆服务之人员参酌该条例办理；定有官等之边疆行政人员任用资格得适用关于边远省份公务人员任用资格之规定，必要时得由铨叙部呈请考试院转呈国民政府准予以较高级待遇或任用；边疆服务人员以实际服务满三年为一任，任满经主管机关核定成绩优良者，按其服务区域之远近给予三个月至六个月之休假，其因业务上之必要未予休假者，得加给三个月至六个月之薪俸，任满三次、年满五十岁者，得以较高职务调回内地任用；边疆服务人员服务之年资计算标准，近区一年抵内地一年半，远区一年抵内地两年。国民政府以薪俸和职级来激励边疆行政人员，算是做出了一些实质性的工作。

边疆社会工作的实际进程和冷落

边疆社会工作的代表人物是李安宅，他介入边疆社会工作也是与抗日战争时期的学术活动经历分不开的。李安宅，直隶迁安（今河北省迁安市）人。1924年入燕京大学社会学系读"社会服务研究班"，1929年获得理学士及相当于硕士的社会服务职业证书，1934—

1936年赴美留学，归国后执教于燕京大学，并主编英文刊物《燕京社会科学研究》和中文刊物《社会学界》，竭力提倡"实地研究"和"实地工作"。1938年暑假，李安宅离开北平，辗转到达甘肃，从此与边疆问题研究结缘。

1939年年底，中华基督教会全国总会边疆服务部成立，开展的具体工作可以分为两种：一是实地服务工作，包括文化教育、生计改良、医药卫生和其他社会事业；二是边区调查和研究。为便于因地制宜，边疆服务采用"服务区"制度。该部先后开辟了川西区（主要是四川松理、茂汶一带，以羌、藏族居民为主）和西康区（主要是西昌和凉山地区，以彝族居民为主），直到20世纪50年代方告结束。李安宅不仅介入了该项活动，这也启发了他本人对边疆社会工作的许多思考，最终归纳出了颇具特色的边疆社会工作思想。

李安宅认为，趁着抗战建国的特殊局面，在边疆研究方面应该有所突破，唯有如此，方可更有效地建设边疆。实际上，抗战胜利后，因避乱来川的众多大学及边疆问题学者多返原地，当局对边疆建设和研究的关注和倡导减弱，热闹一时的边疆研究遽然低落，边疆社会工作也随之遭遇冷落。

做个小结

边疆社会工作在我国的兴起，是与抗日战争全面爆发后的时代背景密切相关的，是特殊历史时期的产物。同时，边疆社会工作的兴起也跟李安宅的学术工作分不开，因为只有李安宅明确提出了边疆社会工作的命题，可惜这一极具本土化的学术方向没能坚持下来。

【问题研讨】

请仔细阅读下列材料：

李安宅的"边疆"是地理边界上的，这也是当时国内知识界接近一致的观点。虽然在那个时期，民族识别工作已经开始，但以"民族"来覆盖边疆开发和建设的提法却非常稀少，多是以"边疆"一词来指代。如 1931 年 11 月召开的中国国民党第四次全国代表大会通过了《确定边区建设方针建设并切实进行案》，"边区"即指边远省区；到 1946 年 3 月在重庆召开国民党六届二中全会，决定成立边疆问题委员会和边疆问题报告审查委员会，并通过了《关于边疆问题报告之决议案》，系以"边疆"一词指称少数民族地区。

新中国成立不久就开始了民族识别工作，"边疆"一词的使用频率尽管仍很高，但语义已发生了变化。民族识别工作在我国民族制度和政策发展史上有着非常重要的地位，"正是当年的'民族识别'工作使我国建立起了一个'民族身份'与族群关系的整体框架，并把它制度化"。1949 年以后，我国参照苏联的做法建立了严格的户籍管理制度，并以此为基础贯彻少数族群优惠政策，民族识别为少数族群的严格户籍管理奠定了基础。民族识别过程中，虽然是以斯大林现代民族的四个基本特征为基准，但强调尊重民族意愿和结合中国民族实际，因为在被"识别"的少数群体大多数民众中流行的是传统群体认同意识。根据马戎的研究，民族识别工作主要依照的是斯大林"民族"定义中"共同语言""共同文化上的共同心理"

这两个标准,"共同经济生活"和"共同地域"则相对淡化。这样看来,民族识别工作的政治色彩是很淡的,主要是关注少数群体的文化特点和历史传统。因此,我们可以这样说,现在通用的"民族"一词主要是社会文化意义上的。①

思考这样两个问题:(1)你认为上述材料所指出的"边疆"与"民族"之间的区别,是否合理?(2)对于我们现在仍然在使用"边疆"与"民族"这两个词汇,你感觉到二者之间的差别了么?

【继续探索】

请搜集有关李安宅的生平资料,分析他提出边疆社会工作思想的时代背景与个人经历之间的关系。

【延伸阅读】

彭秀良:《守望与开新:近代中国的社会工作》,第五章第三节,河北教育出版社2010年版。

汪洪亮:《建设科学理论与寻求活的人生——李安宅的人生轨迹与学术历程》,《民族学刊》2010年第1期。

李安宅的边疆社会工作思想

1944年,李安宅出版了《边疆社会工作》一书,系统论述了边疆社会工作的方方面面,而且具有很强的可操作性。

边疆工作主要是社会工作

李安宅认为,边疆工作主要是社会工作。他给出的论证依据包

---

① 彭秀良、高亮:《从边疆社会工作到民族社会工作:一个历史的回顾》,《社会工作》2013年第6期。

括两个方面,一是对传统边疆工作的做法进行梳理和评价,证明这些方法是不合理的;二是证明社会工作的方法是适于当时边疆工作需要的科学方法。关于前一个方面,李安宅将唐朝以后的传统做法归结为八种,即怀柔法、威胁法、羁縻法、攻心法、坐质法、离间法、教导法、军政参用法等。这些做法的根本错误在于都是将边疆看成敌国或藩属,不把边民当作国民来看待。因而,"对于边疆只有军事与外交的方式,即所谓政治,也限于管与教,而未顾及养与卫;更不用说,即管也未彻底,而教只在形式了。"接着李安宅进一步提出了边疆工作的正确方法,"彻底地管,实际地教,当与养卫打成一片,那就是积极的福利设施"。① "积极的福利设施"是与社会工作的性质与方法相一致的,于是李安宅的论证又进入到了第二个方面。

李安宅认为,社会工作的性质是"一点一滴,经常创新的;一步一步,不求近效的;避名求实,善与人同的;助人自助,而不越俎代庖的。归根结底一句话,社会工作乃是一套软功夫,一套软中有硬的功夫"。② 这番软中有硬的功夫特别适合于边疆工作,这是因为在民主政制下虽然不再将边疆看成对手或藩属,但仍有占优势的国民与不占优势的国民之分。边民就属于不占优势的国民,边疆工作要想取得他们的信任,争取表证的机会,自非采用社会工作的技术与方法不可。"有了普遍的社会工作在边疆,才会创造出分工合作的沟通文化的基础,才会实现了生产建设与精神建设,而使一般法律一般政治树立得起来,推行得下去。故就下手而论,这是软性的;但就结果而论,便是软中有硬的。这样,才是正确的社会工

---

① 李安宅:《边疆社会工作》,河北教育出版社 2012 年版,第 25 页。
② 同上书,第 18 页。

作。不由社会工作入手，而由一般的法律一般的政治入手，就是边疆口号越高唱入云，边疆问题越是层出不穷，而且每出愈奇的缘故。"① 李安宅的论证层次清晰，逻辑严谨，极具说服力，其对边疆社会工作的学科体系建设功莫大焉。

边疆社会工作的方法

既然边疆工作主要是社会工作，边疆社会工作的方法就须遵循社会工作的一般方法，但也要照顾到边疆工作的特殊性。李安宅认为，边疆社会工作的关键在于搞好行政和实施。行政方面，第一，要有长久的计划，应不求近功，唯求远效，不应朝令夕改。要做到此点，又必须先有深入的研究，"在行政考察之外，非得经常资助学术专才的深入研究不可"。② 第二，要有统一的指挥，不能"政出多门"，要统一行政机构，"可有两条道路，一条即自中央单元化起来，一条乃由工作所在地单元化起来"。前一条指的是"条"的组织原则，即自上而下的行政架构；后一条指的是"块"的组织原则，即平行的行政架构。其他如要有充分的设备和保证工作员的福利，则属于边疆工作的常识，不做引述了。从这些论述来看，李安宅力图从实际操作的角度建立边疆社会工作的学科体系，所以他的论述既有很强的层次性又兼顾了社会工作理论的渗透。

关于边疆社会工作的实施，李安宅从原则、步骤、方式等三个方面作了分析。在原则上，第一，"要有研究工夫，以便明了边地问题之所在，以及解决问题的手段与方法"；第二，"要有服务活动，这是我们所以去边疆的目的"；第三，"要有训练热情，即训练同工——使同工充分发挥力量，使边民优秀分子变成同工，以便自

---

① 李安宅：《边疆社会工作》，河北教育出版社 2012 年版，第 28 页。
② 同上书，第 57 页。

助"。三者分别是前提、目的和手段,缺一不可,"然而尤要者,乃在三者合而为一,使研究为了服务,使服务得到研究的资助(服务才不是盲目的),既以资助研究(研究才不是抽象的),且使同工即在研究与服务中得到训练(训练才不是形式的)"。① 在论述边疆社会工作的实施步骤与方式时,李安宅也是坚持"研究、服务、训练三者合一"原则,注意训练边民成为同工,以实现边民的自助。可以看出,李安宅的边疆社会工作不是书本上的说教,而是可以付诸实施的具体方式方法,这也是他对社会工作之本质的理解的最好注脚。

边疆社会工作的目标

李安宅认为,边疆社会工作的目标或归宿在于"由着我们的协助,促动边民的自助,而使边疆工作者成为一般的专业工作者"。"不但可以自助,而且可以助人,于是乎'边疆'一词便不需要了——即有,也是地理的名词,而无文化的意义了。"而边疆工作,"到了那个时候,便不是边疆工作,而是各种的专业工作,如医药、工程师、畜牧师、工业化学家之类的工作,这些工作,只有其各行的技术问题,再不必需兼为边疆而有的适应技术"。② 如此,"边疆社会工作也就失掉其边疆性"了,"边疆社会工作之成功,即在边疆性之逐渐消失而归于乌有"。他把边疆社会工作的最终目的归结于促使边疆与内地协调发展,取得与内地同等的经济文化地位,从而使文化意义上的"边疆性"消失,成为一个能够自立的实体,这很精确地揭示了边疆社会工作的实质。

---

① 李安宅:《边疆社会工作》,河北教育出版社 2012 年版,第 63 页。
② 同上书,第 79 页。

做个小结

从社会工作的角度来考察边疆问题,李安宅是独一无二的。把边疆问题纳入到社会工作的学科范围,这本身就是一项很了不起的开创性工作。李安宅的边疆社会工作思想虽属初创性质,但很有条理化,也很系统,今天仍然值得我们认真去研究、去思考。

【问题研讨】

李安宅在《边疆社会工作》一书中讲到了开展边疆社会工作的三项原则:

> 第一要有研究工夫,以便明了边地问题之所在,以及解决问题的手段与方法。第二要有服务活动,这是我们所以去边疆的目的。第三要有训练热情,即训练同工——使同工充分发挥力量,使边民优秀分子变成同工,以便自助……

对照这三项原则,请你思考:(1)这三项原则之间是一种什么样的逻辑关系?(2)在这三项原则当中,你认为最接近社会工作本质要求的是哪一项?

【继续探索】

在李安宅以后,边疆社会工作的提法近乎绝迹,近年来新兴起的相近实务领域被称作民族社会工作。"民族社会工作"与"边疆社会工作"不只是名词上的差别,更有社会工作实务内容与方法方面的差异。请你自己搜集资料,认真思考一下:李安宅的边疆社会工作思想对于今天的民族社会工作实务是否还具有借鉴价值?

【延伸阅读】

李安宅:《边疆社会工作》,第五、六章,河北教育出版社2012年版。

岳天明：《论李安宅的边疆社会工作思想——兼及中国社会工作的学术史意识》，《西藏大学学报（社会科学版）》2017年第1期。

延声阅读

二、伤残重建社会工作

抗日战争时期的伤残重建社会工作

抗日战争全面爆发后，由于伤残军人的增多，"虽残不废"运动得以开展，在此运动的影响之下，社会工作者也发挥了一定作用。

抗日战争时期的"虽残不废"运动

抗日战争全面爆发后，前线负伤的官兵越来越多，绝大部分伤愈官兵或重返疆场杀敌，或解甲归田。然而，那些重伤致残的官兵无法重返前线，此时为他们安排一份工作使其自食其力就显得尤为重要。1938年年初，段绳武被任命为军事委员会政治部设计委员，负责设计伤兵政教工作，他提出了"残废者能另谋职业，自营生活，残而不废"的主张。为了推动荣誉军人（荣誉军人是当时对伤残军人的称呼）职业运动的发展，段绳武主张应该由政府和社会联合组织一中心机构。通过他艰辛的努力，当时的各伤兵主管机关召开联席会议，经过数度讨论，决定这一中心机构定名为荣誉军人职业协导会（简称"协导会"）。1940年5月12日，荣誉军人职业协导会在重庆正式成立。

荣誉军人职业协导会正式成立后就提出了"虽残不废"和"自力更生"的口号，其业务可以分为7项：（1）调查统计荣誉军人之伤残种类、教育程度、固有技能；（2）调查研究适合荣誉军人之社会职业；（3）宣传荣誉军人服务之意义及成绩；（4）训练荣誉军人服务精神及技能；（5）介绍、指导荣誉军人服务；（6）管理考核已服务之荣誉军人；（7）办理荣誉军人福利及生产合作事项。

以介绍、指导荣誉军人服务为例，根据1940—1944年的统计，经协导会介绍而就业的荣誉军人共1404人，分布在8个省，所任职务亦有18种之多。同时，协导会还常与那些经其介绍而得到职业的荣誉军人保持联系，予以有关生活、行动、思想上的指导。为了鼓励通过训练获得技能的荣誉军人出院服务，协导会规定，凡是出院服务的，按伤残等级和职务高低每月发给不同数量的荣誉金。协导会除了上述工作外，还开展合作指导及福利工作。为了使荣誉军人能安心受训就业，凡有关荣誉军人生活的一切问题，如子女教育、家属救济、养老储金及寿险等，协导会均设法为之解决。

长沙会战与中国红十字会矫形外科

早在第一次长沙会战（1939年9—10月）期间，宋思明就在中国红十字会伤兵后方医院从事伤残康复工作。宋思明很善于使用个案工作方法，在这里，他不仅教会一些残疾伤兵们掌握某种手艺，比如缝纫、染纱、制鞋等，并且还聘用技术人员来教习这些伤兵们，使他们可以自谋生计，甚至还可以养家糊口。

1940年，中国红十字总会会同军政部创设了矫形外科中心，基于"英勇健儿，杀敌成残，国家虽有恤典，然而断肢残臂，失去生活机能，在人力所能挽救者，亦应设法助其复健"的理念，延揽专家，于治疗而外作义肢之装置，并予以各种职业训练，使残而不废，足以营生。此时，宋思明担任中国红十字总会矫形外科中心主任。

"卫训总所"的复健学组

随着军人受伤人数的激增，战地医护人员显得极为急缺。为了短期快速训练医务人员，中国红十字会救护总队队长林可胜倡议成立卫生人员训练所。1938年6月，战时卫生人员训练所成立，简称"卫训所"，各地成立分所后，又改称"卫训总所"。1939年春，卫训总所和中国红十字会总会救护总队迁至贵阳附近的图云关。当时卫训总所的附属医院叫"战时军用卫生人员训练所实习医院"，1944年改称贵阳陆军医院，实际仍为卫训总所的实习医院。它的任务是解决战时各地后方医院无法诊疗的疑难重症，同时负责培训军队各级各类的医务人员。因为卫训总所的建制比当时地方上的医学院要大得多，学科也较一般医学院齐全，因此可以称得上是抗战后方一所设备先进、人才济济的正规教学医院。

卫训总所成立18个不同的学组进行教学和服务，分别是组织、内科、外科、妇产科、儿科、防疫、矫形外科、X射线、护理、眼耳鼻喉、理疗、物理、生物、生理、生化、环境卫生、微生物和复健学组。其中，复健学组负责伤残军人的康复工作，主任由邹玉阶担任，教官为宋思明。卫训总所虽然由军政部管辖，实际上在培训和管理等各方面，均与中国红十字会救护总队有着密切关系，主要教学人员也大都来自红十字会。所以，宋思明兼任卫训总所复健学组的教官，而邹玉阶则在救护总队里担任社会服务指导员。邹玉阶与宋思明曾为同事，同一时期在北平协和医院社会服务部工作过。此时两人再次合作，一边指导训练受训人员学习如何进行康复服务，一边实际从事伤残重建服务工作，帮助成千上万名伤病员康复。

宋思明、邹玉阶等人征集各地的荣誉军人予以职业训练，补习教育，按其肢体残缺情况，予以训练，分缝纫、制鞋、织袜、藤工、木工、园艺、化工如制肥皂鞋油等班，并教以算术、识字及组办合作社等课目，学成后都可自立谋生或成家立业，退役为民。他们与荣军并肩种菜、播种施肥、除虫松土，事事亲为。

抗日战争胜利后，中国红十字会的工作重心由战时救护转向社会服务。1945年12月，救护总队部由贵阳图云关全部迁至重庆，与行政院善后救济总署合作，办理民众医疗救济工作。贵阳陆军医院改名为贵阳总医院，由联勤总部领导。红十字会的专家大都在1946年上半年先后离开贵阳，其中邹玉阶到南京筹办南京伤残重建院，宋思明到上海担任上海伤残重建服务处副主任，继续从事伤残重建社会工作。

做个小结

由于资料的限制，我们对抗日战争时期伤残重建社会工作的具体情况了解得并不深入，但不容置疑的是，邹玉阶和宋思明作为资深的医务社会工作者，他们在伤残重建工作中注重运用专业的社会工作知识和技巧，并取得了良好的成效。正因如此，抗战胜利后两人继续从事伤残康复社会工作，并担任了重要职位。

【问题研讨】

阅读下面的材料：

> 段绳武原名段承泽，1897年出生于河北省定州市高头村，"家世务农，幼年肄读私塾，聪颖过人，品德醇厚，稍长益赋雄心"。后因受武训乞讨兴学事迹所感动，改名绳武。他15岁从军，凭战功升至孙传芳手下的一名师长，后被改编为国民革命军第47师师长。1930年退出军界，到内蒙古的包头五原一带移民垦荒，建立了"河北新村"，

是20世纪二三十年代乡建运动中唯一的一个军人典型。抗日战争全面爆发后二次出任军职，1940年7月在重庆逝世。①

请收集关于段绳武的其他资料，了解"荣军之父"段绳武对伤兵服务工作的贡献，分析：（1）段绳武为什么被伤残军人尊称为"荣军之父"？他的做法在哪些方面符合社会工作的伦理与技巧？（2）结合抗战建国的实际国情，分析为什么把伤残军人的职业康复作为最主要的工作内容？

【继续探索】

残疾人康复社会工作最早是在北平协和医院社会服务部开展的。请继续思考：伤残军人的康复服务与普通民众的康复服务有什么不同之处？

【延伸阅读】

王春霞：《民国时期医院社会工作研究》，第九章第一节，人民出版社2018年版。

苟兴朝：《抗战时期的"虽残不废"运动》，《文史杂志》2007年第5期。

抗日战争胜利后的伤残重建社会工作

抗日战争胜利后，面对战争造成的大量残疾民众，国民政府继续推行伤残重建工作，并计划在全国设立5所伤残重建医院。其中，南京伤残重建院为第一院，也是此类机构中最先创立的。

---

① 彭秀良：《军人出身的乡村建设者——段绳武》，《退休生活（人物）》2010年第12期。

南京伤残重建院开展的社会工作

1946年上半年，国民政府行政院善后救济总署、联合国善后救济总署中国办事处、伤残康复工作专家与社会部会晤，认为南京伤残重建院应从速创立。1947年1月，南京伤残重建院筹备处成立，邹玉阶被社会部任命为筹备处副主任，后为代主任；5月被任命为院长，直到该院迁至台湾前。3月21日，社会部社会福利司司长张鸿钧在南京伤残重建院筹备处讲话时，指出了对该院的希望：（1）使它能真正服务伤残民众；（2）使它能有积极的示范作用；（3）使它能训练起有关重建工作的人才；（4）使它能负起伤残重建工作技术辅导，或业务推广的责任。他还说，但愿今后南京伤残重建院在工作上的成就，能为中国社会工作界写下辉煌的一页。

伤残重建院在业务方面筹备设立5个工作部门：（1）医务组：掌理一般的医护事项，如体格检查、看护病人等项工作（它设立的目的在使病人有普通医药上的便利）。（2）物理治疗组：掌理各种（专为治疗病人疾病而设的）物理治疗事项，使患者经过适当的光疗、热疗、水疗或电疗的结果，身体健康方面能有进步。（3）职业训练组：掌理各项职业及手工艺技能训练，伤残用具制造技术训练，以及有关的职业训练等事项（凡残疾病人的一切重建工作皆由其负责完成）。（4）社会工作组：掌理个案调查、就业指导、职业介绍以及保持重建院和外界有关机关各医院、学校、社会工作机关的密切联系等事项，病人在院中的生活情形、出院就业情形亦由其督导。（5）总务组：掌理文书、事务、人事、统计、出纳及不属其他各组事项。此外，为便利职业训练和职业治疗等工作，还计划成立一个伤残用具制造厂，一个手工艺实习场，由专家负责指导训练，供病人工作实习。

1948年5月，南京伤残重建院开始办理门诊，收容伤残者住院治疗。虽然原则上社会上有需求的伤残者都可以申请住院治疗，但实际上除了部分伤残者由社会部核准移送至南京伤残重建院外，其余来院要求住院治疗者都需要审核，经该院查验合格者，得优先住院治疗的伤残患者包括：（1）年富力强者；（2）有高度能力或有高度潜伏能力易于启发者；（3）治疗易致成效者；（4）预测将来有希望者；（5）出征军人家属。

住院治疗的伤残患者，除了可以接受理疗、工疗、配肢或配各种器官外，还要接受各种智能训练。之后再到该院附设的伤残用具制造厂或手工艺训练班，或该院特约工厂实习。身心都已恢复，经该院介绍职业后出院的患者，仍需要接受该院的院外辅导。贫穷无力的伤残患者可以申请免费进行住院治疗。总之，医院按照患者的伤残程度及医疗程序，分别施以物理治疗、工业治疗、职业训练及装配假肢，计至1948年12月止，先后收容住院患者50余人，门诊施诊600余人。这时因为战局影响，南京已经逼近战区，南京伤残重建院被迫迁移，最后迁址台湾。

上海伤残重建服务处开展的社会工作

1947年，行政院善后救济总署拨款7000万元，委托中华职业教育社在上海华龙路成立上海伤残重建服务处，主任由中华职业教育社副总干事何清儒担任，宋思明为副主任。上海伤残重建服务处分设总务、指导、介绍3组，各组均有组长以及干事。总务组负责会计、采购、保管等日常事务；指导组负责残疾人登记、治疗、康复、心理测验等事项；介绍组负责残疾人职业训练、就业介绍、统计参考等事宜，职员均在大学接受过高等教育。此外，上海伤残重建服务处还聘请热心社会服务人士及专家组织顾问委员会，顾问委员会名誉主席为顾维钧夫人。另由顾问委员会推举三人组成常务委员会辅导该处服务工作，常务委员会主席为许仕廉。

上海伤残重建服务处的工作对象除一部分退役军人外，多数是伤残市民。服务的目的是使伤残人在体力方面、心理方面、职业方面及社会方面都能恢复。服务内容包括替伤残者向医院接洽医疗，为伤残者介绍训练技能之机会，并向公私团体介绍适于伤残者之职业等。当时行政院善后救济总署还拨给服务处多部缝纫机及其他设备供训练使用。因此，服务处成立两个训练班，教授缝纫和制造玩具的技能。

上海伤残重建服务处并非收容伤残人士的机构，其主要工作是联系各公私团体、医院、工厂或商店设法安置伤残者。上海市卫生局指定该市市立三所医院免费为服务处介绍的伤残病人服务。所以，服务处可以将残疾人介绍至当地医院免费检查身体，如果查明身体患有疾病，残疾人则可以享受优待医疗，不仅医药费全免，伤残者如果确系贫寒之人，住院费亦可相应减免，或者由伤残重建服务处补助一部分伙食费。

上海伤残重建服务处根据残疾人的伤残情况与治疗康复情形帮助其得到工作，或者使其接受专门的职业训练作为就业的准备。前来报名的残疾人若是年龄幼小或过于老迈、已经瘫痪或是残疾程度已经相当严重，不便于接受训练就暂时予以搁置。通过审查的残疾人将会由专人进行登记，登记之后，残疾人将会接受心理测验以检验其心理和能力，然后享受与之相适应的职业康复服务。

除了肢体康复和职业康复，上海伤残重建服务处也积极开展劝慰安抚工作，开导残疾人既不要因残疾而悲观失望，丧失进取的动力；也不要存有依赖心理，以为自己伤残了，就可以事事依靠别人，进而丧失应有的独立性。以期使残疾人能够稳定情绪、拥有乐观积极的心态。

上海伤残重建服务处成立之后，就在《申报》《大公报》《新闻报》等报刊上刊发消息，希望伤残市民早日收到重建服务的信息。因此，全国各地来函请求登记的很多，上海本地在首月就有15人前往登记。除了在报章上广为宣传外，上海伤残重建服务处还曾举办"伤残儿童制成品展览会"，向外界公开展示自身的工作成绩。服务处还谋求多方支持，联合各方力量进行伤残重建工作。据估计，协助上海伤残重建服务处业务进展及与之密切合作的单位和团体至少在20个以上，并且获得各界人士的协助和指导。1951年4月，上海伤残重建服务处移交给中国人民救济总会上海市分会。

做个小结

作为中国第一所专业的康复医院，南京伤残重建院的设立有着重要的标志性意义，尤其其第一任院长是一位资深医院社会工作者，而不是像其他医院一样由专业医生担任，充分说明了该院重视社会工作的康复理念。上海伤残重建服务处也是由社会工作专家担任主要负责人，表明中国伤残重建社会工作的专业化水平在不断提高。

【问题研讨】

根据社会部核准通过的《南京伤残重建院住院治疗规则》，伤残患者有下列情事之一者，则不予住院。

(1) 经诊断毫无重建希望者。

(2) 年龄在十六岁以下或五十岁以上者。

(3) 吸食鸦片、吗啡或其他代用品者。

(4) 患法定传染病者，或残疾未愈仍须前期治疗者。

(5)无故拒绝本院合法调查或检验者。

(6)××而情节重大者。

(7)治疗后身心健全技能恢复者。

(8)经本院介绍职业者。

请根据社会工作的专业价值观,谈谈你对上述规定的看法。

【继续探索】

上海伤残重建服务处的日常经费主要依靠中华职业教育社的拨款,另有少量经费来自外界捐赠的善款。时人有云:"上海为欧美文化入口总枢纽,一切均得风气之先,关于伤残心理矫正,生理医疗,器官肢体安装,医学界新发现,科学异新应用,均较内地获得为早……敬望上海伤残重建服务处,后来居上,除彼此密切联系外,更盼时赐南针,以匡不逮。""这种性质的服务机构,在国内尚属首创。"你怎么看待时人的评价?

【延伸阅读】

王春霞:《民国时期医院社会工作研究》,第九章第二、三节,人民出版社 2018 年版。

陈建华:《论民国时期残疾人事业的现代转型》,《求索》2011 年第 5 期。

王安:《民国时期残疾人康复服务机构回顾——基于上海伤残重建服务处的史料》,《残疾人研究》2014 年第 3 期。

第六章　社会行政体制的演变

本章要叙述的内容是社会行政体制的演变问题。在我国古代，作为"六部"之一的户部兼管灾荒救济，但只有在发生大规模灾荒时才会发挥一定作用。直到 1906 年清政府改革官制，在中央设立民政部，社会行政体制才初现雏形。整个中华民国时期，中央政府的社会行政机关经历了由简单到复杂、由单一到体系化的发展过程，南京国民政府成立后，自上而下的社会行政体系逐步建立。1940 年社会部的成立则表明现代意义上的社会行政体系在我国得以确立。

一、民国前期社会行政体制的演变

清末社会行政机关的建立

在中国传统社会，虽然也存在着官方的社会福利制度，却以救济型的社会福利政策为主，中央政府设有兼管社会行政事务的部门，名为户部。到了清朝末年，在西方资本主义势力的冲击下，才对传统的社会行政体制进行了重大改革。

中国传统社会的社会行政

隋朝初年，中央政府的六部制成形，六部中的度支部负责社会行政事务。唐代改度支部为户部，大家耳熟能详的吏、户、礼、兵、刑、工六部最终确立，一直延续到清朝末年。

在明代六部中，户部事务最多，机构最庞大。户部主管财政、民政，"稽版籍、岁令、赋役实征之数，以下所司。十年攒黄册，差其户上下畸零之等，以周知其等耗。凡田土之侵占、投献、诡寄、映射有禁，人户之隐漏、逃亡、朋充、花分有禁，继嗣、婚姻不如令有禁，皆综核而纠正之"。

明代户部设尚书一人、侍郎二人。尚书、侍郎之下，置浙江、江西、湖广、陕西、福建、山东、山西、河南、四川、广东、广西、云南、贵州等十三清吏司，各掌其分省之事。每个清吏司又分四科：民科、度支科、金科、仓科。其中，民科主管"所属省府州县地理、人物、图志、古今沿革、山川险易、土地肥瘠宽狭、户口物产多寡登耗之数"；度支科主管"会计夏税、秋粮、存留、起运及赏赉、禄秩之经费"；金科主管"市舶、鱼盐、茶钞税课，及赋罚之收折"；仓科"主漕运、军储出纳科粮"。

清朝沿袭了明朝的六部制度，户部主管户籍、土地、农垦、货币、租税、漕运、救荒、官吏俸饷等。设尚书满汉各一人，左右侍郎也是满汉各一人。户部按省设司，除直隶、奉天、安徽三省外，共计十四清吏司，每司除掌管本省事务，也监管在京各机关有关的公事。

总起来说，在漫长的中国传统社会，尽管有负责社会行政事务的政府部门，但以救灾为主，济贫尚在其次。济贫救灾的任务在很大程度上是由民间社会承担的，因而中国传统社会的社会行政不占政府职能的主要地位。

清末社会行政机关的建立

鸦片战争以后，西方资本主义势力侵入中国，引发中国传统社会的解体，同时也推动了中国传统官僚体制的变革。1901年，清政府宣布实行新政，增设新的行政部门，巡警部得以设立。1905年农历九月初十，巡警部正式成立，以徐世昌为巡警部尚书，另设左右侍郎各一人。严格来讲，巡警部还不属于社会行政机关，因为只有巡警部所属的警保司和京师习艺所才跟民政事务有关系，其他的部门都属于警察业务。1906年丙午改制，改巡警部为民政部，职权和机构都比巡警部有所扩大，凡属地方行政、自治户口、风教保息、荒政、警察、疆理营缮、卫生等事均归民政部掌管。

民政部内设五个司，即民治司、警政司、疆理司、营缮司、卫生司。其中，民治司"掌稽地方行政、地方自治、编审户口、整饬风俗礼教、核办保息荒政、移民、侨民各事"；警政司"掌核办行政警察、司法警察、高等警察及教练警察各事"；疆理司"掌核议地方区划，统计土地面积，稽核官民土地收放、买卖，核办测绘、审订图志各事"；营缮司"掌督理本部直辖土木工程，稽核京外官办土木工程及经费报销，并保存古迹、调查祠庙各事"；卫生司"掌核办防疫卫生、检查医药、设置病院各事"。这一机构设置不仅职责十分具体，而且以社会管理为核心，大致上是比较合理的，因而为民国前期的中央官制所沿用。

清末民政部的设立，是中国始有专门的社会行政机关的标志，也是中国社会行政近代化的开端。自清末民政部设立后，就开始推行一些社会保障措施，尽管弊端很多，但还是取得了一定成绩。例如，为解决流民的生计问题，1906年颁布的《民政部官制》规定，由警政司兼管习艺所。各地方还办有工艺局（场），大多由官方主持。按照清政府的要求，这些工艺局"意在养民，不同谋利""使工有所劝，民有所归"。据统计，清末直隶、奉天、吉林、山东、江西、湖北、四川等19个省共开办工艺局、习艺所、传习所等共523个，为不少流民提供了自食其力的条件。

做个小结

中国传统社会的官僚体制中，没有专门执掌社会行政事务的部门，户部只是兼管社会行政事务。1906年民政部设立，才在中央层面有了社会行政机关，但地方上仍然将社会行政事务等同于一般政务，没有设立专门的社会行政机关。

【问题研讨】

王思斌教授在其主编的《社会行政》一书中写道：

> 中国古代的社会福利制度由民间自发形成的以家族为基础的互助救济制度与政府的以救灾济贫为主要内容的福利制度组成，它们都是局部的，制度化程度较低，福利观念是怜悯、施仁政和预防社会动乱，官办福利的行政体系与政权体系是高度一致的。①

仔细阅读上面的文字，思考这样两个问题：（1）"官办福利的行政体系与政权体系是高度一致的"，你是如何理解这句话的，可否举出一个比较适当的例子？（2）中国古代的政权设置最低到县一级，县官也就是最小的官了。尝试着查阅中国古代史资料，弄清楚县官都有哪些权力。

---

① 王思斌主编：《社会行政》，高等教育出版社2006年版，第225页。

【继续探索】

《雾都孤儿》是英国作家狄更斯于 1838 年出版的长篇写实小说，主人公奥利弗（Oliver Twist）从小在贫民习艺所受尽欺凌。由此可见，英国贫民习艺所的历史很久远。1900 年庚子之役后，接替李鸿章出任直隶总督兼北洋大臣的袁世凯在天津首开罪犯习艺所，拉开了近代中国政府兴办社会救助机构的序幕。1905 年，京师习艺所成立，兼收犯人和贫民。其所收纳的贫民："分二种，一自请入所，一强迫入所。自请入所者，须其本身父兄呈请或有图片铺保。强迫入所者分二类，一沿街乞食有伤风俗者，二游手好闲形同匪类者。均须所学有成，可以自谋生计，然后准其出所。"

请阅读狄更斯的小说《雾都孤儿》，然后对照京师习艺所收纳贫民的两种方式，梳理一下近代中国社会福利事业的转型与西方先进理念传入之间的关系。

【延伸阅读】

王思斌主编：《社会行政》，第十二章第一节，高等教育出版社 2006 年版。

敖文蔚：《清末民初社会行政管理的重大改革》，《江汉论坛》2000 年第 6 期。

民国前期社会行政体制的演变

从 1912 年中华民国临时政府在南京成立，到 1949 年 10 月 1 日中华人民共和国成立，被称作中国现代史上的民国时期，总共有 38 年。整个民国时期可分为前后两个阶段，即北京政府时期（1912—1928 年）和南京国民政府时期（1928—1949 年），我们平常所说的民国前期即指北京政府时期。

内务部的设立与职掌

辛亥革命以后,中国开始实行新的行政体制,行政管理机构设置更加专业化。1911年10月11日,革命军占领武昌后立即宣布成立湖北军政府。军政府设军令、军务、参谋和政事等4部,社会行政工作由政事部下所属内务局兼管。中华民国临时政府成立后,始设内务部,受大总统管辖。主管为总长,以次长为佐官,下设承政厅,由秘书长掌管;设民治、警务、礼教、土木、疆理、卫生等6个局,各设局长。民治局负责抚恤、移民及管理慈善团体等社会行政工作;卫生局除颁布有关行政条例外,还负责中央卫生行政,预防和治疗传染病及地方病、检查性病等。

1912年3月10日,袁世凯在北京就任中华民国临时大总统,仍设内务部。8月8日,《内务部官制》公布,规定由内务总长管理赈恤、救济、慈善及卫生等事务,并监督所辖各官署及地方长官。同时,还具体规定,由内务部所设置的民政司职掌贫民赈恤、罹灾救济、贫民习艺所、盲哑收容所、疯癫收容所、育婴恤嫠、慈善及移民垦殖等事项;由卫生司职掌传染病地方病之防治、种痘及车船检疫等事项。1912年12月22日公布的《修正各部官制通则》,将10个部减为9个部,内务部原设的6个司也减为4个司,原先兼管社会行政工作的民政司改为民治司;并将卫生司的职掌并入警政司,而由警政司兼管有关社会行政事务。1914年7月10日颁布的《修正内务部官制》规定,虽然所设机构变化不大,但内务部直隶于大总统,并将原属总长的职权改为部的职权。这样,内务总长的实际权力被削弱了很多。袁世凯主政时期的中央政府十分重视社会行政机关的统治职能。只是以后由于灾荒和其他有关社会问题日趋严重,政府迫于形势,才逐步重视社会行政机构对稳定社会的重要作用。

1914年7月29日公布的《内务部厅司分科章程》规定，民治司设置5个科，由第4科专管救济及慈善事项。警政司设置6个科，由第2科、第5科分别掌管消防、卫生事项，有关机构也多次变更其职掌范围。1917年3月17日公布的《内务部民治司变更分科职掌办法》规定，第4科管理4项社会行政事务，所负责的具体事务却增至16项，即地方罹灾救济、地方蠲缓正赋钱粮、地方筹办赈捐之核准、地方捐赈人员奖励、地方年成分类考核、地方粮食出口考核、地方备荒积谷、筹备八旗生计、红十字会之设置救济及奖励、京师平粜、京师冬防收养贫民散发棉衣及开辟临时粥厂、育婴恤嫠及其他慈善事业，以及经管游民习艺所、济良所、教养局及贫民工厂、地方善堂。1922年9月28日公布的《内务部厅司分科规则》规定，由民治司第4科职掌的社会行政事务仍旧繁多，但与前述有些变化。关于人民移殖事项，在前述两个法令中，都规定由民治司第5科负责，但预防传染病、地方病及舟车检疫等事务，在1922年的法令中已规定不再由警政司管理，而由卫生司第4科兼管。总的来说，北京政府时期的社会行政机构是不稳定的，变化较大，这也从一个侧面说明了北京政府时期漠视社会福利的倾向。

地方社会行政机构的变化很大

辛亥革命之后，在革命势力所达到的湖北的各府县的地方社会行政机构中，由内务科管理赈恤等事务。其他各省"光复"后，一般推举都督兼管社会行政工作。但县以下兼管社会行政事务的机构及职掌差别很大。

在北京政府时期，由于中央社会行政机构变化很大，与之相应的地方机构也不断变化。1913年1月，公布《划一现行各省地方行政官厅组织令》,规定省行政机关称行政公署,由其内务司兼管社会行政事务。1914年5月,省行政机关改称巡按使署,下设政务厅和财政厅,由政务厅下设的内务科兼管社会行政工作。1916年7月,黎元洪出任大总统,将巡按使制改为省长制,由省长公署下设的政务厅兼管社会行政事务。在介于省、县之间的道一级行政机关(先后称观察使公署、道尹公署),则由下设的内务科来管理社会行政事务,直到1924年7月道制撤销为止。由于南北方的县制差别较大,还出台了一项特别规定:规模较大的县由4个科之中的内务科管理社会行政事务;规模较小的县则由两个科中的第1科兼管。

出现了一些民间社会福利团体

北京政府时期,还出现了一些民间社会福利团体,主要有中国红十字会、华洋义赈会等。

先来说中国红十字会。红十字会是一种志愿的、国际性的救护、救济团体,最早从事战时救护工作,后来发展为从事包括平时的自然灾害救济、社会救济、社会福利、输血、急救和护理工作的多方面社会活动。19世纪中叶,欧洲的频繁战乱催生了主要从事人道主义救援工作的国际红十字运动。几乎同时,清末的中国积贫积弱,时刻面临西方列强的蹂躏。1863年2月17日(一说为1863年2月9日),第一个国际红十字组织——"伤兵救护国际委员会"正式诞生,不久后国际红十字运动的"人道"理念传入中国,和中国传统的"仁爱"思想相契合,这为中国红十字组织的创立奠定了社会基础。

中国红十字会成立于1904年。这年2月,日俄战争在中国东北地区爆发,当地人民受尽苦难。为救护中国难民,上海记名海关道沈敦和等人出于义愤,发起成立"东三省红十字普济善会"。这是中国最早的和红十字会有关联的组织。为了得到国际上的承认，1904年3月10日，清朝商约大臣吕海寰、工部左侍郎盛宣怀等人在上海邀请中立的英、美、法、德代表，共同协商成立了"万国红十字会上海支会"，盛宣怀出任第一任会长。清政府得知后，立即予以承认，并拨白银10万两作经费（各地绅商及衙门也劝募20万两白银）。这就是中国红十字会的前身。

1906年，清政府派驻英公使张德彝前往瑞士签署承认了《日内瓦公约》。1907年，"万国红十字会上海支会"更名为"大清红十字会"。早期的中国红十字会是由中外合办、政府拨款资助并得到国际社会承认的。

1912年2月29日，中国红十字会在上海租界工部局召开第一次全国代表大会，通过了《中国红十字会章程》，选举产生了领导机构，并在中华民国临时政府内务部立案。1912年1月15日，红十字国际委员会通报各国红十字会承认中国红十字会为国际红十字正式成员。红十字会协会成立后，中国红十字会于1919年7月8日加入协会。

再来看一看华洋义赈会。华洋义赈会，全称为中国华洋义赈救灾总会（China International Famine Relief Commission，简称CIFRC），是由中外人士组成的社会救济团体。华洋义赈会在它存续的三十年间，为中国的赈灾防灾、兴修水利、复员救济以及农村合作事业等方面做出了重要贡献。

华洋义赈会的兴起和近代中国历史上北方的两次大旱灾有着密切的关系。1876—1879年间，山东、直隶（今河北省）、山西、陕西、河南五省发生了历史上罕见的特大旱灾，受灾人口估计在1.6亿至2亿，约占当时全国人口的一半以上；直接死于饥荒和疫病的人数至少在 1000 万人。时隔四十年后，1920 年，这五个省份又发生了严重旱灾，旱情遍及 317 个县，受害灾民约 2000 万人，死亡约 50 万人。

这两次大旱灾都引起了中外人士的广泛关注，他们设立机构，募款赈灾。1877 年，沪商经元善组织成立沪上协赈公所，将传统的慈善事业推向义赈的新阶段。1878 年 1 月 26 日，西方来华传教士发起成立了近代中国第一个救济机构——中华赈灾基金委员会，总部设在上海。西方先进的救灾理念开始在中国传播，同时也为华洋合作提供了契机，奠定了华洋义赈会成立的历史基础。

面对 1920 年北方五省的持续旱灾，作为中央政府的北京政府显得极为脆弱。新兴的社会力量和西方在华传教士又一次携起手来，把华洋合作再次推向了一个新阶段。从该年 9 月上旬开始，北京、上海、天津、汉口、山西、河南、山东等地相继成立了华洋义赈组织，其中以北京国际统一救灾总会的实力最为雄厚。但是，这些蜂拥而起的华洋义赈组织尽管在抗旱赈灾中发挥了重大作用，却因缺乏省际的统一协调而成效大减。在这种情势下，民间组织显示出了强大的社会整合力。1921 年 11 月 16 日，来自前述 7 个华洋义赈组织的代表齐集上海，决议组成了"中国华洋义赈救灾总会"，简称"华洋义赈会"。会议选举艾德敷为首任总干事，章元善为副总干事，决定将总会事务所设在北京。华洋义赈会的成立把中国传统的民间义赈推进到了一个前所未有的新阶段，华洋义赈会也成为 1949 年以前中国最负盛名的民间救灾组织。

做个小结

北京政府时期的社会行政体制仍然偏重于社会救济，而不够建立社会福利制度的资格。这个时期，一方面沿袭了晚清官制改革的积极成果，另一方面又有所创新和发展，但社会行政机关在整个官僚体系中所占的地位还是很弱小的。

【问题研讨】

1912年8月8日公布的《内务部官制》第一条规定："内务总长管理地方行政、选举、恤贫、救灾、慈善、感化、人户、土地、警察、著作、出版、土木工程、礼俗及卫生事务，监督所辖各官署及地方长官。"实际上，这是对内务部职掌范围的界定。请将北京政府时期内务部的职能与现在民政部的职能进行比较，讨论：（1）现在的民政部间接承继了北京政府时期内务部的哪些职能？又增加了哪些职能？（2）北京政府时期内务部的职能都分化给了现今国务院的哪些部门？

【继续探索】

1915年12月2日，内务部发布了《游民习艺所章程》。其第1条规定："本所直隶内务部，专司幼年游民之教养及不良少年之感化等事项，以使得有普通知识谋生技能为主旨。凡有下列情形之一者得收入之：（一）贫苦无依者；（二）性行不良者。"其第3条规定："收所游民年龄以八岁以上十六岁以下为合格，其不合于此项年龄及有疯癫残疾者概不收入，以清界限。"其第4条规定："凡收所游民，习艺年限以三年为率。就学年限，初等以四年为率，高等以三年为率，届时由本所分别发给证明书。其因特别事故，中途请愿出所或已届限满仍愿留所者听之。"

请仔细阅读上面这几条规定，就这些法条中的合理与不合理之处写出一份评价报告。

【延伸阅读】

钱实甫：《北洋政府时期的政治制度（上册）》，第三章，中华书局1984年版。

彭秀良：《守望与开新：近代中国的社会工作》，第四章第一节、第一章第五节，河北教育出版社2010年版。

苏全有、王宏英：《论民国初年我国的政府救灾行政系统》，《防灾科技学院学报》2009年第3期。

二、国民政府时期的社会行政体制

社会部：最高社会行政机关

南京国民政府成立后，依然设内政部作为全国最高社会行政机关。起初，内政部直隶于国民政府，后改隶行政院，下设总务、统计、民政、土地、警政、礼俗等6个司，掌管地方行政、行政区划、地方官吏任免、户籍、选举、赈灾、救济、慈善事业、警察制度厘定、警察官吏任免、土地征收、水灾防御、厘定礼制、改良风俗、纪念典礼、褒扬及其他事项。内政部管辖的范围过于宽泛，而且在社会救济推行方面存在着严重不足。1940年11月，原属于中国国民党中央执行委员会的社会部正式改隶行政院，成为全国最高社会行政机关。

社会部的沿革和组织结构

成立于1938年的社会部，虽然也负责慈善、保育等方面的事务，但由于是中国国民党所属机关，对许多社会行政事务没有直接的、全面的领导权。改隶行政院后，社会部的职责逐渐清晰，组织系统也健全起来。1940年10月颁布的《社会部组织法》规定，该部设部长1人，综理该部事务，政务次长、常务次长各人，辅助部长处理部务。其下置总务司、组织训练司、社会福利司及合作事业管理局，设司长3人及局长1人，分掌各司、局事务。另设参事2—4人，以撰拟审核该部法案、命令及计划方案，秘书3—5人，分掌部务会议及部长、次长交办事务；视导6—10人，负视察及指导全国社会行政事宜之责，顾问及专员若干人；会计主任、统计主任各1人，办理岁计、会计、统计事项。其中，以社会福利司的职掌与社会行政最有关系，下面做一简要介绍。

社会福利司共设置6个科。第一科，主管社会保险的规划与倡导实施、社会保险机关的设置及监督管理、社会保险金库的监督稽核、社会保险工作人员的养成选用及考核奖惩等事项；第二科，主管劳工福利设施的计划推行与指导监督、劳工生活的改良及保障、劳工教育、工厂矿场安全或卫生设备之指导及检查、劳工失业及伤害之救济抚恤、工厂检查人员的养成选用及考核奖惩、劳工移置等事项；第三科，主管社会服务的计划推行和监督指导、社会工作人才的调剂等事项；第四科，主管职业介绍机关的筹设及监督管理、职业指导及辅导训练等事项；第五科，主管残废老弱的救济、贫民的救济、游民的收容教养、贫病医疗的补助、救济经费的规划及审核稽查、救济机关的设置及监督管理、慈善事业的倡导及奖励改进、社会救济工作人员的选用考核奖惩等事项；第六科，主管儿童福利设施的计划推行与指导监督、孤苦儿童的收容教养、低能残废儿童的特殊教养、不良儿童的感化矫正、儿童营养健康的指导促进、推行保育事业与其他有关机关或团体之合作联系等事项。

由于社会部掌管的人民团体组训和社会福利两项社会行政事务与行政院其他部会多所牵涉，经行政院厘定划分标准两项：（1）人民团体的组织训练属于社会部，其目的事业的指导监督属于各该主管部会；（2）经常救济属于社会部，临时灾难的救助属于振济委员会。职权的厘清为中央社会行政机关的正常运行提供了制度保障，也为其他部会如卫生署、农林部、振济委员会等的分工合作打好了基础。抗战胜利后，社会部内添设社会保险局筹备处，以办理社会保险事项，这标志着中国的社会保障制度开始由传统的社会救助型向社会保险、社会福利型转变。1949年社会部裁并，其职掌划归内政部。

社会部的工作成绩

社会部改隶行政院的目的，旨在促进社会福利，健全社会组织，实现国家社会政策，切实有效地推进社会建设。社会部确实也取得了不俗的成绩，大体可归结为这样几个方面：

第一，拟定《社会救济法》和其他一系列社会法规，初步建立了比较完备的社会法规体系。社会部把社会救济立法放在了突出重要的位置，参照世界各国的社会救济法规和我国的实际情况，确定了立法原则并报行政院批准。1943年，《社会救济法》公布实施；第二年，《社会救济法实施细则》颁布。这两部法律法规的制定实施，初步建立了具有中国特色的社会救济法律体系，实现了社会救济由慈善事业向政府责任的转变。

第二，筹建和充实了重庆实验救济院、重庆游民训练所、重庆残废教养所、重庆义诊所等一批直属社会救济设施。重庆实验救济院于1942年3月成立，隶属社会部社会福利司。内部机构先后设有总务处、业务处、研究辅导处、人事室、统计室、会计室等3处3室及安老所、育幼所、育婴所、残疾教育所、习艺所、施医所、助产所、习艺工厂、习艺农场等。该院主要职责是通过办理各种救济实验场所，以供各地参观学习。1949年以后，该院由重庆市军事管制委员会接管，更名为"重庆市生产教养院"，1958年更名为

"重庆市养老院"，1975年更名为"重庆市第一社会福利院"至今。

第三，推动地方社会行政机关的建立。根据1941年9月5日行政院公布的《省社会处组织大纲》和1942年4月9日公布的《市政府（包括行政院直辖市）掌管行政暂行办法（未设社会局之市由社会科主管）》的规定，积极推动地方社会行政机关的建立。截至1946年，分别在浙江、江西、湖北、四川、福建、广东、云南、贵州、陕西、甘肃、青海、新疆、广西、河南、江苏、安徽、河北、山西、湖南、辽宁、吉林、辽北、安东、绥远、西康等省设立了社会处，在宁夏、察哈尔、山东、台湾等省设立了社会科，在南京、重庆、上海、北平、天津、青岛、哈尔滨等市设立了社会局。

第四，加强社会工作人才培训。为训练社会工作人员起见，设立了社会工作人员训练委员会。据1942年1月11日公布、同年3月13日修正的该委员会组织规程规定，该委员会设主任委员1人，由社会部部长兼任，委员7—11人，由社会部长聘任或就该部高级职员中派充之。社会工作人员训练委员会的设立，推动了社会工作人才培训的进程。

第五，创办官方社会工作刊物。1944年1月15日，由谷正纲题名的《社会工作通讯月刊》正式在重庆创刊。该刊"以阐扬本党社会政策，诠释社政法令，研究社工方法，检讨社工绩效，报道社工消息，汇集社工资料，并为社工人员解释疑难辅导进修为主旨"，分"专论""工作报告""法令文献""统计资料""社工消息"和"图书述评"等栏目。这是近代中国最早以"社会工作"命名的刊物，意味着社会工作在中国有了自己的标志，社会工作在中国得到了合法化的地位。1948年5月，该刊并入《社会建设》杂志。

第六章　社会行政体制的演变

做个小结

社会部的设立表明现代社会行政体制在中国正式建立起来,把社会立法、社会政策的执行提高到一个新水平,并推动我国的社会工作向现代化方向发展。通观世界其他各国,当时也没有专门设立中央社会行政机关的先例,这也说明了在抗日战争时期中国政府对于社会建设的高度关注。

【问题研讨】

1941年12月12日,《社会部设立示范社会服务处暂行通则》公布,其第1条规定:"社会部为实施社会服务工作并示范起见,特在各重要地区设立示范社会服务处,其组织依本通则之规定。"

同时,又核准了《社会部社会服务处分级准则》。其第2条规定:"社会部社会服务处分为一、二、三三级。"其第3条规定:"国民政府所在地、各特别市及其他经本部特定之地区,得设一级社会服务处。"其第4条规定:"各省省会、普通市或人口超过三十万之城镇,得设二级社会服务处。"其第5条规定:"各行政专员公署所在地或人口超过二十万之城镇而为文化或工商业之中心区域者,得设三级社会服务处。"

请仔细阅读上述条文,回答以下问题:(1)社会服务处是个什么性质的机构?(2)社会服务处分级依据的标准是什么?(3)社会服务处的分级有什么实际意义?

【继续探索】

吴世恕所作《遵义社会服务处工作纪实》一文,刊于《社会工作通讯月刊》1946年第10期。《遵义社会服务处工作纪实》是该处的年度工作报告,发布出来是为了引发社会各界的批评与思考。这份报告分"前言""环境部署""业务概况"和"结论"等

4个部分，这里重点介绍"业务概况"部分。

遵义社会服务处位于遵义中心市区，建有西式房屋 3 幢。该处的业务共分为 4 个部分，计有生活服务、人事服务、文化服务和经济服务。生活服务包括 7 项：①公寓，公寓又分为社会公寓（集团房 1 间 14 个铺位、单人房 8 间、双人房两间）和家庭公寓（6 间）两种，8 个月（以下不加特殊说明者均指这一期间）共寄寓旅客 7814 人；②旅居向导，类似于现在的旅游指导，共服务 337 人；③食堂，服务人数为 41509 人；④沐浴；⑤理发，共服务 2215 人；⑥浆洗，共服务 2630 人；⑦福利茶座，夏天开放，3 个月参加者 18620 人。人事服务包括 6 项：①复员服务，办理成都工人遣散回籍及难民登记、调查，综计服务人数为 3636 人；②职业介绍，分求职（介绍成功 64 人）、求才（121 人）、调查访问及职业训练 4 项；③人事咨询，特聘各种义务顾问，书面或口头解答质疑问题；④代理邮政，总计寄信 14810 件、留转信件 130 件、印刷 110 件；⑤读写书信，综计服务 113 次；⑥零物寄存，综计服务 241 次。

文化服务又分为教育与康乐两部，属于教育的包括：①民众夜校，规定两个月为一期，第一期毕业学生成人班 36 人、儿童班 27 人；②学术讲演，举行 7 次，听众总计 1554 人；③书报阅览，除白天整天供应外，晚间也延长到 11 点，服务人数 14716 人；④农村服务，采取巡回下乡工作的方式，分批组队出发，第一次服务 2123 人，第二次服务 3216 人；⑤通俗宣传。属于康乐的包括：①开办义务诊疗所，诊疗人数为 3169 人；②补充体育设施；③组织球队，参加各种比赛 38 次；④组织旅行团共一次 54 人；⑤充实娱乐室设备，参加娱乐者约 13266 人；⑥组织音乐研究会，每星期举行唱片晚会一次，每半月举行音乐晚会一次。

最后一项是经济服务，包括：①办理湘灾筹赈事项，共收捐款 700 余万元；②代办平民音乐队租用手续，总计租用 23 次；③代售书报，代销《幸福报》35 份，售出《息烽温泉指南》30 份、《大风》半月刊 16 份、《儿童周刊》24 份。

从上面的文字中分析，哪些属于社会工作实务的内容？

【延伸阅读】

彭秀良：《守望与开新：近代中国的社会工作》，第四章第二节，河北教育出版社 2010 年版。

陈长河：《国民党政府社会部组织概况》，《民国档案》1991 年第 2 期。

刘大禹、王球云：《论抗战时期国民政府社会行政机构改革》，《民国档案》2016 年第 1 期。

延伸阅读

国民政府振济委员会

国民政府振济委员会的前身可以追溯到北京政府时期的赈务处，也是主持全国救灾事务的机构。但振济委员会的直接渊源是国民政府为救济一些省份的严重灾荒而成立的地区性、临时性的救灾机构，如 1928 年 3 月成立的直鲁赈灾委员会，1928 年年底成立的豫陕甘赈灾委员会和两粤赈灾委员会。由于这些机构不能综理全国救灾事务，因而在1929年年初成立了直隶于行政院的赈灾委员会，以办理各灾区赈灾事宜。1930年1月，该会改称赈务委员会。1938年4月27日，为适应抗战时期繁重的社会救济任务，该会又改为振济委员会（因"振"是"赈"的本字，有救济、振奋之意，国民政府内政部于20世纪30年代规定，各级赈济委员会之"赈"字一律用"振"字），总部原设在汉口，后迁往重庆。

振济委员会的组织结构

振济委员会由委员长1人、副委员长1人、委员7—11人组成，并指定3—5人为常务委员。该会每月开会1次，必要时得召集临时会议，上项会议以委员长为主席；委员长因故不能执行职务时，以副委员长代理之。委员长执行会议之决议，并综理会务、监督所属职员及机关，副委员长及常务委员辅助委员长处理会务。

振济委员会下设3个处：第一处负责总务；第二处负责难民的救护、运送、收容、给养及紧急赈济的办理等事项；第三处负责灾民、难民生产事业的举办及补助，灾民、难民的小本贷款，儿童的收容救济等。另设卫生所办理灾民、难民的医疗救济。该会下设救济区、各省振济会、各运送配置难民总分站、各难民组训委员会、各空袭紧急救济联合办事处和各地难童教养院所及振济学校、振济工厂、小本贷款处等，分别管理各类救济事务。其经济来源主要靠国家拨款，也接受国内外各种捐款。

振济委员会作为战时办理全国救济事务的临时性机构，随着战争结束，其使命也宣告完成。1945年11月，该会被撤消，其业务归并到行政院善后救济总署。

振济委员会的主要事工

振济委员会的主要事工是对受灾地区和受灾民众实施救济。为了解除受灾和失业人员的痛苦，振济委员会配置了庞大的分支机构，分别办理不同类型的救济事项，兹分述如下。

战区救济区。分别于各战区及其附近划分救济区，办理战区难民救护收容、紧急工赈、农赈、灾难调查等事项，先后共设立11个救济区。

运送配置难民站。各地运送配置难民总站及分站，办理救护、运送、配置及临时收容事项，创设全国运配网于交通冲要地带，并设立了351处难民运配站分站及招待所。

难民组训委员会。难民组训的主要内容是对难民集中进行"政治训练，军事、生产技术训练，救护训练"等，以适应战时需要，也配合职业介绍等工作。

空袭紧急救济联合办事处。各空袭紧急救济联合办事处办理空袭紧急救护及伤亡人民医疗抚恤事项，在各重要县区城市分别设置空袭紧急救济联合办事处，拨发救济费随时应用。凡未设有联合办事处的省会或市县，如遭受重大空袭灾害，则随时汇款交由当地政府办理紧急救济。

紧急救侨委员会。该会特为救济侨民所设立，救济对象为海外侨胞、归国侨民、国内侨属专恃侨汇为生者、国内侨籍学生以及赖侨汇接济之侨团，截至1942年5月，共救济内移侨民1332878人。

难童教养院及振济学校。该会集合各救济教养机关团体如中国战时儿童保育会、中华慈幼协会、战时儿童救济协会等，广设儿童教养或保育院所，以资收容教养，并设立振济学校对收容儿童进行文化教育和爱国教育。

振济工厂、振济实验农场、振济女子工艺社及难民技工培训班。为培育难民手工艺生产能力起见,该会开设了振济工厂、振济实验农场、振济女子工艺社及难民技工培训班,以期难民能够在大后方获得自力更生的能力。

小本借贷处。为使背井离乡的难民能自力更生从事小本经营,在各省组建小本借贷处,每单位拨付基金自1万元至35万元不等,由各单位循环贷放,每人每次贷款数目自50元至800元,分期摊还。

难民职业介绍所。设立难民职业介绍是变消极的收容给养为积极的协导,而战时的公立职业介绍所具有私立职业介绍所无法比拟的社会控制力,政府依靠行政强制力,运用各种手段统筹规划,通过多种渠道为请求介绍职业的失业者提供就业信息,充分发挥了联系求业者与用人者之间的媒介作用。

做个小结

抗日战争时期,由于难民数量激增,承平时期的常规社会救济行政机关因为权力和地位偏弱而难以承担重任,故而有振济委员会的设立。振济委员会的设立,不仅提高了赈济行政的权力和效率,使得不少难民摆脱了困境,并且增强了国人夺取抗战胜利的信心和决心。

【问题研讨】

1940年12月11日修正公布的《振济委员会组织法》第6条规定第二处之职掌如下:(一)关于灾民难民之救护运送收容给养事项;(二)关于紧急工作、农赈之举办及补助事项;(三)关于灾民难民之组训配置及职业介绍事项;(四)关于灾难之调查勘报及其他考察事项;(五)关于救济灾难之机关及团体之指导监督事项;

（六）关于其他灾难急赈事项。

该法第 7 条规定第三处之职掌如下：（一）关于灾民难民生产事业之举办及补助事项；（二）关于灾民难民之小本贷款事项；（三）关于灾难儿童之教养事项；（四）关于灾民难民之施诊施药事项；（五）关于其他灾难善后事项。

请比较上面有关振济委员会第二处、第三处之职掌事项，回答：（1）第二处与第三处之职掌事项有何不同？（2）关于第二处与第三处之职掌的规定，是否有什么不妥的地方？

【继续探索】

1938 年，振济委员会公布施行的《难民职业介绍办法》规定：

> 难民请求介绍职业，应向办理难民职业介绍之机关团体申请登记；办理难民职业介绍之机关、团体，对于已经登记之难民，应尽速设法介绍比较适合其技能之职业，必要时得报请本会核办；需要员工之机关、团体、学校、工厂、商号或个人，均得向办理难民职业介绍之机关、团体，请求介绍员工，但于接到介绍员工函件后，无论录用与否，均应于三日内函复，其已录用者，并须将其服务处所担任职务及待遇情形，分别叙明，如有更动，仍须随时函报备查；办理难民职业介绍之机关、团体，不得向请求介绍职业之难民及征求员工者，收受任何费用；各地办理难民职业介绍之机关、团体，应互相联络协助，并联络当地其他机关、团体、学校、工厂、商号及热心慈善公益人士，取得其协助，以增进工作效率；办理难民职业介绍之机关、团体，应于每半个月将此项工作详情，造具表册，报告本会，表册式样另订之；办理难民职业介绍之机关、

团体，应自拟定办事细则，报请本会备案。

请认真阅读上述法条，思考一下：在难民职业介绍过程中，社会工作者能够发挥什么作用？

【延伸阅读】

彭秀良：《守望与开新：近代中国的社会工作》，第四章第二节，河北教育出版社 2010 年版。

李桂芳：《抗战时期国民政府的社会救济行政》，《法制与社会》2007 年第 3 期。

行政院善后救济总署

1943 年 11 月 9 日，在世界反法西斯战争胜利曙光将现之时，世界反法西斯联盟在英美两国提议下成立了由 44 个国家联合组成的"联合国善后救济总署"（简称"联总"，United Nations Relief and Rehabilitation Administration，缩写为 UNRRA），负责对全世界饱受战争劫难的各国难民提供各种紧急的救济服务。中国作为联总的四个发起国之一，积极参与了联总的善后救济工作，并为此成立了专门的管理机构——行政院善后救济总署（简称"行总"）。行总虽然只是一个临时机构，但它是国民政府社会行政体制的一个重要组成部分，在特定的历史时期发挥了独特的作用。

行总的成立及其组织机构

1944 年 12 月，应国民政府的邀请，联总在重庆设立了一个规模很小的办事处，起初只有一些医疗和公共卫生专家、几名社会工作者和几名难民专家。这个小组与中国的中央和地方卫生、福利机构合作，开展一项以防治霍乱为主的疫病防治工作。但是，与中国向联总提出的数额庞大的善后救济计划相比，这个办事处实在显得力不从心,而国民政府又不愿意让联总直接插手中国国内的善后救济工作,故而产生成立一个专门机构的必要。

1945年1月,行政院善后救济总署正式在重庆珊瑚坝开始办公。行总直隶于行政院,与行政院下属各部会平行,一方面秉承政府之命办理善后救济事宜,一方面又要依据条约履行中国对联总的义务,负有双重责任。1947年12月31日,行总正式结束工作。

依照行总组织法,行总下设储运、分配、赈恤、财务4个厅及调查、编译、总务3个处,并设有农业、工矿、卫生、黄泛区复兴等专门委员会,还在全国各收复区内设立了15个分署,在上海、天津、青岛、九龙、广州、大连等主要港口设有储运局,担任卸货及转运任务。在行总的善后救济事业中,凡属于战灾救济性质的,如协助难民返乡、分发食物衣被等,均由行总及其附属机构直接负责;属于战后基建性质的工作,如恢复铁路、公路运输、修筑河堤工矿等,大多由行总会同行政院有关部会办理。

行总的善后救济活动

根据联总协定的规定,联总善后救济资金由其本土未被敌军占领的成员国,各捐献其1942年7月1日至1943年6月30日间全年国民收入的1%而获得,联总获得的善后救济基金总数为39.68亿美元。联总对基金的分配也做出了明确规定:"根据该地人口的相对需要公平地分配或分发,不得因种族、宗教和政治信仰不同而有所歧视。"1945年11月13日,行总和联总达成了基本协定,其时联总货轮已抵达上海港。此后,行总的善后救济工作全面展开,根据其工作重点的变化,可将其工作分为前后两个阶段。

第一阶段从1945年11月到1946年9月,主要是进行直接救济,包括协助难民返乡和提供衣食住紧急救济。战争造成了大量的难民，抗战胜利后，行总首先着手协助难民返乡，先后在重庆、昆明、贵阳设立了3个难民疏送站，后又在上海设立难民转运站，各分署也在难民返乡的必经之路上设立了收容站或转送站。到1946年年底难民返乡工作基本结束时，行总及其下属机关共协返难民约149万人。为解决难民及无家可归者的临时住所问题，行总拨出专款，由各地尽先利用庙宇、学校、教堂、祠堂及其他公有建筑进行改装、修理，或临时搭建帐篷、棚屋，帮助他们度过严寒。

在衣食紧急救济方面，行总各分署共组织了235支流动工作队，设立了152处施粥站，免费发放36万吨面粉、2.8万件衣物和600多亿元赈款，全国受惠人数在2700万以上。另外，行总还向全国640家难童收容站、1410家儿童福利机构、1570家孤老伤残救济院等社会福利机构，提供各类食品91363长吨以及大批被服和医药品，使上千万孤老伤残者得到不同程度的救济。

第二阶段从1946年10月到行总结束工作，主要进行农业、工业和交通的善后，采取的方式是以工代赈。以工代赈是为了使受救济者获得较长时间的谋生手段，因为能够增强受灾群体的自立能力，而且还会带动经济的全面复兴，比急赈的效果要好一些。国民政府为此向联总提出了数额庞大的求助计划，目的在于为以后发展打下基础，这使得联总最初的单纯救济的指导思想有所改变。

在行总开展的各类善后事业中，以农业和水利的修复为重头。联总共援助了8项大型水利工程、6项中型水利工程和大批地方性水利工程，其中最大的工程是黄河工程。为支援民工完成这些工程，联总供应了14.5万吨面粉，国民政府通过水利委员会支付了750亿元（法币）的工资，其中包括少量移民补偿费。这些工程不仅消除了水灾隐患，而且保护并复垦了5000多万亩农田，改善了农业生产条件，还给 150 万名民工解决了生计问题。

在交通善后和工业善后方面，行总相继实施了 4 条公路线的修筑工程，总长约 238 千米，救济灾民近 100 万人，再加上各分署修建的地方铁路，总长度约有 7000 千米；行总领到与铁路相关的交通器材价值 4800 万美元，修整了被毁严重的浙赣、湘桂等铁路干线；行总还从联总领到了大量的新机器、新设备，中国原有工矿生产能力的 1/4、战后所需要的交通设备的 1/3 差不多都是从联总的援助中获得的。工业善后中的许多长期项目直到行总结束时仍然没有完成，可见其工程量之大。

做个小结

作为先于联合国而成立的专门组织，联合国善后救济总署是一个由多国政府资助的人道主义救援机构，通过分配联合国的救济善后物资和提供善后服务，将联合国的"人道主义和善意"传递给受援国民众，表现出了超越种族、宗教和政治偏见的绝佳勇气。在人类历史上，之前还没有任何一个国际组织能做到如此公正和不偏不倚。行政院善后救济总署也尽可能地遵循联总的宗旨和原则分配救济物资，虽然受到国内政治和军事斗争的影响，它的工作不免带有明显的政治倾向性，但是已最大限度地遵守了人道主义原则，在那个充满血雨腥风的年代写下了温暖的一页。

【问题研讨】

1943 年 11 月 9 日，《联合国善后救济总署协定》在美国签署。该协定由序言和 10 条条文组成。序言明确规定了联总的主要任务：

> 一旦任何地区被盟军解放或敌军被迫撤出，当地居民将立即获得食物、衣物和住所援助，以减轻其痛苦；帮助民众卫生防疫、恢复健康，为战俘及流亡者返回家园做好

准备和安排，帮助恢复迫切需要的农业和工业生产，恢复必需的服务。

1943年12月1日，联总第一届大会休会，提出并通过了41项决议案。其第二项决议确定，联总所属的各种资源，无论在何处，"都将根据该地人口的相对需要公平地分配或分发，不得因种族、宗教和政治信仰不同而有所歧视"。其第七项决议在阐明联总供应品的分配政策时重申："任何时候，救济善后物品都不得被用作政治武器""生活必需品的分配应本着所有的人，不管他们的购买力如何，每个人只能平等获得一份的原则进行。"

阅读上面的文字，请回答：（1）联总的救济对象是否包括敌对国难民在内？（2）从对联总主要任务的规定中，可以看出联总的善后救济主要集中在哪些方面？（3）"生活必需品的分配，每个人只能平等获得一份。"这一原则体现出联总是一个什么样的组织？

【继续探索】

由于种种主客观因素的影响，联合国善后救济总署无偿援助我国的善后资源未能产生预期效果，因而引起了种种非议，最明显的是采购耕牛的问题。国民政府最初拟请联总援助137500头牲畜，其中拟从印度购买10万头水牛，但最终联总只运来了5000头牲畜。这5000头牲畜的接收和分配工作，让工作人员伤透了脑筋。一位亲历者曾这样追述道：

> 天津、上海皆无专门起卸牲畜的码头，故载运牲畜之海轮靠岸时，一切下船上岸栅围装车等设备，皆需临时布置，东拼西凑，每次都弄得手忙脚乱，人仰马翻，牲畜有跳入黄浦者，有逃脱后追赶一二十里始追回者，历次在码头上虽无死亡，然而受伤者则不少。……内运未能配合，

致只有400头牛只设备之上海饲养站，最高时曾集中奶牛1200头之多，又值天雨，其紊乱情形，可以想见。至于牲畜内运，更是困难，……牲畜之车船上下及沿途照料，实煞费苦心，内运最远者，为由上海至兰州及桂林。兰州方面运去之绵羊，皆系空运；牛只则由陇海路至天水，再用卡车至兰州，路程虽远，仍比较简单。最困难为运桂林之牛猪，由上海至汉口为商轮，再转登陆艇至湖南下摄司，换卡车至衡阳，衡阳至甘棠渡，因山洪暴发，桥梁冲断，乃用竹筏，每筏只能载牛一头。经过许多艰难，始将全部100头牛只平安渡达彼岸，再用卡车运到桂林。以沿途上下次数太多，牛只健康大受影响，小产达二十余头，并有两头大牛死亡。

阅读上述材料，思考下列问题：（1）设计任何一个社会服务项目，是不是需要进行成本—收益核算？（2）为取得一定的社会效益，是不是就可以不计成本？（3）以上述案例来说，这个项目是成功的，还是失败的？

【延伸阅读】

王德春：《联合国善后救济总署与中国（1945—1947）》，人民出版社2004年版。

邱红梅、龚喜林：《战后初期的行政院善后救济总署业绩述论》，《黄冈师范学院学报》2009年第5期。

王春龙：《略论抗战胜利后"行总"遣送难民的活动》，《历史教学（下半月刊）》2012年第9期。

第七章　社会工作的沉寂与转型

本章要叙述的内容是社会工作在 1949 年以后的转型问题。随着政治制度的变革，社会工作存在的社会价值被否定。尽管专业社会工作被取消了，但其扶贫济困的精神传统却被继承下来，并以一种新的形式表现出来，此即行政性社会工作。

一、专业社会工作的消失

指导思想上的根本变化

导致专业社会工作消失的因素很多，但归结起来主要是两个方面：一是高等学校社会学专业被取消，依附于社会学的社会工作专业也不复存在了；二是指导思想上发生了根本变化，个案工作方法被"一刀切"的行政命令所代替。

大规模的社会改造运动

为了巩固新生政权和社会秩序的重建，早在中华人民共和国成立之前，就有一些地方开始了大规模的社会改造运动，其中以改造妓女、改造游民和禁绝烟赌最为明显。1947年11月12日，中国共产党领导下的石家庄市政府成立。1948年1月4日，石家庄市政府发出政社字第一号令，布告取缔娼妓。

石家庄市政府布告发出后，为抓好落实，市政府社会局、公安局、卫生局、税务局等部门组成联合工作组，到乐户娼妓较集中的桥西升平胡同一带检查监督，按期取缔了所有妓馆，并对妓女进行了调查登记。之后，登记的72名妓女全部被集中到生产教养院，进行教育改造。

教育工作的第一步，是培养她们的自尊心，让她们认识自己过去的生活是被污辱与被损害的，揭开她们的"伤疤"。这步工作有了一定成绩后，便举行诉苦大会。起初她们不认为自己有什么痛苦，甚至认为"老板"对她们"还不错"，有的还给自己编造一套故事来说谎。但是慢慢地，她们把苦水统通倒了出来。全体妓女都痛哭流涕，讲"老板""领家"怎样虐待她们。工作人员一边进行教育，一边教给她们生产的技能，使她们出院后能成为一个自食其力的劳动妇女。这个改造过程是相当困难的，需要很大的同情心和耐心去做工作。除此之外，还要给她们治疗性病。经过入院检查，这72名妓女中除了3个小女孩外都有性病，且轻重程度不同。由于初步医治和休养工作已经停止，院方想尽一切办法把她们治好，才准许她们出院。

如何对已经改造好的妇女进行安置是一件严肃而又细致的工作，安置不好，她们在社会上会遇到很大的困难，个别人甚至有可能暗中重操旧业。为了做好此项工作，各地政府制定了如下的安置原则：对于自愿回家而确有生活资料和生产条件的，遣送回家参加生产；对已有结婚对象而其对象又有正当职业的，帮助她安家立业；对于无家可归的，根据其条件介绍就业，组织参加生产，或留教养院参加生产转成工人。

因缺乏个案工作的方法，对每个妓女的社会关系和背景了解得不够清楚，以至于出现了个别的误差。石家庄市第一批走出妇女生产教养院的 17 个人，根据登记都是在本市有家的，但据事后调查，这批人中有一半是跟着原来的老板或是领家跑了。这使得轰轰烈烈的妓女改造工作蒙受了耻辱。

对游民的改造，更带有行政命令的鲜明色彩。首先是成立专门机构，一方面收容并组织其劳动，一方面对各种性质不同的游民予以分别处理。政府通过各种方式对游民进行强制收容，目的是对他们进行集中改造。但是，由于游民人数众多，情况各不相同，不必要也不可能采取单一收容、集中改造的方法，所以又针对各种性质不同的游民给予不同的处理。处理方式大致有这样三种类型：一是凡家在农村的都遣送回乡，交由当地群众监督改造；二是小城镇的游民，经农村合作组织同意，分别插入农村合作组织，由群众监督改造；三是对于家在城市、游堕习气较重而又不具备群众监督改造条件的游民，收入政府建立的生产教养院或类似的生产单位，进行集中改造。分类处理方法的实施，使得游民收容改造工作得以分出轻重缓急的次序，有利于游民改造工作的顺利进行。这里要指出的一点是，游民改造的重点是在城市，而且是大中城市，遣送回农村的游民已不是改造的重点对象。换句话说，游民改造的目的在于净化城市社会秩序，重新界定农村居民和城市居民的社会身份，从而达到实现社会控制的终极目标。

对于集中改造的游民，实行的是"政治思想教育与组织劳动生产相结合，改造与安置相结合"的基本方针。游民在进入收容所后，往往先集中半年左右时间进行政治思想教育，以培养其劳动人民的品质。教育的内容包括政策纪律教育、阶级教育、爱国守法教育、劳动与前途教育等四个方面。例如，政策纪律教育的目的是逐步清除游民散漫的习性，培养其集体生活的习惯，使游民了解政府的政策和他们的光明前途。政策纪律教育的内容一是讲收容改造的目的与好处、人民政府改造游民的方针政策；二是组织游民学习有关生活、卫生、纪律等方面的规则，使他们养成服从改造、遵守纪律的习惯。在对游民进行政治思想教育的同时，还要组织游民进行劳动生产。根据因地制宜的原则，改造游民的劳动生产采取了多种多样的形式，主要有生产教养院、垦荒队、工程队、工厂、农场、习艺场，等等。游民改造教育完毕后，政府帮助其安排工作，或鼓励其自谋生路，使他们重新融入社会。

从改造游民的基本方针到具体实施步骤，都体现出了行政性社会工作的鲜明特征，强制收容、政治思想教育、集中劳动改造，每一步骤的实施都是在政府部门统一的领导和直接干预下完成的。虽然其中也包含着个别化改造工作的因素，但总体上是以行政命令和统一步骤为特点的，是行政性的而非专业性的社会工作。

指导思想上发生了根本变化

20世纪50年代前后，政府采取雷厉风行的强制手段清除各种社会丑恶现象，积存多年的社会问题一下子得到了彻底解决，于是"在新的社会里不存在社会问题"的思想认识占据了主导地位，社会工作存在的社会基础也不复存在了。由于战争的影响和意识形态因素逐渐占据上风，以阶级的观点分析问题或政治至上的思想原则主导一切的倾向日益明显，专业社会工作方法因其不区分阶级差别、一视同仁的特点而受到了严重批判。

新生的社会主义政权极为重视阶级的划分，凡属于人民范围内的贫困、失业等人群，就应该给予救助或关怀，而对不属于人民范围的那些落难人群，就只有运用强制的手段予以清除了。董必武在解释新中国社会福利事业的性质时，已经把这个意思表达得很清楚了："我们新民主主义国家的救济福利事业，应该是在人民政府领导之下，以人民自救自助为基础而进行的人民大众的救济福利事业。""人民大众的救济福利事业"强调的是"人民大众"，肯定不包括阶级敌人在内。他还指出："这个救济福利事业之所以要在人民政府领导下，是因为人民政府是依靠人民，又为人民服务的。只有它，才能够动员全体人民，组织人民力量，从事救济福利事业，并适当地全面地分配和调度人力、物力、财力而不致浪费、偏重、用不及时或用之不当。同时，也只有它，才能综合各种情况，辨别和揭破敌人的各种阴谋诡计，并负责保卫人民大众的救济福利事业。这是新民主主义国家必须采取的民主的集中制度，救济福利事业亦不能例外。"① 而且，全国救济福利事业的工作方针，应该是统一的；工作计划和范围以及人力、物力、财力的安排，应该是有机配合的；宣传和行动，应该是一致的。

分析董必武的讲话，社会福利事业要由政府来完全负责，因而必须要采取民主的集中制度。我们顺着他的思路走下去，民主的集中制度是会消灭掉差异性的。当时也强调地区差异、群体差异，但那些差异都不属于社会学或社会工作学意义上的差异，更多的带有政治宣传的意味。后来，随着社会主义改造的基本完成，计划经济体制逐步成形，单位制主宰了城镇居民的日常生活，专业社会工作方法便再也没有用武之地了。

---

① 董必武：《新中国的救济福利事业》，《人民日报》1950年5月5日。

由于政府掌握了几乎百分之百的社会经济资源，个人的空间被压缩得小而又小，社会福利资源的分配也就完全由政府说了算，行政优势压倒了一切力量，故而社会动员能力空前增强。需要得到社会救助的困难群体，也只能够从层级式的政府机构和自身所属的单位寻求帮助，他们得到社会救助的通道也变得狭窄和单一化，慢慢地，"有困难，找政府"的思维定式日益稳固。这样，在组成社会的单个分子那里，只有寻求行政资源的帮助，除此别无他路，个体性的差异也就变得不那么明显了。至此，供给方和需求方都指向了同一个资源聚集地，那就是政府，专业社会工作失去了生存空间。

做个小结

专业社会工作被取消的一个重要思想基础，就是认为社会主义社会不存在社会问题，即使有社会问题的存在，通过政府的努力也是完全可以解决的。再后来，计划经济体制逐步成形，单位制主宰了人们的日常生活，专业社会工作也就没有了立足之地。

【问题研讨】

毕业于燕京大学的刘德伟被称为"中国第一代社会工作者"，曾在国民政府行政院善后救济总署工作过。政权鼎革后，她被分配到上海市民政局社会处工作。在回忆录里，刘德伟谈到了她在社会处工作时的际遇：

> 当时社会处的重点工作是"三清除"，即清除流浪人、妓女及吸毒者。有一个计划委员会，我就是委员之一。工作的第一步，就是与上海公安局合作。公安局负责调查这三种人，都是什么人，在什么地方。我们民政局负责设立收容所，安排场地设施、工作管理人员等。计划委员会对我的具体分工，就是负责对吸毒人员的处理和安排计划。

我找到一位医生，他曾经对吸毒者与妓女的医疗工作很有经验，请他帮我的忙，在计划中列出了所需医药、医生、护士、床位、被褥、伙食条件，等等。不料，这个计划提交上去后，不仅被否决了，而且还认为我有严重的资产阶级思想。因为在他们看来，这三种人本身就是社会垃圾，是被清除的对象，哪里配搞什么医药、床位。从此在民政局里，别人对我的评价就一落千丈。①

阅读上面的材料，思考这个问题：刘德伟的遭遇，是不是表明专业社会工作在社会转型期的社会价值不够大呢？

【继续探索】

从 1949 年 10 月 1 日中华人民共和国成立到 1956 年年底社会主义改造基本完成，这段时间被称为"过渡时期"。1953 年，中国共产党公布了由毛泽东主席提出的过渡时期总路线，提到要在一个相当长的历史时期内，基本上实现国家工业化和对农业、手工业、资本主义工商业的社会主义改造。请查阅有关历史资料，思考如下问题：（1）过渡时期总路线虽然重点在于改造国家的经济基础，但也波及了社会生活领域，这与社会工作的转型有多大关系？（2）在这段时期，全国各地民政部门共设立了 920 所生产教养院和妇女生产教养院，集中收容了各类游民、妓女约 44.6 万人，他们当中的大多数都被改造成了自食其力的劳动者。我们应该怎样看待这一成就？

【延伸阅读】

崔乃夫主编：《当代中国的民政（上）》，第二章，当代中国

---

① 刘德伟：《一粒珍珠的故事》，人民文学出版社 2006 年版，第 192 页。

出版社 1994 年版。

杨丽萍:《论新中国成立之初政府对社会异质性的消解》,《江苏社会科学》2009 年第 4 期。

社会工作专业被取消

1952 年高等院校院系大调整,全国所有的社会学专业都被撤销,附属于社会学系的社会工作专业教育也一同归于消亡。

社会工作专业在高等院校院系大调整中被取消

1949 年 9 月,新学期开学,各大学的教学秩序井然,并未有即将发生大的变动的迹象。燕京大学准备多开几门训练社会工作者的实际课程,并增加社会学系的研究生课程,目的是不但要训练"社会技术员",还要培养"社会工程师"来指导实际工作者。当时人们做出如此推测的依据是,政府官员明确表示欢迎西方人士留下了工作,而且燕京大学所需要的经费也毫无困难地从美国寄达。但是,随着朝鲜战争的爆发,形势立刻发生了逆转,与美国教会传统联系密切的各大学社会学系面临着被取消的命运,而真正使这一趋势成为不可逆转的是 1952 年的高等院校院系大调整。

1951 年 11 月,中央教育部召开了全国工学院院长会议,拟订了全国工学院院系调整方案,揭开了 1952 年全国院系大调整的序幕。1952 年秋季,中央教育部在高等学校教师思想改造的基础上,以"培养工业建设人才和师资为重点、发展专门学院、整顿和加强综合大学的方针"为原则,在全国范围内进行了高等学校的院系调整工作。在这次脱胎换骨般的院系大调整中,社会学彻底从中国的高等教育体系中消失。

到 1952 年年底,全国已有四分之三的高校进行了院系和专业设置调整。调整后,全国的社会学系只剩下了两个:中山大学社会学系和云南大学社会学系。1953年,这仅存的两个社会学系也被取消掉了。经过这一系列的调整,中国各大学的社会学全军覆没,依附于社会学系的社会工作专业消失当然也在所难免。

失去了专业依归的社会工作学者,大多改了行。言心哲转到华东师范大学教育系工作,曾写出过《社会工作导论》的蒋旨昂在四川医学院做行政工作,以边疆社会工作研究知名的李安宅也成了四川师范学院的教务长。中国的社会工作专业教育自此沉寂了三十多年的时间。

改造和取缔民间慈善救助团体

专业社会工作的另一个依托是民间慈善救助团体,因为中国早期的社会工作者大多数就业于此。新中国成立之初,百废待兴,政府对于民国时期遗留下来的民间慈善救助社团采取了暂时"包下来"的政策,即原封不动地接收,迅速恢复秩序,并未进行大规模的调整。因此,这些民间团体仍然维持着原来的经营模式。

1950年12月29日,时任政务院副总理兼文化教育委员会主任的郭沫若,在中央人民政府政务院第65次政务会议上做了《关于处理接受美国津贴的文化教育救济机关及宗教团体的方针的报告》。在这份报告中,郭沫若为美国人主办或接受美国人资助的慈善救助社团定了性:"百余年来,美帝国主义对我国除了进行政治、经济和武装侵略外,在很长时期中,尤其注重文化侵略的活动。这种侵略活动方式,主要是通过以巨额款项津贴宗教、教育、文化、医疗、出版、救济等各项事业,加以控制,来进行对中国人民的欺骗、麻醉和灌输奴化思想,以图从精神上来奴役中国人民。"并且明确地表明了态度:"为了肃清美帝国主义在我国的影响,维护中国人民文化教育宗教事业等的自主权利,以及彻底制止美帝国主义分子利用文化教育救济机关和宗教团体来进行反动活动,政府对于一切接受美国津贴的上述机关和团体亟应有适当的处理……"① 他所说的"应有适当的处理",其实就是全面接收,使之彻底断绝与美国的关系。同一天,《中央人民政府政务院关于处理接受美国津贴的文化教育救济机关及宗教团体的方针的决定》发布,对民国时期遗留下来的慈善救助社团进行大规模调整和改造的序幕正式拉开。

1951年年初,中国人民救济总会秘书长伍云甫在全国城市救济福利工作会议上明确提出,对旧有社会救济福利团体的调整,应采取团结改造的方针,随即各大中城市逐步开始了对民国时期遗留下来的慈善救助社团的调整和改造。调整和改造的方式大致有四种:(1)自办业务:对财产较多或业务有一定基础的社团,在重点整顿的基础上,让它们在政府和各地救济分会的领导下管好财产,单独办理业务;(2)成立联合组织:对那些仅有房产而没有业务或业务很少的社团,将它们组织起来,成立联合组织,统一管理财产,统一办理业务,并对其组织上的地域性进行逐步改造;(3)联办业务:首先对各社团分别加以整理,而后将五六个社团的财产合并在一起,并吸收其董事会中有代表性的董事成立一个事业机构,办理一项专门业务,而原来社团的名义就取消了;(4)促其自行结束或取缔:对那些组织瓦解、名存实亡的社团,政府采用动员说服的办法促其结束,对政治上反动的社团,应报请政府予以取缔。

按照既定的方针,对民国时期遗留下来的慈善救助社团的改造

---

① 郭沫若:《关于处理接受美国津贴的文化教育救济机关及宗教团体的方针的报告》,《人民日报》1950年12月30日。

取得了很大成绩。到 1953 年 11 月全国城市救济工作会议召开时为止，全国 21 个城市对 1600 多个社团进行了调整和改造，其中被取缔的有 200 多个。这次会议又确定了对剩余的民间慈善救助社团深入整顿的基本方针，实际上仍是前面所陈述的那些内容。随着 1956 年社会主义改造运动高潮的到来，民间慈善救助社团也最终走向消亡，一部分被停办，一部分由政府接办，还有的被政府改造为其他性质的机构。

影响民间慈善救助社团消亡的还不仅仅是社会政治因素，还有更深刻的经济因素。以往，民间慈善救助社团的经费来源通常有两个渠道，一是自筹，二是募捐。自筹的主要来源是房租，因为这些社团一般都拥有房产，有的甚至还拥有土地；捐款的来源主要是个人捐赠，特别是晚清时期的商人出力颇多。随着社会主义改造的基本完成，民间慈善救助社团赖以生存的经济基础不复存在，只能走入消亡之一途了。

做个小结

随着高等院校院系大调整、社会学系被取消，依附于社会学系的社会工作专业当然也无法幸免于难。社会工作专业教育被取消是导致社会工作专业消失的直接原因，但民间慈善救助团体的改造和取缔也是不容忽视的一个因素。

【问题研讨】

1949 年 4 月 1 日，著名的沪东公社创办了《沪东》双周刊，此时，距国民党政权被逐出上海只有不到两个月的时间了。其创刊小言中如此写道：

> 沪东双周号今天诞生了。沪东公社是杨树浦工业区唯一的社会工作中心，三十年来它帮助了无数的劳工获得知

识,砥砺品格,更帮助了无数的贫苦者解决衣食,觅得职业,它是劳工们和贫苦者的朋友,并且永远是他们的朋友……我们呼出我们的困难和需要,使社会人士予我们以同情合作,使我们能做更多有益人群的工作……我们热诚地接受任何善意的批评和指望,使本刊能逐渐接近读者们理想的境地。

请回答:(1)此时此刻发表这样的言论,反映出沪东公社领导层什么样的良苦用心?(2)之后不到两年,沪东公社就无奈地结束了它的使命,这反射出当时什么样的社会生态环境?

【继续探索】

对于取消社会学的原因,社会学史专家韩明谟是这样解释的:"社会学被取消的一个最通常的理由是,历史唯物主义可以代替社会学,二者研究对象相同,有了历史唯物主义,可以不要社会学了。"

请思考:

(1)历史唯物主义属于哲学的范畴,能否与社会学画等号?

再交代一项更难的任务:

(2)查阅文献资料,找出以下几位社会工作学者在20世纪50—80年代的生活轨迹:雷洁琼、言心哲、李安宅、蒋旨昂、关瑞梧、吴桢。

【延伸阅读】

阎明:《中国社会学史:一门学科与一个时代》,第十一、十二章,清华大学出版社2010年版。

李小尉:《论建国初期儿童救济组织的社会改造》,《求索》2011年第8期。

高中伟:《新中国初期党对城市旧式慈善救助社团的解构》,

《西南交通大学学报（社会科学版）》2011年第6期。

二、行政性社会工作的形成、发展与转型

行政性社会工作的形成与发展

所谓行政性社会工作，是与专业社会工作相对而言的。行政性社会工作指在政府部门和群众团体中，专门从事职工福利、社会救济、社会福利等类型的助人活动。这些活动有的面向全社会，有的面向本单位成员，从事这类工作的人员较少受过助人方面的专业训练，它是非专业化的。在20世纪50年代初期专业社会工作被取消以后，行政性社会工作就占据了中国内地社会工作的主流地位。

新中国社会行政架构的形成

行政性社会工作的形成，首先是社会行政架构的形成。1949年9月27日，中国人民政治协商会议第一届全体会议通过了《中华人民共和国中央人民政府组织法》，根据这部法律第18条的规定，1949年11月1日中华人民共和国中央人民政府内务部设立，负责全国范围内的民政工作。这一时期的内务部设置办公厅和5个专业司：干部司、民政司、社会司、地政司、优抚司。

1954年9月召开的第一届全国人民代表大会第一次会议，通过了《中华人民共和国宪法》和《中华人民共和国国务院组织法》，成立中华人民共和国国务院。按照《中华人民共和国国务院组织法》的规定，将原中央人民政府内务部改为中华人民共和国内务部，接替相关工作，成为国务院的组成部门，负责全国范围内的优抚、复员安置、救灾、社会救济等方面工作。这一时期的内务部设置办公厅和6个专业司（局）：民政司、社会司、地政司、户政司、

救济司、优抚局。1969 年 1 月，内务部被撤销。

1978 年 3 月 5 日，第五届全国人民代表大会第一次会议通过决议，设立中华人民共和国民政部。同年 5 月，民政部正式成立，其内设机构有办公厅、政治部、优抚局、农村社会救济司、城市社会福利司、民政司、政府机关人事局和中国盲人聋哑人协会。其后，民政部的职能范围和内设机构进行了多次调整，但其作为全国最高社会行政机关的性质没有改变，一直持续到现在。

在新中国成立初期，还有一个准政府组织——中国人民救济总会也承担着某些社会行政职能。中国人民救济总会的前身是 1946 年 4 月成立的中国解放区救济总会（简称"解总"），而解总的渊源在于联合国善后救济总署在华的活动。解总成立后，陆续在解放区和北平、上海、天津等大城市设立分会或成立办事处，形成了一个广泛的社会救济工作体系。1950 年 4 月 24 日在北京召开的中国人民救济代表会议决定，以原来中国解放区救济总会为核心，改组成立新的群众性救济组织——中国人民救济总会，并在各大行政区、各省及各重要城市设立分会，共同领导新中国建立初期的社会救济工作、社会福利团体改造工作和开展生产自救、劳动互助等工作。

中国人民救济总会在国内开展的工作主要包括三方面内容：（1）协助政府救灾赈灾。新中国建立初期的几年里，基本上每年都有近三四千万的灾民，受灾的地区不仅遍布全国各个省市，而且直接影响了农村居民和城市居民的生活。中国人民救济总会多次参加中央人民政府组织的中央慰问团，分赴皖北、河南等重灾区视察灾情，听灾民提意见、谈问题，深入了解救灾工作的具体情况，捐助大量的救济药品，并及时反映灾区情况，协助地方调整救灾方针与救灾策略。（2）团结改造慈善团体，前面已经述及。（3）开展生产自救、劳动互助。这是在辅助政府组织灾荒救济之外，侧重于城市中开展的工作，对象是城市贫民、失业群体、游民、乞丐等。

1956年7月1日，中国人民救济总会同中国红十字会合署办公，1966年彻底结束工作。中国人民救济总会退出历史舞台后，其他群团组织仍然行使着部分社会行政职能，例如共青团、妇联、工会、残联等，这种格局一直持续到今天。

行政性社会工作的覆盖范围

行政性社会工作的格局和模式形成以后，其范围也是在不断扩展的。除去优抚安置这一块之外，行政性社会工作的内容还包括农村"五保"供养、农村合作医疗、城镇职工福利、社会福利生产，以及农村扶贫开发。

农村五保供养制度。农村五保供养制度的起源既是新中国成立后对社会秩序重构的一次尝试，也有着深厚的法理基础。这一制度自形成时起至今，大致经历了前后两个阶段。第一个阶段是从1956年至1978年，属于农村集体经济供养的阶段；第二个阶段从1978年经济体制改革开始至今，属于从农村集体经济供养逐渐向国家统一供养过渡的阶段。

1956年1月，中共中央政治局提出《1956年到1967年全国农业发展纲要（草案）》规定："农业合作社对于社内缺乏劳动力，生活无依靠的鳏寡孤独的农户和残废军人，应当在生产上和生活上给予适当的安排，做到保吃、保穿、保烧（燃料）、保教（儿童和少年）、保葬，使这些人的生养死葬都有指靠。"这是对农村"五保"内涵的第一次清晰界定，"保吃、保穿、保烧、保教、保葬"的对象是"生活无依靠的鳏寡孤独的农户和残废军人"，这样"五保户"就成了一个特殊的社会群体。

1956年6月,第一届全国人大第三次会议通过了《高级农业生产合作社示范章程》,其中明确规定:"农业生产合作社对于缺乏劳动力或者完全丧失劳动力、生活没有依靠的老、弱、孤、寡、残疾的社员,在生产上和生活上给以适当的安排和照顾,保证他们的吃、穿和柴火的供应,保证年幼的受到教育和年老的死后安葬,使他们生养死葬都有依靠。"这个法律文件细化了中共中央政治局的指导性意见,但从五保对象中剔除了残废军人,剩下的是那些"缺乏劳动力或者完全丧失劳动力、生活没有依靠的老、弱、孤、寡、残疾的社员"。

1994年1月23日,国务院颁布实施了《农村五保供养工作条例》,第一次用行政法规的形式明确了五保的性质,统一规范了五保对象、确定对象的程序、供养的内容、经费的来源等,其中正式规定供养经费的来源是村提留或乡镇统筹。2006年3月1日,国务院重新修订和颁布实施了《农村五保供养工作条例》,规定:"农村五保供养资金,在地方人民政府财政预算中安排。国家鼓励社会组织和个人为农村五保供养对象和农村五保供养工作提供捐助和服务。有农村集体经营等收入的地方,可以从农村集体经营等收入中安排资金,用于补助和改善农村五保供养对象的生活。中央财政对财政困难地区的农村五保供养,在资金上给予适当补助。"至此,农村五保供养正式转化为国家(政府)责任。

延声阅读

农村合作医疗。我国的农村合作医疗制度,最初是随着农业互助合作化运动的兴起而逐步发展起来的。东北地区的农民率先采取合作制和群众集资的方式创办农村基层卫生机构,以解决农村缺医少药问题。1959年11月,在山西省稷山县召开的全国农村卫生工作会议对农村合作医疗制度予以肯定。会后，卫生部党组向中共中央上报了《关于人民公社卫生工作几个问题的意见》，认为人民公社的医疗制度目前主要有两种形式，一种是谁看病谁出钱，一种是实行人民公社的社员集体保健制度。根据目前的生产发展水平和群众觉悟程度等实际情况，以实行人民公社社员集体保健医疗制度为宜。同时，首次在中央部委文件中使用了"合作医疗"一词。1960年2月，中共中央转发了这个文件，要求各地参照执行。这是新中国成立后中央下发的第一个有关农村合作医疗的文件，对农村合作医疗的发展起到了积极的指导作用。此后，全国各地农村相继建立起一批以集体经济为基础，集体与个人相结合、互助互济的集体保健医疗站、合作医疗站或统筹医疗站。

1964年4月，卫生部下发了《关于继续加强农村不脱离生产的卫生员、接生员训练工作的意见》，提出"在3—5年内，争取做到每个生产大队都有接生员，每个生产队都有卫生员"。1965年9月，中共中央批转了卫生部党组《关于把卫生工作重点放到农村的报告》。此后，在各级党委、政府的重视下，农村合作医疗进入迅速发展阶段。据1977年年底统计，全国有85%的生产大队实行了合作医疗，人口覆盖率达80%以上。全国"赤脚医生"（对不领工资，也没有正式编制的农村医生的俗称）达150多万人，生产队的卫生员、接生员共有390多万人。

实行家庭联产承包责任制后，我国农村的经济结构发生了重大转变，用于集体福利的经费因之大幅度减少，合作医疗的经费也日益匮乏。另一方面，农村政策放宽后，增加了许多就业门路，一部分农村医务人员弃医改行，造成了20世纪80年代农村合作医疗事业的萎缩。从2001年起开始推行新型农村合作医疗制度。

城镇职工福利制度。新中国成立初期，城镇职工福利制度就开始建立。职工福利的主要项目是由国家统一规定的，其实施范围、待遇标准、经费来源和管理体制由行政法规予以规定。到1956年前后，初步建成了以国家为责任主体，覆盖国家机关、企事业单位职工生活方方面面的福利制度。

城镇职工福利制度的主要内容包括：（1）为职工生活提供方便、减轻家务劳动而举办的集体福利设施，如宿舍、食堂、浴室、理发室、托儿所、幼儿园等；（2）为减轻职工生活费用开支而建立的福利补贴，如生活困难补助、冬季宿舍取暖补贴、夏季防暑降温费、上下班交通补贴、房租补贴、探亲补贴、卫生费、洗理费、书报费、托儿补助费等；（3）为丰富职工生活建立的文化福利设施和组织的活动，如文化宫、俱乐部，以及开展各种文娱体育活动等。

从1957年到1983年，计划经济体制下的社会福利制度主要是城镇职工福利制度。尽管在这期间，城镇职工福利制度也受到了不少冲击，甚至有些年被取消了很多项目。但是，直到改革开放初期，城镇职工福利制度一直是中国社会福利制度的核心内容。

社会福利生产。社会福利生产是国家、集体和社会为帮助残疾人就业而组织的各项生产经营活动的统称，是为解决残疾人就业而创制出的一种制度安排。在社会福利生产的基础上，社会福利企业逐渐发展起来。

从1952年起，一些城市本着"生产自救"的方针，开始组织由烈军属、伤残军人和城市贫民参加的手工业或小型工业生产，这些生产单位发展后，逐渐吸收部分残疾人参加生产。1956年12月，内务部在北京召开城市残老教养、烈军属和贫民生产工作座谈会。在这次座谈会上，首次提出了"社会福利生产"的概念。1956年以后，民政部门对这些自救性生产单位进行了统一规划，把相当一部分改变为专门安置残疾人的企业，即后来所称的社会福利企业。1959年7月，第五次全国民政工作会议对社会福利生产组织进行了分类定型，明确以安置残疾人就业为主的生产单位为社会福利企业，享受国家政策的特别扶持。

改革开放以来，民政部门坚持贯彻分散安置与集中安置相结合的方针，在积极发动全社会做好残疾人劳动就业工作的同时，大力发展社会福利生产。时至今日，社会福利企业仍是残疾人就业的主要场所之一。

做个小结

行政性社会工作的形成与发展是与中华人民共和国成立之后政权巩固与社会经济改造的进程密切关联的。行政性社会工作的内涵不够丰富，其外延也不开阔。但是，作为特定历史时期的产物，行政性社会工作自有其存在的价值，也发挥出了其应有的社会功能。

【问题研讨】

关于新中国成立后的社会行政架构，在著名社会学家费孝通主持编写的改革开放后第一本《社会学概论》中有过非常精辟的概括："社会救济福利事业由专门机构管理和部门分散管理相结合。前者为各级民政部门，后者为有关政府部门和各人民团体。这种办法既能各司其职，又能分工协作。"①

请你自己搜集资料，弄清楚当前的"各人民团体"包括哪些部门，它们各自的职责分别是什么？

---

① 《社会学概论》编写组：《社会学概论》，天津人民出版社1984年版，第355页。

【继续探索】

残疾人是社会中的特殊弱势群体,因而要将谋取均等机会列为残疾人社会工作的重要内容。环境因素是影响残疾人日常生活的主要障碍,根据机会均等的原则,各项主流服务和公共设施均应向残疾人开放,除非客观条件不允许。在就学、就业、居住、参与社区活动等方面,残疾人都应该与健康人享有同等的机会。我国已经形成了比较完备的残疾人权益保障法律体系,主要有《中华人民共和国残疾人权益保障法》(1990年12月28日通过,2008年4月24日修订)、《残疾人教育条例》(1994年8月23日发布,2017年1月11日修订,5月1日起施行)、《残疾人就业条例》(2007年5月1日施行)。

作为一名社会工作者,如果从事残疾人社会服务,针对服务对象的不同,在开展服务前是否需要了解该领域的法律规定?如"是"的话,请设计一个简单的案例,说明应如何依法开展服务。(请注意:无论是行政性社会工作还是专业社会工作,都必须遵照法律的规定行事。)

【延伸阅读】

崔乃夫主编:《当代中国的民政(上)》,第一章,当代中国出版社1994年版。

宋士云:《新中国社会福利制度发展的历史考察》,《中国经济史研究》2009年第3期。

查明辉:《毛泽东时代中国行政性社会工作绩效研究》,《社会工作与管理》2016年第1期。

行政性社会工作的转型

行政性社会工作虽然曾经起到了社会福利输送和社会保险托底

的作用,但是其内在缺陷也随着社会经济的转型而暴露出来,因此,需要实现从行政性社会工作向专业社会工作的转型。

行政性社会工作的内在缺陷

行政性社会工作有其内在缺陷,表现为:第一,覆盖范围狭窄,背离了社会工作的基本价值理念。行政性社会工作的主要对象是生活困难的人群,保障内容是满足他们的基本生活需求。在对困难人群的界定方面有两个偏差,一是割裂了不同身份人群之间的平等性,二是缩小了"困难"这一概念的外延。

一个偏差源自于计划经济体制及其与之配套的社会福利制度,主要表现就是城镇职工福利制度。计划经济时期的城镇职工福利制度导致了不同单位间福利供给的不适当竞争。它们互相攀比,不仅福利项目越来越多,标准也越来越高。有的单位除国家规定的项目外,还巧立名目,滥发补贴和实物,完全背离了社会福利的补充性特点。计划经济时期的城镇职工福利制度还有一个更大的内在缺陷,即加剧了单位内外的不公平,因为农村居民根本无法享受到那么多的福利补贴,进而加剧了城市职工与农村居民之间的收入分配差距。

另一个偏差源自于低下的经济发展水平和思想认识上的狭隘。以往多把困难认定为物质生活方面的,忽视服务对象的心理障碍、社会关系失调等其他方面的困难,从而单纯关注经济上的救助,忽略其他方面的帮助和支持。这固然与低下的经济发展水平密切相关,但思想认识上的狭隘也起了很大作用。如此一来,就将很多需要救助的人排除在服务范围之外。

第二,工作主体单一化,缺乏平等性的指导思想和行为模式。由于政府掌握了几乎百分之百的社会经济资源,个人的空间被压缩得小而又小,社会福利资源的分配也就完全由政府说了算,行政优势压倒了一切力量，故而社会动员能力空前增强。需要得到社会救助的困难群体，也只能够从层级式的政府机构和自身所属的单位寻求帮助，他们得到社会救助的通道也变得狭窄和单一化，慢慢地，有困难找政府的思维定式日益稳固。供给方和需求方都指向了同一个资源聚集地——政府，这是行政性社会工作的显著特点。

由于行政性社会工作的服务提供者多是公务员或事业单位的工作人员，他们习惯上以"施恩者"的态度出现，服务对象仅仅是被动地接受救助，甚至还要有感恩的表达，服务提供者和服务接受者没有处于平等的地位，失却了社会工作的本真含义。而且，单一化的工作主体也难以满足不同困难人群的不同需求，覆盖范围狭窄的结果与之相关。

第三，工作方法的一般化原则明显，遮蔽了社会工作的基本使命。社会工作的基本使命是维护社会的公平正义，认为帮助弱势群体恢复和享受平等发展的机会是受助人的权利而非他人的恩赐。行政性社会工作带有明显的一般化原则，无视个体之间的差异以及不同个体所处困境产生的具体原因，运用平均主义的视角和无差别的工作方法来提供服务，是其内在的制度性缺陷。从组成社会的单个分子那里来看，也只有寻求行政资源的帮助，除此别无他路，个体性的差异变得不那么明显了。

专业社会工作注重个别性原则，认为不同的个体有不同的处境，尤其是处于困境之中的人群，各有其不同的沦入困境的原因，因而必须运用个别化的或类型化的方法来提供专业服务，最大限度地满足不同个体的差异化需求。从社会工作的专业发展史也可以看出，个案方法是最早形成的社会工作方法，这恰好表明了社会工作的职业特征。

行政性社会工作的转型

行政性社会工作需要转型，除去它自身固有的缺陷外，中国社会经济的转型也对社会工作发展提出了更高的要求。社会问题是社会工作发展的直接动因。改革开放以后，随着市场经济因素的快速生长和"单位制"的逐步解体，新的社会问题不断涌现，这使得原有的行政性社会工作难于应付。当然，有些社会问题并不一定全是由社会经济转型引起的，比如人口老龄化、残疾人问题、失业问题、新建城区的社区意识淡薄等。这些问题有的早已存在，但被社会体制掩盖或弱化了，但随着经济转型和社会变迁又以新的形式显现出来，必须运用全新的工作方法予以解决。在诸多因素的影响下，行政性社会工作必须实现转型，转向专业社会工作。

在我们认识到行政性社会工作需要转型的同时，还应该意识到行政性社会工作的发展也为专业社会工作的重新起步与发展奠定了设施基础和经验基础。以民政部社会工作人才队伍建设试点单位为例，2007年民政部确定了首批社会工作人才队伍建设试点单位共90个，均为民政系统内的事业单位。2009年，民政部确定了第二批社会工作人才队伍建设试点单位，共169个。其中，属于民办社会服务机构的有14个（北京2个、上海3个、青岛3个、广州4个、新疆2个），其余90%以上仍然是民政系统内的事业单位。这些民政系统内的事业单位，基本上全是行政性社会工作的产物，也是推动行政性社会工作发展的主要力量。

做个小结

由于存在着内在缺陷，再加上改革开放以来我国社会经济转型的冲击，行政性社会工作必须实现转型，转向专业社会工作。但我们也要认识到，行政性社会工作的发展为专业社会工作的重新起步与发展奠定了设施基础和经验基础。

【问题研讨】

雷洁琼是 20 世纪 30 年代成长起来的老一代社会工作学家,也是改革开放以后推动社会工作恢复重建的关键人物之一。她曾指出过行政性社会工作的某些弱点:

> 建国初期,改造妓女,改造流氓,有很好的经验。收容遣送的工作也是改造人的工作。我参观过一些收容站,里面什么人都有,没有分类分别处理,就把他们分送出去,这种人为什么会成为流浪者,应该对他们进行研究,把他们分类,研究他们外流的原因。收容机关首先应该有一种科学分类的方法,对不同类的人用不同方法处理才能生效。如果不把人分类,就没办法进行处理。①

2003 年,收容遣送制度被取消,但雷洁琼提出的这个问题依然具有启发意义。仔细阅读上述文字,认真思考下列问题:(1)"不把人分类,就没办法进行处理",这体现出行政性社会工作的哪些缺陷?(2)对待流浪者,如果仅仅是把他们遣送回原籍,是否有助于解决问题?(3)过去的收容遣送站都被改造成了救助站,"收容遣送"和"救助"的实质性区别何在?

【继续探索】

关于"行政性社会工作的发展为专业社会工作的重新起步与发展奠定了设施基础"这一论点,前面已经给出了简单的例释。你能否观察身边的一家公办社会服务机构,或者是体制内机构(如社会福利院、儿童福利院、救助管理站、军休所等),看一看它

---

① 民进中央宣传部编:《雷洁琼文集》下册,开明出版社 1994 年版,第 444 页。

们的前身都是什么样的机构，分析它们的演变过程与发生演变的动力机制。

【延伸阅读】

马伊里：《社会工作与现代民政》，载中国社会工作协会组编：《中国社会工作发展报告（1988—2008）》，社会科学文献出版社2009年版。

王思斌：《中国社会工作的经验与发展》，《中国社会科学》1995年第2期。

第八章　社会工作教育的重建与发展

本章要叙述的内容是中国社会工作教育在20世纪80年代中后期恢复重建和进入21世纪以来获得快速发展的进程。教育先行是改革开放新时期中国社会工作发展的突出特点，以专业教育为引领，中国的社会工作得以恢复重建，并在条件具备时获得了快速发展。

一、社会工作教育恢复重建

马甸会议及以前的情况

进入改革开放新时期，社会学在中国得到了恢复。作为应用社会学部分的社会工作也在社会学的学科体系下开始受到关注，1987年召开的马甸会议正式拉开了社会工作恢复重建的序幕。

社会学的恢复重建

中共十一届三中全会以后，我国社会主义建设进入了一个新的历史时期，也迎来了社会科学的春天。邓小平在1979年3月30日发表的题为《坚持四项基本原则》的讲话中明确提出："政治学、法学、社会学及世界政治的研究，我们过去多年忽视了，现在也需要赶快补课。"① 随后，邓小平所指出的四个学科以及其他被忽视的学科开始补课，进入恢复和重建阶段。

其实，在邓小平这篇讲话发表之前，一些老一辈社会学家已经开始为社会学的恢复重建做了不少工作。1979年春节期间，时任中国社会科学院院长的胡乔木约见费孝通，谈到了在中国尽快恢复社会学的问题，并委托他召集在北京的老社会学家召开座谈会，征求他们对恢复社会学的意见。经过反复座谈、讨论，大家认为中共中央拨乱反正，社会政治形势都是好的，在这种情况下恢复中国的社会学事业是非常必要与及时的。3月15—18日，全国哲学社会科学规划会议筹备处邀请北京和部分省市过去研究社会学的学者和教育、民政、公安、共青团中央等实际工作部门的研究工作者及有关人士60余人，召开社会学座谈会。在这次会上，成立了中国社会学研究会，选举了由50人组成的理事会。其中费孝通为会长，田汝康、陈道、杜任之、李正文、罗青、林耀华、雷洁琼为副会长，聘请于光远、邓裕志、关瑞梧、陈翰笙、吴文藻、吴泽霖、李景汉、李剑华、李安宅、言心哲、杨成志、杨开道、张世文、张腾霄、洪谦、赵范、柯象峰、戴世光等人为顾问。

1980年夏，上海大学文学院成立了社会学系，这是我国社会学恢复后建立的第一个社会学系。同年秋，南开大学成立了社会学系，该系成立后在原国家教育委员会和中国社会学研究会的支持下，于1981年2月与中国社会科学院社会学研究所联合举办了社

---

① 邓小平：《邓小平文选》第2卷，人民出版社1994年版，第180—181页。

会学专业班,专业班为期一年,学员共 43 人,来自全国 18 所重点综合大学的在校生,还招收了 13 名旁听生。这期专业班的一些学员,后来都成了中国社会工作学界的领军人物,如王思斌、宋林飞、蔡禾、张友琴,等等。1984 年出版的《社会学概论(试讲本)》是改革开放后第一本社会学教材,也是这期专业班的成果,这本教材还单独列出了"社会工作"一章。

雷洁琼首倡恢复重建社会工作专业

雷洁琼,广东新宁(今广东省台山市)人。1924 年,雷洁琼赴美国留学,获南加州大学社会学硕士学位。1931 年,雷洁琼应燕京大学社会学及社会服务学系主任许仕廉之邀回国,任该系讲师,后晋升为副教授,先后讲授"社会学入门""社会服务概论""贫穷与救济""儿童福利问题"及"社会服务实习"等课程。在教学过程中,她不仅参考大量国外社会福利、社会政策研究的最新成果,而且密切联系中国实际。同时她还带领学生走出课堂,到育婴堂、贫民窟、施粥场甚至妓院去调查、访问和参观,让学生了解中国底层社会,增强他们对劳苦大众的感情。

新中国成立后,雷洁琼转行从事民族学研究。1979 年春天,社会学得以恢复。同年冬,在北京举办了第一期中国社会学讲习班,学员大多来自高校,所以又称师资班。在这期讲习班上,雷洁琼主讲"社会工作"课程,因而有人说她是改革开放以来中国内地讲授社会工作课程的第一人。在讲课中,雷洁琼旗帜鲜明地阐明,社会工作发展至今早已成为一个相对独立的专业,它是工业化和城市化的产物,愈来愈会成为一个独立的专业和学科;并明确指出,随着中国改革开放,工业化、城市化和现代化程度不断提高,中国的社会工作必然会有空前的大发展。

1985年3月，民政部在北京召开了第一届全国民政理论研讨会。在这次会上，雷洁琼提出了"民政工作就是具有中国特色的社会工作"的著名论断，比较准确地指出了民政工作与社会工作的关系。从那时起，这一论断逐渐被全国民政系统所认同，被全国社会学与社会工作界所认同，成为认识与研究民政工作、认识与研究中国社会工作的基本的理论支撑。同年12月初，教育部在广州中山大学召开了全国高校系统的社会学专业建设与发展工作会议，雷洁琼在会上呼吁应尽快恢复社会工作的学科地位。她说，社会学恢复与重建工作已六年，可是社会工作尽管有民政工作在社会实践中支撑，但作为一门学科，至今还没有得到真正的恢复，更谈不上重建。她希望教育部认真研究，应有前瞻性，应看到伴随改革开放和社会主义现代化事业的不断深入发展，必将会出现对社会工作的新需求，呼吁应当同样重视社会工作教育的发展。雷洁琼的发言得到了费孝通、袁方等与会专家的响应和赞同。

除雷洁琼的授课以外，一些社会学本科或专业系科也开设了少量的社会工作课程。1981年在南开大学举办的社会学专业班的"社会学概论"课程中就有"社会工作"一章。1982—1983学年度，北京大学社会学系邀请著名社会工作专家吴桢为研究生讲授个案工作，是安排在社会学方法课程之内；中山大学邀请香港社会工作学者讲授社会工作课程，也是在社会学的框架之内。1984年6月，卢谋华先后应邀到中共中央党校、中央团校（中国青年政治学院的前身）讲授"中国社会主义社会工作和社会福利""社会主义社会学与民政工作中的社会问题"等内容；1985年，中国社会学函授大学邀请卢谋华开设社会工作课程，可以说这是新时期中国内地社会工作专业化、学科化起始的一个标志。所有这些，都为社会工作教育的恢复重建打下了基础。

"社会工作教育发展论证会"（马甸会议）

1987年9月12—14日，民政部邀请国家教育委员会、劳动人事部等政府部门以及社会学与社会工作的学者，在北京举办了"中国社会工作教育发展论证会"。因为这次会议的召开地点位于北京马甸桥附近的北京对外经济交流中心大厦，俗称"马甸会议"。这次会议论证了专业社会工作对中国社会福利事业改革与发展的必要性，确认了社会工作专业的学科地位，为中国社会工作发展做了政策和组织的准备，因而被视为社会工作专业教育恢复重建的标志性事件。

参加马甸会议的社会学专家和高校领导有周尔鎏、袁方、韩明谟（北京大学），潘乃谷（费孝通的代表），贾春增（中国人民大学），苏驼、孔令智（南开大学），袁华音、袁缉辉（上海大学），何肇发（中山大学），朱传一、陆学艺（中国社会科学院），赵子祥（辽宁省社会科学院）。

会议由民政部人事教育司司长李宝库主持，民政部部长崔乃夫致辞并作主题报告。会上，雷洁琼发表了重要讲话，她从理论到实践，从国外到国内，系统而深刻地阐明了我国应尽快创办社会工作学院，发展社会工作教育事业，以适应社会主义现代化建设事业需要的主张。这次会议的最大成果就是与会者一致认为，我国创办社会工作学院不仅是必要的，而且也是现实可行的。马甸会议取得的一项重要成果是"民政部社会工作教育研究中心"的成立。该中心成立于1987年11月，由时任民政部副部长张德江担任主任。其基本职能为组织社会工作教育的巡回教学活动，组织编写社会工作教材，组织社会工作教育研究以及为民政部提供社会工作教育咨询等。

马甸会议之所以能够召开，是与民政部的积极推动分不开的。1984年，民政部派出内地第一个社会福利（社会工作教育）考察团赴我国香港，对香港的社会福利制度进行了全面考察，同时也考察了香港设置社会工作专业的所有高等院校。这次考察的成果，对于恢复重建社会工作专业起到了重要的启示作用。1987年4—5月，民政部的社会工作教育考察团先后赴挪威、瑞典对其社会保障、社会福利和社会工作、社会工作教育进行了考察，对社会工作和社会工作教育形成了更深的见解。所有这些考察活动，都为马甸会议的召开奠定了思想认识基础。

做个小结

20世纪80年代中后期，社会工作教育的恢复重建是在社会学界专业人士和民政部门的双重推动下完成的。当时，社会工作被认为是应用社会学的一部分，因而最初开设的社会工作专业都是附属于社会学系的，这也反映出中国社会工作专业教育的独有特点。

【问题研讨】

关于社会工作的专业地位，雷洁琼曾提出过一个著名的论点，即民政工作就是具有中国特色的社会工作。请阅读下面这段文字，然后思考后面的问题：

> 民政工作是社会工作，是增进人民福利保障团结的，是贯彻执行宪法规定的人民基本权利义务的一部分。改善社会关系，促进社会发展为社会主义现代化建设服务。运用民政工作是社会工作，应该适用社会学的原理、原则来研究，是社会学理论的具体应用，从这样的意义上来讲，

民政工作可以说是应用社会学。①

（1）关于民政工作与社会工作的关系，你有什么样的认识？（2）当下中国社会工作的主管部门就是各级民政部门，你觉得这种管理体制有无改进的必要？

【继续探索】

2007年12月21日，纪念马甸会议召开二十周年座谈会在北京翠明庄宾馆举行。这次座谈会明确指出，马甸会议重新确认了社会工作专业的学科地位，为进一步推动社会工作专业教育在中国的发展做了积极的准备与贡献。请你自行搜集马甸会议前后有关社会工作教育的一手资料，从社会工作教育恢复重建的历史大背景下，重新评估马甸会议的意义与价值。

【延伸阅读】

王思斌、阮曾媛琪、史柏年主编：《中国社会工作教育的发展》，第一部分第二章，北京大学出版社2014年版。

史柏年：《社会工作专业教育发展》，载中国社会工作协会组编：《中国社会工作发展报告（1988—2008）》，社会科学文献出版社2009年版。

李迎生、韩文瑞、黄建忠：《中国社会工作教育的发展》，《社会科学》2011年第5期。

彭秀良：《三十年后再出发——纪念马甸会议召开三十周年》，《中国社会工作》2017年11月（上）。

延声阅读

---

① 民进中央宣传部编：《雷洁琼文集》下册，开明出版社1994年版，第445页。

社会工作专业的开设与专业课程的设置

社会工作的恢复重建工作首先是从教育领域开始起步的，首先是几所大学开设社会工作专业，然后才有社会工作院系的设立，并且逐步完善了社会工作专业的课程设置。

社会工作专业被列入社会科学本科专业目录

1985年9月，原国家教育委员会启动普通高等学校社会科学本科专业目录修订工作。经过两年多的论证修改，1987年12月公布了《普通高等学校社会学学科本科专业目录与专业简介》，"社会工作与管理"作为"试办"专业列入其中。

在《普通高等学校社会学学科本科专业目录与专业简介》中，对于"社会工作与管理"，其简介侧重的是社会管理的功能，而不是社会福利服务的特性；人才培养的目标强调"从事社会管理、社会政策研究、社会发展规划"等宏观管理人才的要求；在课程设置的意见方面，只有"社会工作概论"一门专业课程，其他如"个案工作""小组工作""社区工作"等方法类的专业课程均未单独设置。尽管如此，但在《普通高等学校社会学学科本科专业目录与专业简介》中列入"社会工作与管理"作为"试办"专业，还是为社会工作专业的恢复重建奠定了基石。

社会工作专业的开设

马甸会议产生的一项具体成果就是民政部与北京大学商定联合办学，即由民政部出资100万元，从1988年起连续10年内，北京大学为民政部培养100名社会工作专业硕士研究生。经过师资培训和课程准备，1989年，北京大学开始招收首批社会工作与管理专业本科生及该专业方向的硕士研究生，这表明中断了三十多年的社会工作专业教育开始恢复。此后，吉林大学、厦门大学、上海大学也建立了同样的专业。

1993年，中国青年政治学院建立社会工作与管理系，成为社会工作教育在中国内地恢复以后首个建立的系级专业教育机构，学院于同年夏天招收首批社会工作与管理专业的本科生。此后，全国各高校纷纷成立社会工作学系，开设社会工作专业。到1996年，已经有19所院校开设了社会工作专业。

社会工作专业课程的设置

1994年4月，亚太地区社会工作教育协会与中国社会工作教育协会（筹）联合举办第二届"华人社区社会工作教育发展研讨会"。同年12月31日，中国社会工作教育协会（China Association of Social Work Education，CASWE）正式成立。中国社会工作教育协会是一个以推进社会工作教育和专业社会工作发展为目的的非营利组织，协会的成立使中国社会工作教育有了自己的学术性行业组织，标志着我国社会工作专业教育跨入了一个新的历史阶段。中国社会工作教育协会的第一任会长是袁方，第二任会长是王思斌，现任会长是徐永祥。

中国社会工作教育协会成立后，积极推动社会工作专业课程的建设和专业师资的培养。1996年11月，国家教育委员会聘任业内专家成立了高等学校社会学学科教学指导委员会（简称"教指委"），并委托教指委研究社会学、社会工作本科专业主干课程的设置。1997年，教指委在与各高校、专业进行充分讨论和研究的基础上，分别确定了社会学、社会工作本科专业的10门主干课程，专业课程建设问题基本落地，这是社会工作专业恢复重建迈出的重要一步。

这次确定的社会工作本科专业的10门主干课程是社会工作概

论、社会学概论、社会调查研究方法、社会心理学、个案工作、小组工作、社区工作、社会行政（社会政策）、社会保障、社会福利思想。这些课程与社会学本科专业的主干课程有重叠，反映出我国社会工作恢复重建的特殊之处。

在此期间，有多部教材出版，主要是袁华音、王青山主编的《社会工作概论》（黄河出版社，1990）、王刚义主编的《社会工作学》（吉林大学出版社，1990）、卢谋华的《中国社会工作》（中国社会出版社，1991）、隋玉杰的《社会工作：理论、方法与实务》（中国社会科学出版社，1996）、王思斌主编的《社会工作概论》（高等教育出版社，1998）。此外，还有几部社会工作专业辞书：《中国大百科全书·社会学》（内设"社会工作"编，卢谋华主编，中国大百科全书出版社，1991）、《中国社会工作百科全书》（陈良瑾主编，中国社会出版社，1994）。

社会工作专业刊物的创办

随着社会工作教育课程的零散开展，一些社会学刊物开始发表有关社会工作的学术论文，开始为社会工作教育界人士提供研究成果的发表阵地，慢慢地也开始刊发社会工作管理层、实务界的政策解读文章和理论研究成果。1986 年 4 月，民政部主办的《中国社会报》正式创办。《中国社会报》是专门研究和报道社会现象、社会问题、社会发展与进步和社会行政事务管理的综合性报纸，为关注中国社会状况的国内外读者提供最权威的信息。该报反映与人民群众切身利益密切相关的社会政策，关注社会热点，反映社会动态，引导社会舆论，督导社会行为，倡导社会文明，报道社会变迁中的新人新事新风貌，宣传社会行政事务管理工作的新成就、新经验，介绍国内外社会学界的新思想、新观念、新动向，探讨中国社会发展和社会工作的理论和实践。

社会工作专业刊物的创办逐渐提上了议事日程。1988年10月，江西省民政厅主管的《社会工作》创刊，由雷洁琼题写刊名，这是新中国成立后第一份社会工作专业刊物。但是，这份刊物的命运多舛。2000年1月更名为《百姓之家》，成为一本文化类的通俗刊物；2003年1月，又复刊为《社会工作》半月刊。2013年改为双月刊，定位于学术刊物。

1988年，民政部社会福利与社会进步研究所主办的《社会工作研究》创刊。创刊之初为季刊，小16开本，1994年改为双月刊，1996年更名为《中国社会工作》，1997年改为国际标准开本大16开。但是，到了1998年，这份刊物不得不歇刊。随着社会工作教育和实务的快速发展，2009年1月，新的《中国社会工作》创刊，并定位于理论与实务并重的社会工作专业刊物。

除去这两份主要期刊以外，近年还有两份主要社会工作专业刊物出版。2012年《广东工业大学学报（社会科学版）》更名为《社会工作与管理》，这是国内第一本由高校出版的社会工作专业学术期刊。同年，北京社会管理职业学院主办的《社会福利（理论版）》创刊，也刊发社会工作类的学术文章。此外，中国社会工作教育协会还编辑出版《中国社会工作研究》（半年刊），是为中国社会工作研究领域的权威刊物。

做个小结

从1987年到1998年是中国社会工作教育的恢复重建阶段。由北京大学首开社会工作与管理专业拉开序幕，中国社会工作教育从无到有地发展起来。到1999年7月前，全国开设社会工作专业或课程的高等院校达三十多所，社会工作专业恢复重建终于取得了初步成果。

【问题研讨】

仔细阅读下面的背景材料,然后思考后面的问题:

> 1985年5月27日,《中共中央关于教育体制改革的决定》公布,明确指出要改变高等教育科类比例不合理的状况,加快财经、政法、管理等类薄弱系科和专业的发展。之后,高校关于学科专业调整的讨论和研究被提上议程。
>
> 处此大背景下,北京大学社会学系在系主任袁方的主持下,该系教师分两组论证新专业的设置,其中一个是"社会发展计划与管理专业"。于是,北京大学社会学系向国家教育委员会(教育部的前身)提请设置社会发展计划与管理专业。1985年12月,国家教育委员会在广州召开高等学校社会学学科专业调整论证会,会上对新专业的名称有不同看法。雷洁琼、袁方、何肇发等人力主设立社会工作专业,而各种意见协商的结果是采用"社会工作与管理"的名称,并在长时间征求各方意见之后正式颁布实施。

从恢复重建初期对社会工作专业名称的界定上,可以看出当时对社会工作专业的学科性质有怎样的认识?

【继续探索】

对于社会工作恢复重建的提法,王思斌提出了不同意见。他的论点如下:

> 对于社会工作专业来说,由于1952年之前我国的社会工作发展规模小,专业化、本土化进程并不快,再加上社会工作的研究成果不甚丰富,改革开放之后的社会工作学科从以往的经验和积累中借鉴不多,所以社会工作学科

也主要不是恢复，而主要是重建。这里我们绝不是要忽视早期社会工作学者和教育家的贡献，不是要忽视社会工作价值观和课程体系的借鉴作用。从改革开放之后社会工作学科建设的实际来看，社会工作在新的环境和基础上重新建立学科的含义要明显得多。①

对于王思斌的说法，（1）你是怎样看待的？（2）如何认识我国早期社会工作学者和教育家的贡献？以及（3）如何借鉴他们的经验和成果？

【延伸阅读】

史柏年：《社会工作专业教育发展》，载中国社会工作协会组编：《中国社会工作发展报告（1988—2008）》，社会科学文献出版社2009年版。

刘继同：《中国社会工作15年的发展轨迹》，《社会工作研究》1995年第2期。

二、社会工作教育进入快速发展期

社会工作教育获得快速发展的背景

从1999年开始，我国的社会工作教育进入了快速发展阶段，这一进程目前仍未结束。社会工作教育获得快速发展，既有社会政治环境的影响因素在内，更离不开社会工作教育界人士的积极推动。

---

① 王思斌、阮曾媛琪、史柏年主编：《中国社会工作教育的发展》，北京大学出版社2014年版，第25页。

为什么将1999年界定为社会工作教育进入快速发展阶段的时间节点？

1999年6月16日，国家发展计划委员会和教育部联合发出紧急通知，决定1999年中国高等教育在年初扩招23万人的基础上，再扩大招生33.7万人，这样普通高等院校招生总人数达到153万，增幅达到42%。

全国高等院校普遍扩大招生，对全国社会工作教育的发展产生了积极的影响。扩大招生的诉求和压力，加之高校体制改革的深入，迫使一些文科类或综合类高校在保持原来专业优势的同时，寻找新的专业发展方向；一些高校中的长线专业或冷门专业的院系，为求生存和发展，也在寻找替代性的专业；一些理科、工科、医科和农科院校，在朝综合性院校的转变过程中，也在寻找新的专业突破点。所有这些寻找的眼光，都盯向了有着广阔发展空间的新兴文科专业——社会工作。

从1999年起，每年新开设社会工作专业的院校数量快速增长。一是教育部所属和国家部、委、办所属的普通高等院校纷纷开设社会工作专业；二是由地方教育主管部门批准开设社会工作专业的地方性高等院校数量也猛增；三是成人高等教育院校和高等职业技术学校也竟相加入社会工作专业教育的行列。据2001年召开的第三届中国社会工作教育协会年会统计，全国开设社会工作专业的高等院校（包括高等职业院校、成人高校）将近百家，平均每年增加20—30所，社会工作教育进入了快速发展期。

社会工作人才队伍建设写入中共中央文件

2006年10月11日，中共十六届六中全会通过了《中共中央关于构建社会主义和谐社会若干重大问题的决定》，其中提出"要建设宏大的社会工作人才队伍"，"建立健全以培养、评价、使用、激励为主要内容的政策措施和制度保障,确定职业规范和从业标准,加强专业培训,提高社会工作专业水平"。这标志着党和国家已经充分重视加强社会工作人才队伍建设,将其纳入各级党委的重要工作任务,对于恢复重建以来发展缓慢的社会工作来说是一个纲领性的宣言。

在中共十六大以前,中国的社会工作专业教育尽管已经恢复重建有近二十年的时间,但社会工作的发展及影响主要限于学界和民政系统。即便是在民政系统,社会工作的影响也主要限于中高层,大量的民政一线基层机构和人员对社会工作的理念和方法知之甚少。对整个社会来说,社会工作还是一个非常陌生的事物。社会工作的社会认知度偏低,极大地影响了社会工作教育的深入发展,因为这涉及社会工作毕业生的出口问题。因此,中共十六届六中全会提出建设宏大的社会工作人才队伍的战略任务,为社会工作教育的发展指明了方向。

做个小结

1999年,中共十六届六中全会提出建设宏大的社会工作人才队伍的战略任务和全国高等院校普遍扩大招生,为社会工作教育的快速发展创造了政策环境,而社会工作教育界自身的努力才是社会工作教育获得快速发展的内在驱动力。

【问题研讨】

社会工作专业招生规模和招生数量是衡量社会工作专业发展的重要指标。图8-1是社会工作专业院校招生数量变化趋势(1988—2012年)[①],请认真阅读。

[①] 王思斌、阮曾媛琪、史柏年主编:《中国社会工作教育的发展》,北京大学出版社2014年版,第70页。

思考下面的问题：（1）运用图形和表格来表示某种发展趋势，是社会调查研究方法课程中常用的方法，你能够熟练掌握图形和表格的制作技术么？（2）从趋势图8-1中，你可以得出哪些具体信息？（3）你能够对这些信息背后的实证因素进行分析吗？

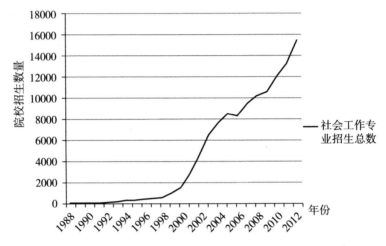

图8-1　社会工作专业院校招生数量变化趋势（1988—2012年）

【继续探索】

请以你所就读的学校为个案，调查这所学校社会工作专业的发展情况，并进一步分析专业发展背后的原因。如果你能够制作出相关的示意图或趋势图，请展示出来。

【延伸阅读】

吴铎、陈良瑾、张昱：《中国社会工作二十年发展状况分析与前瞻》，载中国社会工作协会组编：《中国社会工作发展报告（1988—2008）》，社会科学文献出版社2009年版。

史柏年：《新世纪：中国社会工作教育面对的选择》，《北京科技大学学报（社会科学版）》2004年第1期。

社会工作教育快速发展的表现

前面我们分析了 1999 年后我国社会工作教育进入快速发展阶段的社会背景,下面我们就来看一看社会工作教育快速发展的表现。具体说来,包括这样四个方面:合格胜任的教师队伍基本形成、适合国情的课程体系日渐成熟、结构合理的人才培养体系渐趋完善、知行统一的实践环节得到加强。

合格胜任的教师队伍基本形成

在社会工作教育恢复重建之初,合格的师资严重缺乏。在社会工作专业点迅猛增加的快速发展时期,师资缺乏更成为制约专业健康发展的瓶颈。三十多年来,社会工作教育界多管齐下,采取循序渐进的方式大量培养师资。

首先,通过"请进来、走出去"的方式,与我国港台地区一些高校合作,以开办社会工作专业硕士课程班的速成方式,培养了第一批骨干教师。"请进来",就是率先开办社会工作专业的学校自请我国港澳台地区或国外专家来讲课。"走出去",就是中国社会工作教育协会及各学校组织、选派一些社会工作教师去我国香港参观、考察和进修;后来北京大学与香港理工大学合作、复旦大学与香港大学合作,培养了一批在职社会工作研究生,部分缓解了高校社会工作师资不足的问题。其次,发挥先行院校和中国社会工作教育协会的团队优势,通过充分挖掘自身潜力等方式,中国社会工作专业教师严重缺乏的状况有了很大改观,有一定数量和质量的师资队伍基本形成,一些较早开办社会工作专业院校的教师队伍,已经进入结构合理、素质较高的良性发展阶段。到 2012 年,全国约有社会工作专业兼职教师 4800 人,其中专职教师 3300 人,教师的学位结构不断提高，专业背景逐渐合理化。

适合国情的课程体系日渐成熟

社会工作教育恢复重建之初，课程建设犹如一张白纸。经过三十多年的建设和发展，社会工作课程体系日渐成熟。一是通过论证协商达成共识，形成了具有规范指导性质的专业主干课程体系。2004年6月，由中国社会工作教育协会组织编写的《社会工作专业主干课程教学基本要求》经高等教育出版社出版发行。这份文件对各主干课程的课程性质、建议教学时数、章节教学要求及教学要点做出了原则性的说明和规范，成为对全国高等学校社会工作专业教育教学具有规范意义的指导性文件。二是经过吸收消化和经验积累，具有本土特色的社会工作专业教材陆续编写出版。到2006年7月，由中国社会工作教育协会负责组织编写的8门专业主干课程教材全部完成，由高等教育出版社出版发行。这8本教材分别是《小组工作》（刘梦主编，2003）、《社会工作导论》（王思斌主编，2004）、《社区工作》（徐永祥主编，2004）、《社会保障概论》（史柏年主编，2004）、《个案工作》（许莉娅主编，2004）、《社会政策概论》（关信平主编，2004）、《现代社会福利思想》（钱宁主编，2006）、《社会行政》（王思斌主编，2006）。

2011年，教育部再次修订本科专业目录，并在此基础上形成、公布了社会工作本科专业介绍，指出了社会工作专业的基本要求和核心课程。核心课程仍然为10门，它们是社会工作概论、社会学概论、社会心理学、个案社会工作、小组社会工作、社区社会工作、社会工作行政、人类行为与社会环境、社会政策概论、社会保障概论。这10门核心课程与1997年公布的10门主干课程差别不大，只是以"人类行为与社会环境"取代了"社会福利思想"。

结构合理的人才培养体系渐趋完善

社会工作教育恢复重建之初,在专业人才培养方面,侧重于较低学历层次(如专科、本科)专业点的设置。但是,随着社会的发展,社会对专业人才需求层次提高,以及社会工作教育界自身能力提升,开办更高学历层次(如硕士、博士)专业教育的必要性和可行性日益增加。

2006年中共十六届六中全会提出建设宏大的社会工作人才队伍目标以后,教育部进行了社会工作人才培养和专业体系建设的调研。在教育部主持下,在北京举办了两次有关独立设置社会工作研究生专业以及设置社会工作硕士专业学位研究生(MSW)的专家论证会,根据国务院学位委员会办公室《关于开展社会工作硕士专业学位教育试点工作的通知》(学位办〔2009〕44号)的精神,从2010年开始招收社会工作硕士研究生,首批开展社会工作硕士专业学位教育试点工作的研究生培养单位一共有33所,其中部委属院校18所,地方高校15所。截至2017年年底,全国有330个社会工作本科专业点,105个社会工作专业硕士点。还有一些高校在社会学专业的名义下招收社会工作方向博士学位研究生。

经过二十多年的努力,我国培养了一大批社会工作毕业生。到2012年年底,我国已培养的各类社会工作毕业生约为162000人。他们当中的很多人虽然并未到社会工作专业岗位工作,但是还是有相当数量的毕业生在社会服务岗位上发挥作用,为我国社会工作事业的发展做出了贡献。

知行统一的实践环节得到加强

社会工作是一门应用性的学科,是实务性、操作性取向的专业,与其他专业学科(如社会学等)相比较,更注重直接为人们提供服务，而非纯粹的理论和知识的探讨和研究。

在社会工作教育在恢复重建之初，社会工作实习实践教学是其中最为薄弱的环节。通过三十多年的资源挖掘整合，以及教学经验的积累，在各院校教师和中国社会工作教育协会的努力下，社会工作专业教育教学中实践环节薄弱的境况有所改善。主要表现在两个方面：第一，许多院校因地制宜地建立起规范、适用的社会工作实验室，实验型教学条件基本形成；第二，中国社会工作教育协会及各高等院校积极向社会拓展，建立起一批专业、稳定的实习基地。社会工作教育界还积极参与各类社会服务，如地震救灾、灾后重建、社会危机事件介入，解决各类困境人群之需，在推进社会建设方面做出了自己的贡献，也为社会工作专业赢得了社会声誉。

做个小结

我国社会工作教育自1999年进入快速发展期以来，办学规模不断扩大，既与国际接轨又能够反映我国国情的社会工作课程体系基本形成，培养了一批多层次、高质量的社会工作人才。但是，我国社会工作教育还存在着很多不足和问题，需要在进一步发展中不断地解决。

【问题研讨】

在2011年教育部修订的普通高等学校本科专业目录中，对社会工作专业毕业生应获得的知识和能力做了如下表述：

1. 掌握社会工作学学科的基本理论和主要知识；掌握社会工作核心价值观及主要伦理准则；

2. 掌握社会政策分析、社会问题调查及社会服务开发等方面的方法和技术；

3. 具有开发社会服务项目、实施社会服务、运营社会

服务机构的基本能力;

4. 熟悉社会管理与社会服务的主要方针、政策和法规;

5. 了解社会福利与社会工作的前沿理论和应用前景;

6. 具有一定的科学研究和实际工作能力,具有一定的批判思维能力;

7. 掌握社会工作督导、社会工作研究、社会政策倡导等基本能力;

8. 能灵活运用个案工作、小组工作、社区工作等多种专业方法为服务对象提供综合性服务。

对照上述要求,反思自己在专业学习和实习过程中存在着哪些不足,并探讨如何加以改进。

【继续探索】

文献调查法和人物访谈法是历史研究中常用的方法。文献调查法就是通过对文献的搜集、整理和研究形成对历史事实的正确认识;人物访谈法就是通过对当事人或知情人的访谈获得某个历史事件的全面或片段信息。

运用文献调查法和人物访谈法,了解你所在学校社会工作专业教材的选用情况(包括现在使用的教材和以前选用的教材),评判教材选用的优势和不足。

【延伸阅读】

王思斌、阮曾媛琪、史柏年主编:《中国社会工作教育的发展》,第二部分第一、二、三、四章,北京大学出版社2014年版。

郑蓉:《改革三十年中国社会工作专业教育发展浅析》,《辽东学院学报(社会科学版)》2010年第4期。

第九章　社会工作实务的
重新兴起与快速发展

本章要叙述的内容是专业社会工作在中国内地重新兴起和发展的情况。随着社会工作专业教育的恢复重建，社会工作实务也得以重新兴起，并在新的社会经济条件下获得了快速发展。

一、社会工作实务的重新兴起

社会工作实务首先在上海起步

改革开放以后，中国的社会工作实务首先在上海起步。上海社会工作的起点是罗山市民会馆的成立和1997年浦东新区社会发展局从高等学校社会工作专业的毕业生中招聘专门人才，建立专业社会服务机构，揭开了新时期社会工作实务试点的序幕，然后逐渐向多个领域铺开。

上海社会工作的起点

1996年3月，上海市浦东新区开始探索在社会服务领域引进社会工作制度，支持成立了一个新型的民间社区服务机构——罗山市民会馆，承担起民间机构为社区居民提供日常生活服务的工作，这可以视为上海社会工作的起点。罗山市民会馆由政府提供房屋，浦东新区社会发展基金会提供设备，上海基督教青年会受托管理。上海基督教青年会、女青年会派出专业社会工作人员负责日常工作，他们策划了多种形式的专业社会工作服务，受到了社区居民的欢迎。从专业性的角度讲，罗山市民会馆仍是一间社区服务机构，虽然提供了一定的专业社会工作服务，但还不属于提供社会工作专业服务的社会服务机构。

2003年2月，上海乐群社会工作服务社成立，这是中国社会工作恢复重建后成立的第一家社会服务机构。上海乐群社会工作服务社以"促进社会进步，焕发生命光彩"为使命，致力于为不同性别、年龄、社会阶层、宗教和种族的人群提供切实、专业、人性化的服务，倡导社会公平、公正、参与、互助，协助社会公共政策和福利的实施。其服务范围覆盖青少年儿童、长者、社区服务和社区发展等多个领域，并通过能力建设服务以促进社会工作行业实务能力的提升。

2004年年初，由上海市委政法委牵头，按照"政府主导推动、社团自主运作、社会多方参与"的总体思路，上海市自强社会服务总社、上海市阳光社区青少年事务中心、上海市新航社区服务总站等3家专业社会服务机构注册成立，分别为药物滥用人员、"失学、失业、失管"社区青少年、社区矫正人员提供专业服务。这3家覆盖上海全市范围的社会服务机构采用政府购买服务的模式，依靠区县、街道各级党政组织，迅速在19个区县分别建立了57个社会工作站，在230个街道、乡镇设立了600多个社会工作点。

除了政府直接运作而生成的社会服务机构以外，上海部分事业单位、民间组织也开始引入社会工作，并在单位和组织内部拓展出具体的社会工作部门，或孵化出相应的社会服务机构。1998年，上海市儿童福利院在家庭寄养部引入社会工作者，为院内各年龄段的儿童提供更好的预防性、辅导性和发展性专业服务；2000年，上海育英学校社会工作站成立；2000年5月，上海东方医院正式成立了医务社会工作部，组织社会力量，向患者免费提供心理支持、社会支援、医疗康复、协调医患关系等六大类服务，这也是中国社会工作恢复重建后首家成立医务社会工作部的医疗单位；2004年6月，上海儿童医学中心医务社会工作部成立。2005年11月，上海市救助管理站成立了全国救助管理行业的第一个社会工作站——上海市救助管理社会工作站，并建立了相应的工作机构和运作机制，这是首次在市级社会福利机构设置社会工作岗位；此后，上海市第一社会福利院、上海市民政第二精神病院、上海市儿童福利院等多家市级社会福利机构设置了社会工作部门。

建立社会工作制度体系

1997年，上海市浦东新区社会发展局首次招聘了5名社会工作专业毕业生。1998年，该社会发展局开始尝试在浦东新区的教育、卫生、民政系统内设置社会工作岗位，并先后在1家医院、2所学校、2个社区成立了5个社会工作站。浦东新区以明确社会工作的岗位配置政策为突破口，在社会工作制度建设方面迈出了第一步。不久之后，上海市开始探索建立社会工作制度体系。

首先，建立社会工作职业资格制度。2003年1月，上海市政府在向上海市十二届人大一次会议所做的《政府工作报告》中提出要"探索建立社会职业工作者制度"，这是中国内地第一次在政府文件中正式提出社会工作职业化的要求。3月,《上海市社会工作者职业资格认证暂行办法》出台。11月,国内首次社会工作职业资格考试在上海举行,5586名考生报名参加考试,考试分社会工作师和社会工作师助理两个等级,其中社会工作师考试合格者281人,社会工作师助理考试合格者1145人。这表明,社会工作作为一种职业得到了政府部门的认可。

其次,建立社会工作者注册管理和继续教育制度。在职业资格制度的基础上,上海出台了《上海市社会工作师(助理)注册管理试行办法》,对取得社会工作职业资格的人员进行注册管理,使其成为注册社会工作者,以促进社会工作的职业发展,规范社会工作者的职业操守和实务工作。2004年,上海市民政局出台了《关于在本市民政系统及相关机构配置注册社会工作者的意见》,明确提出在社会福利机构、社区公益组织配置社会工作者,并要求采取内部培养与外部引进相结合的方式,力求上述目标在3年内到位。

建立和完善社会工作管理服务组织架构

为适应社会工作的发展需求,上海市从行政管理、行业自律和专业支持等方面加强社会工作的管理机构建设。一是成立社会工作的行政管理机构。2004年,上海市民政局增设了职业社会工作处,负责协调发展全市社会工作。这标志着上海市政府有了一个主管社会工作的职能部门,也标志着民政部门作为社会工作业务主管部门的地位正式确立。

二是积极培育社会工作者的行业服务组织。1993年,上海市社会工作者协会成立,但基本上附属于政府职能部门,多停留在社会工作培训方面。2005年,上海市社会工作者协会召开了第二届会员大会,选举产生了新一届理事会。上海市社会工作者协会的转型为上海社会工作的职业化和专业化建设提供了广阔的互动发展平台。

三是加强社会工作培训机构建设。2000年，上海市民政局在原上海市民政干部学校的基础上组建了上海市社会工作培训中心，这是中国内地第一所由政府主办的专门以开展社会工作岗位培训并以"社会工作"命名的省级专业培训机构。

做个小结

从1996年到2005年，在短短的十年时间里，上海市的社会工作完成了从起步试点到规模化推开的发展过程，为中国内地社会工作实务的重新兴起奠定了制度和经验基础。

【问题研讨】

阅读下面的文字材料，思考后面的问题：

> 上海作为中国较早开展社会工作实践和着力推进社会工作人才发展的城市之一，其重要标志便是拥有一批成立较早、规模较大又相对富有影响力的社会工作实务机构。在长达十余年的时间里，这些作为社会工作发展载体的社会工作机构基本呈现出三种类型，并就整体发育而言，形成了从政府运作、社会运作到政社合作的生成路径。①

（1）政府运作是上海市社会服务机构最初的生成动力，你是如何理解乐群社会工作服务社的生长轨迹的？（2）上海市的社会服务机构呈现出三种类型的生成路径，你能否尝试着找出能够代表每一种生成路径的社会服务机构？

---

① 彭善民：《上海社会工作机构的生成轨迹与发展困境》，《社会科学》2010年第2期。

【继续探索】

上海市自强社会服务总社、上海市阳光社区青少年事务中心、上海市新航社区服务总站是覆盖上海全市范围的三家社会服务机构,请你自己搜集资料,分析这三家机构的生长轨迹。

【延伸阅读】

吴铎、陈良瑾、张昱:《中国社会工作二十年发展状况分析与前瞻》,载中国社会工作协会组编:《中国社会工作发展报告(1988—2008)》,社会科学文献出版社2009年版。

马伊里:《上海社会工作的实践探索》,《行政管理改革》2010年第3期。

彭善民:《上海社会工作机构的生成轨迹与发展困境》,《社会科学》2010年第2期。

延伸阅读

社会工作职业化的初步探索和规范

中国社会工作实务在上海起步之后,其他一些地区也陆续进行了社会工作实务的试点工作。随着社会工作实务的逐渐拓展,社会工作职业化也开启了初步探索的进程。

社会工作行业组织的成立

建立社会工作行业组织是社会工作恢复重建阶段的一项重大任务,也是推进社会工作职业化的必要条件。1991年7月,中国社会工作者协会(China Association of Social Workers,CASW)正式成立,1992年7月加入国际社会工作者联合会,成为正式会员。中国社会工作者协会是经过中国社会团体登记机关核准登记、国家民政部直属主管的全国性专业社会团体,是中国唯一代表从事社会工作的单位和社会工作专业人员的权威组织。

2001年2月,经民政部批准,中国社会福利协会、中国婚姻家庭研究会、中国城区发展促进会、中国乡镇发展协会等8个社会团体合并到中国社会工作者协会,组建中国社会工作协会。2015年1月,中国社会工作协会正式更名为中国社会工作联合会(China Federation of Social Work,CFSW)。更名后,中国社会工作联合会的定位是:政府的参谋助手、行业的发展推手和会员的桥梁纽带,充分发挥服务政府、服务行业、服务会员的职能和加强行业自律、规范行业行为,反映行业诉求、维护行业权益、促进行业发展作用。中国社会工作联合会目前下设19个工作(行业)委员会、9支专项基金、11个职能部门、3个直属单位。中国社会工作联合会第一任会长是崔乃夫(1991—1998年),第二任会长是马学理(1999—2000年),第三任会长是徐瑞新(2000—2014年),现任会长是宫蒲光。

中国社会工作联合会的业务范围包括:(1)开展行业调研,为政府决策服务。对社会工作事业发展中面临的热点、难点和重点问题进行调研,进行行业信息的收集、分析和研究,提出建设性意见,为政府制定和完善政策、法规提供依据,促进社会工作专业化、职业化发展。(2)推进行业合作,促进行业交流。发挥联合会跨部门、跨领域的综合协调作用,积极开拓和推动社会工作各领域的发展、合作与交流,为社会工作事业可持续性发展动员相关社会资源,促进社会工作行业整体、健康、有序发展。(3)抓好理论研究,总结先进经验。积极开展社会工作理论与实务研究,发现、总结、推广先进典型,打造社工文化,促进社会工作本土化建设。(4)促进人才培养,开展评估表彰。协助政府推动专业社会工作人才队伍建设,做好社会工作人才的专业培训、注册登记、管理服务、继续教育、就业指导等相关工作,依法开展行业评估和表彰工作，奖励先进，鼓励后进，激发行业活力。（5）加强行业自律，规范行业行为。开展行业诚信建设，推进行业的公开透明、自律公正，规范项目运作，维护行业秩序。（6）加强行业管理，推动行业发展。接受政府委托，承办有关社会工作行业标准的起草工作，搞好行业标准的执行和推广，促进社会工作行业组织、机构社会服务开展的制度化、规范化运作。（7）维护会员权益，反映会员诉求。加强社会工作界和相关领域的沟通，及时反映会员的合理诉求，争取政府有关方面的支持，提倡正确引导，促进公平竞争，维持队伍稳定，加强社会工作服务的持久性。（8）加强行业宣传，扩大行业影响。根据行业发展需要，积极组织相关宣传及展览、展示活动，充分发挥自办媒体和大众媒体的作用与影响，让社会认识社会工作，支持社会工作，不断提升社会工作的影响力。（9）加强国际合作，促进对外交流。促进国内社会工作组织与国际及港、澳、台社会工作界的交流与合作，及时研究吸收和推广世界先进社会工作理论和实务方法，推动中国社会工作事业走向世界。（10）承办政府部门委托办理的其他事项。

继中国社会工作者协会正式成立之后，一些地区也成立了社会工作行业组织。截至2017年年底，全国共成立750家社会工作行业协会。

社会工作职业化的初步探索

2000年，国务院办公厅转发民政部等部门《关于加快实现社会福利社会化的意见》，明确提出了"服务队伍专业化"的要求，指出"要逐步提高社会福利服务队伍的专业化水平，制定岗位专业标准和操作规范，实行职业资格和技术等级管理认证制度"。这个文件虽然没有明确提出要引入社会工作专业制度，但已经隐含了这方面的要求。

与此同时，民政部开始着手制定有关社会福利机构的行业标准和行业政策，并联合相关部门相继发布了《老年人社会福利机构基本规范》（2001年）、《残疾人社会福利机构基本规范》（2001年）、《儿童社会福利机构基本规范》（2001年）、《家庭寄养管理暂行办法》（2003年）、《关于加强流浪未成年人工作的意见》（2006年）、《关于加强孤儿救助工作的意见》（2006年）、《救助管理机构基本规范》（2006年）、《流浪未成年人救助保护机构基本规范》（2006年）等政策文件。这些政策文件都明确提出了要引入社会工作专业制度，聘用专业社会工作者，提供规范优质社会服务的要求。这些政策文件中有关社会工作者方面的要求，为社会工作职业制度建设提供了较好的政策支持。

为推进社会工作职业化制度的建设，2003年年初，民政部向各省（直辖市、自治区）民政厅（局）下发了《关于加强社会工作队伍建设的通知》，积极倡导有条件的省（自治区、直辖市）大胆开展社会工作职业化制度建设的试点工作。2005年，民政部委托专家学者对民政领域社会工作岗位设置的有关问题进行了深入调研，并在上海举行了中国社会工作职业化发展研讨会，就我国社会工作职业化的发展方向进行了深入研讨。这些活动推动了社会工作职业化的进程，为在全国范围内实现社会工作职业化积累了经验。

社会工作职业的确立

2004年6月，劳动和社会保障部发布了《关于印发第九批国家职业标准的通知》，印发了《社会工作者国家职业标准》，并首先在上海试点。《社会工作者国家职业标准》是在国家职业分类的基础上，根据社会工作这一职业活动的内容，对社会工作从业人员能力水平的规范性要求。

《社会工作者国家职业标准》遵循国家职业标准规程，对"社会工作者"进行了职业定义：遵循助人自助的价值理念，运用个案、小组、社区、行政等专业方法，以帮助机构和他人发挥自身潜力，协调社会关系，解决和预防社会问题，促进社会公正为职业的社会工作者。

《社会工作者国家职业标准》把社会工作职业划分为四个等级，分别为：社会工作者四级（国家职业资格四级）、社会工作者三级（国家职业资格三级）、社会工作者二级（国家职业资格二级）、社会工作者一级（国家职业资格一级）。这一标准体现了对社会工作职业专业性的强调，在申报条件中，从社会工作者四级到社会工作者一级，都需要获得国家承认的社会工作或相关专业大专以上学历（1959年以前出生的申报者可放宽至中专及同等学力）。它的颁布标志着社会工作职业的形成和社会工作者职业地位的确立。

做个小结

自从社会工作实务在中国内地重新兴起以后，社会工作职业化便成了摆在政府职能部门和社会工作从业人员面前的一项重要任务。民政部从制定有关社会福利机构的行业标准和行业政策入手，首先在民政领域社会工作岗位设置的问题上取得了突破，然后又推动《社会工作者国家职业标准》的出台，为社会工作职业的形成奠定了基础。

【问题研讨】

2003年年初，民政部发布的《关于加强社会工作队伍建设的通知》中有这样一段话：

> 对社会工作者职业资格进行认证，各地民政部门也很

关注，有些地方进行了调查研究，抓了试点，有的还起草了社会工作职业制度方面的地方法规。我部支持有条件的地方开展社会工作职业资格认证的调查研究和试点工作，希望开展试点工作的地方，及时向民政部报告，以便有计划地予以分类指导，民政部将委托中国社会工作协会直接参与试点工作。

对于这段话，我们可以将其理解为民政部和地方民政部门都在开展社会工作职业资格认证的调查研究。那么，（1）是不是可以认为社会工作职业化制度建设是在国家和地方两个层面上展开的？（2）"民政部将委托中国社会工作协会直接参与试点工作"，这说明了政府职能部门与社会工作行业组织是一种什么样的关系？

【继续探索】

阅读下面的材料：

作为同业组织，社会工作行业组织的角色定位一定要清晰，这就是服务功能，为一线社会工作者和社会服务机构提供服务。具体一点讲，主要包括三个方面：（1）规范行业发展，实现行业自律。可以借鉴港台地区的经验，做好行业自律工作。（2）扶持社会服务机构。社会工作行业组织可以利用自身优势，在政策咨询、资源链接、信息共享、技能培训、对外交流等方面予以社会服务机构扶持，但绝不是管理。（3）维护社会工作者的合法权益。随着社会工作实务的快速发展，社会工作者的合法权益如何得到有效保障，已经成为摆在理论界和实务界面前的一个大问题。社会工作行业组织应该在这方面有大作为，而且要作为一个主要事项来抓。①

思考这样几个问题：（1）规范行业发展，实现行业自律，是否可以被认为是社会工作职业化制度建设的一项内容？（2）如果前一个问题的答案是肯定的话，那么，我们如何理解社会工作的职业特征？（3）为什么要将维护社会工作者的合法权益也纳入社会工作行业组织的服务功能之内？

【延伸阅读】

吴铎、陈良瑾、张昱：《中国社会工作二十年发展状况分析与前瞻》，载中国社会工作协会组编：《中国社会工作发展报告（1988—2008）》，社会科学文献出版社2009年版。

赵学慧、孙钰林：《社会工作职业发展》，载王思斌、邹文开主编：《回顾 反思 展望：中国社会工作辉煌发展的十年（2006—2016）》，中国社会出版社2016年版。

孙莹：《中国专业社会工作重建历程的反思》，《中国社会工作》1998年第6期。

彭秀良：《我国社会工作行业组织的发展现状与未来走向》，《重庆工商大学学报（社会科学版）》2017年第4期。

二、社会工作实务的快速发展

社会工作顶层制度设计的进展

从2006年起，中国内地的社会工作进入了快速发展期，这是

---

① 彭秀良：《我国社会工作行业组织的发展现状与未来走向》，《重庆工商大学学报（社会科学版）》2017年第4期。

多种因素促成的。其中,起决定性作用的因素是社会工作顶层制度设计的推进。

将社会工作人才队伍建设写入中央文件

2006年10月11日,中共十六届六中全会通过了《中共中央关于构建社会主义和谐社会若干重大问题的决定》,其中提出"要建设宏大的社会工作人才队伍",这在前一章已经提到过。"社会工作"首次被写入了国家顶层制度设计的内容,成为社会建设的重点发展领域,具有划时代的意义,也成为中国社会工作发展中的标志性事件。因此,我们就将2006年视为中国内地社会工作进入快速发展期的起点。

此后,我国在国家层面加快了社会工作人才队伍方面的制度建设。这种制度建设不但来自于中央党政部门自上而下的政策设计和推动,也来自于地方政府的创新实践。在中央层次上,出台了多项重要的政策文件。2010年6月,中共中央、国务院印发了《国家中长期人才发展规划纲要(2010—2020年)》,明确提出"大力开发经济社会发展重点领域急需紧缺专门人才,统筹抓好党政人才、企业经营管理人才、专业技术人才、高技能人才、农村实用人才以及社会工作人才等人才队伍建设",第一次将社会工作人才纳入人才队伍建设的范围。不仅如此,这份文件还提出了具体的任务目标,"到2015年,社会工作人才总量达到200万人。到2020年,社会工作人才总量达到300万人"。

2011年11月8日,中央组织部、中央政法委、中央编办、民政部等18部委联合发布了《关于加强社会工作专业人才队伍的意见》。这是中央第一个关于社会工作专业人才队伍建设的专门文件,是全国社会工作专业人才队伍建设的指导性纲领。2012年4月26

日，中央组织部、中央政法委、民政部、人力资源和社会保障部等19部门和群团组织联合发布了《社会工作专业人才队伍建设中长期规划（2010—2020年）》，提出"到2015年，社会工作专业人才总量增加到50万人。到2020年，社会工作专业人才总量增加到145万人"。这些文件还从社会工作专业人才教育与培训制度、社会工作岗位管理体制、社会工作人才的评价激励机制等多个角度，对如何建设宏大的社会工作人才队伍，进一步推动社会工作制度建设，提出了具体办法和规范。

2012年，中央组织部、民政部等部委联合发布了《边远贫困地区、边疆民族地区和革命老区人才支持计划社会工作专业人才专项计划实施方案》（简称《"三区"社工人才专项计划方案》）。2013年3月13日，民政部下发《关于做好首批边远贫困地区、边疆民族地区和革命老区社会工作专业人才支持计划实施工作的通知》，指出："实施'边远贫困地区、边疆民族地区和革命老区社会工作专业人才支持计划'，是中央做出的重要决策部署，是支持边远贫困地区、边疆民族地区和革命老区社会工作事业发展的重要举措，对推动实现基本公共服务均等化目标、促进区域协调发展、全面建成小康社会具有十分重要的意义。"支持边远贫困地区、边疆民族地区和革命老区社会工作事业的发展，符合社会工作专业的本质要求。

将发展社会工作写入部分国家法律法规

《中华人民共和国反家庭暴力法》《社会救助暂行办法》等法律法规将社会工作服务明确列入法条，确立了社会工作的法定作用。2014年2月21日，国务院令第649号公布《社会救助暂行办法》，自2014年5月1日起施行。该办法第55条规定："县级以上地方人民政府应当发挥社会工作服务机构和社会工作者作用,为社会救助对象提供社会融入、能力提升、心理疏导等专业服务。"这是第一次将"社会工作"写入国家法律法规,对我国社会工作的发展具有里程碑意义,使社会工作在介入社会救助领域、服务社会救助对象方面获得了合法性空间,为社会工作向其他有需要对象的延伸开辟了立法起点,提供了立法示范。

2015年12月27日,第十二届全国人民代表大会常务委员会第十八次会议通过了《中华人民共和国反家庭暴力法》,自2016年3月1日起施行。该法第8条规定:"乡镇人民政府、街道办事处应当组织开展家庭暴力预防工作,居民委员会、村民委员会、社会工作服务机构应当予以配合协助。"第9条规定:"各级人民政府应当支持社会工作服务机构等社会组织开展心理健康咨询、家庭关系指导、家庭暴力预防知识教育等服务。"第14条规定:"学校、幼儿园、医疗机构、居民委员会、村民委员会、社会工作服务机构、救助管理机构、福利机构及其工作人员在工作中发现无民事行为能力人、限制民事行为能力人遭受或者疑似遭受家庭暴力的,应当及时向公安机关报案。"第35条规定:"学校、幼儿园、医疗机构、居民委员会、村民委员会、社会工作服务机构、救助管理机构、福利机构及其工作人员未依照本法第十四条规定向公安机关报案,造成严重后果的,由上级主管部门或者本单位对直接负责的主管人员和其他直接责任人员依法给予处分。"《中华人民共和国反家庭暴力法》对社会工作服务的规范是较为详细的,也具有很强的可操作性,为社会工作立法提供了一个比较良好的范本。

此外,还有一些部委联合出台行政法规或指导意见,规范社会工作实务的开展。2007年11月9日,共青团中央等5部门联合印发《关于开展青少年事务社会工作者试点工作的意见》；2008年1月29日，全国老龄办、民政部等10部委联合发布《关于全面推进居家养老服务工作的意见》；2015年5月4日，民政部、财政部发布《关于加快推进社会救助领域社会工作发展的意见》；2017年1月20日，国家禁毒办、中央综治办、公安部等12部门印发《关于加强禁毒社会工作者队伍建设的意见》，明确禁毒社会工作者的职责任务为提供戒毒康复服务、开展帮扶救助服务、参与禁毒宣传教育、协助开展有关禁毒管理事务，要求建立健全禁毒社会工作服务制度。

推进社会工作职业化制度建设

2006年7月20日，人事部、民政部联合发布了《社会工作职业水平评价暂行规定》和《助理社会工作师、社会工作师职业水平考试实施办法》，明确提出"国家建立社会工作者职业水平评价制度，纳入全国专业技术人员职业资格证书制度统一规划"。还指出："通过职业水平评价，取得社会工作者职业水平证书的人员，表明其已具备相应专业技术岗位工作的水平和能力。"社会工作者职业水平评价制度的建立是政府推动社会工作职业化发展的实际行动，保证了社会工作者的职业地位。2008年6月，全国首次社会工作者职业水平考试举行，13.3万名考生参加了考试，20086人取得助理社会工作师职业水平证书，4105人取得社会工作师职业水平证书。截至2017年，全国取得助理社会工作师和社会工作师证书的人员共有326574人。

2008年11月，人力资源和社会保障部、民政部联合发布了《关于民政事业单位岗位设置管理的指导意见》，明确提出"民政事业单位原则上以社会工作岗位为主体专业技术岗位"。这个文件不仅确定了大多数民政事业单位以提供社会工作专业服务为主要发展方向，而且明确了持证社会工作者的职级待遇，从而成为社会工作职业化制度建设的一个亮点。截至 2017 年，各地共开发了 312089 个社会工作专业岗位，设置了 36485 个社会工作服务站。

与社会工作职业化制度建设相匹配的，是社会工作标准的陆续出台。2011 年 6 月 16 日，民政部、全国标准化管理委员会印发《全国民政标准化"十二五"发展规划》，提出"在社会工作领域，重点研制社会工作分类与基本术语、社会工作从业人员能力素质标准、服务标准等方面标准"，为社会工作服务提供评价标准。2013 年 11 月，全国社会工作标准化委员会成立，这是我国第一个社会工作领域标准化技术委员会。截至 2016 年年初，共发布了 6 项行业标准：《儿童社会工作服务指南》（2014 年）、《社会工作服务项目绩效评估指南》（2014 年）、《老年社会工作服务指南》（2016 年）、《社区社会工作服务指南》（2016 年）、《社会工作方法·个案工作》（2017 年）、《社会工作方法·小组工作》（2017 年）。

建立和实施政府购买社会工作服务制度

政府购买社会工作服务的探索最早出现在 20 世纪 90 年代中期，上海市浦东新区罗山市民会馆是其源头。进入 21 世纪后，政府购买社会工作服务的做法先后在上海、深圳、广州、浙江、四川、辽宁等地推广，并出台了相关的制度措施。但这些探索都属于地方性的、局部的，尚不具有全国性的意义。

2012 年 11 月 14 日，《民政部 财政部关于政府购买社会工作服务的指导意见》提出了政府购买社会工作服务的指导思想、工作原则和主要目标，规范了政府购买社会工作服务的主体、对象、范围、程序与监督管理，并要求加强对政府购买社会工作服务的组织领导，建立健全政府购买社会工作服务制度。在此之后，各省（市、自治区）也相继出台了政府购买社会工作服务的实施办法。

2012年，中央财政安排2亿元专项资金，用于支持社会组织参与社会服务资助项目。这是中央政府首次通过建立公共财政资助机制，加强对社会服务机构的培育和扶持。政府购买社会工作服务制度的建立，使社会工作获得了政府在经费、岗位、宣传等方面的支持，同时也促进了社会服务机构之间的竞争，有效提升了社会工作服务的质量。

做个小结

当代中国社会工作发展的一个最显著特点，是在政府主导下推进社会工作职业化，因而顶层制度设计至关重要。社会工作的顶层制度设计在2006年开始发力，并在不断地调整和完善。但是，顶层制度设计与社会工作发展之间也存在着矛盾，主要体现在制度设计落后于社会工作实践。

【问题研讨】

《关于加强社会工作专业人才队伍建设的意见》给社会工作专业人才下了一个定义：

> 社会工作专业人才是具有一定社会工作专业知识和技能，在社会福利、社会救助、慈善事业、社区建设、婚姻家庭、精神卫生、残障康复、教育辅导、就业援助、职工帮扶、犯罪预防、禁毒戒毒、矫治帮教、人口计生、纠纷调解、应急处置等领域直接提供社会服务的专门人员。充分发挥他们在困难救助、矛盾调处、人文关怀、心理疏

导、行为矫治、关系调适等个性化、多样化服务方面的专业优势，对解决社会问题、应对社会风险、促进社会和谐、推动社会发展具有重要基础性作用。

这个定义实际上包含两层含义，（1）你能看出这两层含义是什么吗？（2）你能读懂这两层含义之间的关系吗？

【继续探索】

《关于政府购买社会工作服务的指导意见》对政府购买社会工作服务的范围和承接载体做出了明确规定：

> 按照"受益广泛、群众急需、服务专业"原则，重点围绕城市流动人口、农村留守人员、困难群体、特殊人群和受灾群众的个性化、多样化社会服务需求，组织开展政府购买社会工作服务。
>
> 采取财政资助、落实税收优惠政策、提供办公场所等方式支持处于起步阶段、具有发展潜力的民办社会工作服务机构发展。引导民办社会工作服务机构完善内部治理结构，健全规章制度，加强管理服务队伍建设，提升资源整合、项目管理和社会工作服务水平，增强承接政府购买社会工作服务的能力。

请仔细阅读上述规定，然后回答：（1）你是如何看待和细分政府购买社会工作服务所覆盖的这五类人群的？（2）政府购买社会工作服务的承接载体是民办社会工作服务机构，上述规定对民办社会工作服务机构的发展有什么样的意义？（3）政府购买社会工作服务制度的建立，能否有效地推动"小政府，大社会"目标的实现？

【延伸阅读】

李迎生、李冰：《社会工作政策发展的回顾与反思》，载王思斌、邹文开主编：《回顾 反思 展望：中国社会工作辉煌发展的十年（2006—2016）》，中国社会出版社 2016 年版。

叶士华、马贵侠：《顶层制度设计与本土社会工作发展：反思与前瞻》，《华东理工大学学报（社会科学版）》2013 年第 5 期。

王思斌：《我国社会工作制度建设分析》，《广东工业大学学报（社会科学版）》2013 年第 9 期。

地方性社会工作制度与实务的发展

社会工作开展得比较好的地区，大约分为三种类型，一是最早进行职业化的上海，二是最具职业化特色的深圳、广州，三是将社会工作推进到农村的江西省万载县。

深圳社会工作的发展

2006 年 12 月，民政部在深圳召开"全国民政系统社会工作人才队伍建设推进会"，成为深圳社会工作的起点。2007 年年初，深圳市南山区作为表率，面向全国高校招聘了百名社会工作专业人才；7 月，根据《民政部关于开展社会工作人才队伍建设试点工作的通知》，深圳市启动了社会工作试点，由政府出资购买首批 37 位社会工作者为市民提供服务；10 月 25 日，中共深圳市委、深圳市人民政府出台了《关于加强社会工作人才队伍建设推进社会工作发展的意见》等系列政策文件（简称"1+7 文件"），提出通过 3—5 年的努力，初步建立起有中国特色、深圳特点的社会工作制度体系，也因此催生出中国内地第一支专业化、职业化的社会工作人才队伍。

深圳社会工作制度设计的总体思路是，由社会力量主办社会服务机构，政府通过向社会服务机构购买服务的方式培育和支持社会工作组织的发展，即"政府推动、民间运作"，是为"深圳模式"。按照这一基本框架，深圳市采取一系列措施，完善相关制度和操作办法：（1）建立督导制度：学习和借鉴香港经验，引入香港督导，培养本土督导人才，建立督导制度。（2）设置社会工作岗位：一是按机构设置，对服务对象比较集中的机构统一设置社会工作岗位，如"一学校一社工""一医院一社工""一社区一社工"等；二是按服务对象设置，对分散的特定人群按比例设置社会工作岗位，如吸毒人员为 70∶1，社会矫正人员为 70∶1，问题青少年为 70∶1，婚姻家庭为 5000∶1，劳务工 10000∶1，低保对象 200∶1，老人 500∶1，普通残疾 200∶1，重度残疾 50∶1 等。（3）购买服务：政府购买社会工作岗位或者购买服务项目。（4）培育和发展社会组织：中共深圳市委、市政府印发《关于进一步发展和规范我市社会组织的意见》，为发展社会工作培育载体。（5）整合资源：整合政府福利政策资源、民间资源、社会工作人才资源和志愿者资源，形成发展社会工作的合力。

从 2007 年到 2010 年，深圳社会工作发展处于政府购买社会工作岗位为主要特征的阶段。但是，经过几年的探索发现，单纯在政府机关、事业单位和社会福利机构内设置社会工作岗位的模式，无法满足基层社区层面的服务需求。从 2011 年开始，深圳社会工作的发展策略转向以社区服务中心为主的项目发展阶段。同年 6 月，深圳市民政局印发了《深圳市社区服务中心设置运营标准（试行）》，详细规定了社区服务中心提供社区服务的软硬件要求、服务内容建议和具体标准。截至 2015 年年底，深圳市已经完成了 668 家社区服务中心的建设，基本达到了《深圳市社会工作"十二五"发展规划》设定的目标。

广州社会工作的发展

广州以其毗邻香港的区位优势，借鉴和学习香港经验推动社会工作的发展。1997 年，广州市荔湾区逢源街道办事处与香港国际社会服务社合作，成立穗港及海外婚姻家庭辅导服务中心，为分隔家庭提供专业服务，同时协助内地拓展社会工作专业；后来，又成立了穗港青少年服务中心、穗港综合家庭服务中心，服务对象从家庭衍生为包括长者、青少年、外来人员等。

从 2007 年开始，广州市正式开始了社会工作人才队伍建设试点工作。2010 年，广州市民政局牵头制定了《关于加快推进社会工作及其人才队伍发展的意见》《广州市社会工作专业岗位设置及社会工作专业人员薪酬待遇实施办法（试行）》等政策文件（简称"1+5 文件"），对广州社会工作的发展起到了很好的规范和指导作用。经过十年的探索和实践，逐渐形成了社会工作发展的"广州模式"。这个模式有两个显著特征，一是政府、高校和社会组织之间的合作伙伴关系，二是在街道层次普遍建立家庭综合服务中心，而后者被认为是广州社会工作发展的最显著特征。

2011 年 9 月，中共广州市委办公厅、广州市人民政府办公厅印发了《关于加快街道家庭综合服务中心建设的实施办法》，要求全市每个街道至少建成 1 个家庭综合服务中心，家庭综合服务中心采取"政府出资购买、社会组织承办、全程跟踪评估"的方式为社区居民提供社会服务。具体做法是：每个家庭综合服务中心每年的服务经费为 200 万元，办公场地由街道无偿提供，配备 20 名工作人员，其中社会工作者不少于 12 人。截至 2014 年年底，全市共有172 个家庭综合服务中心（其中街镇 156 个、社区 16 个），服务内容涵盖家庭服务、长者服务、青少年服务、残障康复、社区矫正等多个领域。

江西省万载县农村社会工作的发展

万载县位于江西省西北部，全县总面积1719.63平方千米，其中城区面积约8平方千米，下辖16个乡镇、1个街道、16个居委会、181个村民委员会、3373个村民小组。全县有近49万人，农业人口38.1万人，外出务工人员5万余人，农民年人均纯收入为3500多元。由于地域、经济和社会发展因素的制约，万载县农村不同程度地存在着"三留"（留守儿童、留守老人、留守妇女）、"三化"（农户兼业化、村庄空心化、人口老龄化）、"三缺"（生产缺人手、致富缺技术、创业缺资金）、"三差"（环境卫生差、精神生活差、文体设施差）和"三多"（贫困人口较多、矛盾纠纷较多、赌博活动较多）等现实问题，这些社会问题的存在对万载县发展社会工作提出了客观的要求。

2007年，万载县被民政部确定为首批全国社会工作人才队伍建设试点县，自此开始了社会工作的探索进程。同年7月，中共万载县委、万载县人民政府颁布了《万载县开展社会工作人才队伍建设试点工作的实施方案》，依靠行政力量确定试点单位并设置社会工作的基本框架。具体做法是在县一级设立社会工作协会，乡镇（街道）设立社会工作服务中心，村（居）委会设立社会工作服务站并设置了专门的社会工作岗位。主要服务项目为矛盾纠纷调解、文体活动指导、困难救助、权益维护、心理辅导、环境卫生服务等。

经过几年的探索实践，形成了农村社会工作发展的"万载模式"，其主要特征是"党政主导、政策扶持、社工引领、农民参与、法治保障、和谐共建"。从总体情况来看，万载县对农村社会工作的探索是成功的,发展路径也是清晰的,但也存在着一定的缺陷。

做个小结

除上海以外,中国内地各个地方的社会工作实务起步都很晚,即便是深圳、广州、北京等社会工作较为发达的城市,也不过十年的时间。中国是社会工作后发展国家,后发展国家有其先天不足的劣势,但更有其"后发快生"的优势。深圳、广州、万载等地基于现有制度架构,借鉴国外和我国港台地区的相关经验,融合本土元素探索出了典型的发展模式,为其他地区社会工作的发展起到了示范作用。

【问题研讨】

随着各地社会工作的迅速发展,有学者总结出了我国内地社会工作发展的不同模式,较为成熟的是"上海模式""深圳模式""广州模式"和"万载模式"。其实,前三种都属于城市社会工作的范畴,最后一种则是农村社会工作的代表。请你自己动手搜集资料,思考如下问题:(1)对于城市社会工作来说,"上海模式""深圳模式"和"广州模式"各有何不同?(2)农村社会工作领域只产生了一个"万载模式",是不是说明我国内地农村社会工作发展的滞后?

【继续探索】

请在你的家乡或就读学校所在的城市,认真调查该地社会工作的发展历史,形成一篇有分量的调查报告(调查方式包括实地走访、文献检索、网络问询,等等)。

【延伸阅读】

李培林、王春光主编:《当代中国社会工作总论》,第二章,社会科学文献出版社 2014 年版。

徐道稳、吴凤彬：《深圳社会工作发展报告》，载王思斌、邹文开主编：《回顾 反思 展望：中国社会工作辉煌发展的十年（2006—2016）》，中国社会出版社 2016 年版。

刘静林：《广州市社会工作发展十年》，载王思斌、邹文开主编：《回顾 反思 展望：中国社会工作辉煌发展的十年（2006—2016）》，中国社会出版社 2016 年版。

刘润华：《以制度创新推进社会工作——深圳社会工作探索》，《中国民政》2008 年第 12 期。

童远忠：《广深社会工作模式及其优化路径探讨》，《社会工作与管理》2014 年第 3 期。

陈晓平：《新农村建设中的社会工作创新——以江西"万载模式"为例》，《江西社会科学》2014 年第 6 期。

胡杰成：《社会组织承接政府购买社会服务的实践探索——广州市"家庭综合服务中心"调查报告》，《社会建设》2016 年第 2 期。

灾害社会工作的兴起

中国的灾害社会工作兴起于 2008 年"5·12"汶川特大地震发生以后，社会工作者以一种全新的社会角色投身其中，不仅开辟了中国内地社会工作的一个全新领域，同时也扩大了社会工作的社会影响力和社会认可度。

"5·12"汶川地震后的社会工作介入

2008 年 5 月 12 日 14 时 28 分 04 秒，四川省汶川县发生里氏 8.0 级地震。地震严重破坏地区超过 10 万平方千米，其中，极重灾区共 10 个县（市），较重灾区共 41 个县（市），一般灾区共 186 个县（市）。截至 2008 年 9 月 18 日 12 时，"5·12"汶川特大地震共造成 69227 人死亡，374643 人受伤，17923 人失踪，是中华人民共和国成立以来破坏力最大的地震，也是唐山大地震后伤亡最严重的一次地震。

地震发生后，民政部、社会工作教育界与实务界都积极行动起来，第一次以专业服务的整体姿态进行动员并很快投入到抗震救灾中，展示了社会工作的专业力量和专业形象。据不完全统计，先后有 300 多家机构的 5000 多名社会工作者参与了社会工作专业服务。

对于"5·12"汶川地震后的社会工作介入，我们可以从这样几个维度去认识和总结：从时间维度看，社会工作服务贯穿了汶川特大地震紧急救援、临时安置和恢复重建各个阶段；从服务对象看，涵盖了灾区儿童、青少年、妇女、残疾人、老年人以及普通受灾群众和基层干部等各类人群；从介入领域看，主要体现在医务社会工作、家庭社会工作、学校社会工作、社区社会工作和社会救助社会工作等领域；从服务内容看，涵盖了经济性项目、康复性项目、社会/心理性项目、社区整合项目等类别，包括了物质资源协调、职业生计帮扶、心理情绪疏导、社会关系重建、志愿服务管理、信息平台建设等多个方面；从服务方法看，整合运用了个案工作、小组工作、社区工作、社会工作行政、社会工作研究等多种方法；从服务载体看，主要有政府主导的"对口援建"模式、社会组织合作自主介入、本地的以政府主导联合其他社会团体组织成立的社会工作服务站点转化为"民办非企业组织形式"主导的社会工作站点、境内外资金独立运作的项目等类型；从社会功能看，发挥了政策传递者、资源协调者、服务提供者、心理抚慰者、活动引领者、骨干培育者的专业功能；从社会作用看，起到了解决社会问题、修复社会关系、提升谋生能力、增强生活信心、化解潜在冲突、增强社会融合、维护灾区稳定等作用。

汶川地震后的社会工作介入，不仅提升了我国灾害社会工作的理论和实务水平，而且为地震灾区培养了一批社会工作专业人才队伍，并推动了与灾害社会工作相关的制度建设。2009年1月，都江堰市社会工作协会正式成立，这是全国所有县级市中首个社会工作协会，都江堰市民政局也设立了社会工作科；同年12月，汶川县大同社会工作站成立，成为汶川县首家民办社会服务机构。

在国家层面，2009年10月19日，民政部发布了《关于加强救灾应急体系建设的指导意见》，明确提出"培育和发展救灾应急志愿者队伍，鼓励和吸纳社会工作者参与救灾应急工作，探索建立社会工作者引领志愿者开展减灾救灾服务的联动机制"。2011年6月6日，国家减灾委员会印发了《国家防灾减灾人才发展中长期规划（2010—2020年）》，提出"大力推动防灾减灾社会工作人才队伍和社区志愿者队伍建设，通过制定相关政策鼓励和支持防灾减灾社会工作人才和志愿者积极参与防灾减灾工作"。这些文件为我国灾害社会工作的制度建设奠定了初步基础。

云南鲁甸地震后的社会工作介入

2014年8月3日16时30分，在云南省鲁甸县发生里氏6.5级地震。截至2014年8月8日15时，地震共造成617人死亡，112人失踪，3143人受伤，22.97万人被紧急转移安置。

在灾区群众得到紧急救援和初步安置后，民政部于2014年9月5日正式启动了"鲁甸地震灾区社会工作服务支援计划"，由北京市民政局、上海市民政局、广东省民政厅、四川省民政厅和中国社会工作协会分别组建了5支社会工作服务队和1个社会工作督导培训组，赶赴鲁甸地震灾区的集中安置点和板房学校，为灾区群众提供为期3个多月的社会工作专业服务。这次鲁甸地震灾区社会工作服务是民政部作为社会工作业务主管部门，首次有组织、有计划地实施灾害社会工作服务支援计划，也是首次在国家层面统筹组建社会工作支援团、探索服务类支援在国家救灾体系中作用发挥的一次创制革新。

这些跨省支援的社会工作服务队与云南省当地的社会组织和社会工作者合作，在鲁甸县和巧家县受灾群众最为集中的5个临时安置点和板房学校，重点为丧亲家庭、老年人、青少年儿童、残疾人、因灾致贫人群提供心理抚慰、生命教育、关系修复、互助网络建设、社区建设和生计发展等方面的服务。社会工作在满足灾区需求、抚慰灾民情绪、链接社会资源、引领志愿力量、化解灾区心理社会问题、再造灾区社会支持网络、提升灾区恢复重建能力等方面发挥了重要作用。

2015年5月6日，民政部发布新版《救灾应急工作规程》，明确要求在国家Ⅰ、Ⅱ、Ⅲ级救灾应急响应启动后，"引导专业社会工作组织、慈善组织及社会工作者、志愿者等人员参与应急救灾和受灾人员生活救助、心理疏导、情绪抚慰等工作"。这一规定将社会工作在灾害救助工作中的具体职责落到了实处。

做个小结

我国是世界上自然灾害多发国家之一，地质灾害和气象灾害发生频率较高，因而救灾减灾任务繁重。社会工作以其特有的专业性，在救灾应急工作和灾后重建工作中发挥着独特的作用，从"5·12"汶川地震到鲁甸地震，社会工作介入越来越有政策和制度上的支持，同时也积累起了比较丰富的实务经验。但是，灾害社会工作的本土化程度依然很低，需要继续努力。

【问题研讨】

请仔细阅读下面的表9-1①，然后思考后面的问题。

表9-1 部分到灾区服务的社会工作机构一览表

号	机构名称与服务时间	主要服务内容和服务地点	工作人员数	经费（万）
1	中国社会工作协会（2008.5至今）	专业社工服务（汶川县水墨镇、都江堰、绵阳）	10人	1200
2	中国社会工作教育协会（2008.9—2010.12）	抗震希望学校社工服务行动（德阳、广元十所学校）	21人	600
3	上海—华东理工服务队（2008.7—2009.1）	通过整合社会资源，重建支持网络等手段，重建社会关系（都江堰市勤俭人家安置点）	—	
4	上海—复旦大学服务队（2008.7—2009.1）	针对青少年和普通居民开展重建项目（都江堰市祥园安置点）	—	
5	上海—上海师大服务队（2008.7—2009.1）	以青少年朋辈辅导为基本理念，开展社工服务（幸福镇滨河小区安置点）	—	
6	上海—浦东社工服务队（2008.7—2009.1）	以安置社区青少年和妇女为介入点开展社区项目活动（都江堰市幸福镇翔凤桥安置点）	—	

---

① 边慧敏、林胜冰、邓湘树：《灾害社会工作：现状、问题与对策——基于汶川地震灾区社会工作服务开展情况的调查》，《中国行政管理》2011年第12期。

续表

号	机构名称与服务时间	主要服务内容和服务地点	工作人员数	经费（万）
7	香港浸会大学、西南财大北川工作站（2009.4至今）	通过个案辅导、小组工作、社区工作等专业方法提供服务（北川县曲山镇任家坪村和邓家片区）	2人	110
8	广元利州区希望社工服务中心（2008.5至今）	学校社会工作（广元和德阳）	10人	40
9	台湾川盟绵竹社工（2008年年底）	学校社会工作、儿童社会工作（绵竹市剑南社区）	—	
10	安县红十字社工服务中心（2008.10至今）	综合社区社会工作（安县秀水镇）	7人	100
11	湘川情社会工作服务队（2008.5.14至今）	社会工作与心理援助（理县）	24人	800
12	香港理工大学水磨中学社工站（2009.2—2012）	中学生生命教育、亲子互访、教师置换、教师精神卫生健康小记者、暑期课业辅导等（汶川水磨镇）	2专职1兼职	60
13	香港理工大学清平乡社会工作站（2009.2）	提供轻钢生态房、文化传承、促进青少年发展及技能提升、生计恢复、社区就业支持等（武都板房区）	4专职4兼职	1100
14	香港理工大学汉旺学校社工站（2009.2—2011.2）	学生伤残康复，学校重建（汉旺）	4人	21
15	中大—理大映秀社工站（2008.6—2011.8）	心理支持与生计（汶川县映秀镇）	3专职4兼职	300

续表

号	机构名称与服务时间	主要服务内容和服务地点	工作人员数	经费（万）
16	广东—汶川大同社工服务中心（2009.11至今）	服务孤儿、孤老等弱势群体，为民众、干部、援建工作者舒缓心理压力，提供培训（汶川县13乡镇）	13人	400
17	无国界社工（2008.8至今）	老人服务、义工培训、妇女服务、妇女羌绣培训、残障人士康复服务等（北川擂鼓镇）	6人	—
18	绵竹青红社工服务站（2008.12—2009.11）	残疾人生计发展（武都板房区）	2专职 3兼职	30万
19	都江堰上善社工服务中心（2009.10至今）	派驻社工专业人员，提供专业咨询、培训、督导服务等（都江堰市）	13人	—
20	都江堰华循社工服务中心（2008.6至今）	安置板房区、提供专业社会工作服务（都江堰）	2专职 13兼职	100
21	广州启创水磨小学社工站（2008.6至今）	学校社会工作（水墨镇）	5人	已投200
22	广州启创陈家坝社工站（2009.12至今）	学校社会工作（北川县陈家坝乡）	4人	160
23	广州启创绵阳市剑门路小学社工站（2011.1至今）	学校社会工作（绵阳市剑门路）	4人	55
24	港大北师大—剑南社会工作站（2008.12—2011）	综合社区服务（剑南板房区）	8专职 2兼职	150
25	成都青羊区社会工作研究中心（2008.5—2009.5）	救援安置、组织志愿者有序服务、援建板房、修复古物（成都西体路爱心家园安置点和崇州街子镇）	7专职 15兼职	财政资金

续表

号	机构名称与服务时间	主要服务内容和服务地点	工作人员数	经费（万）
26	心家园社工（2008.5至今）	儿童、青少年、老年人服务，心理干预服务（彭州）	6专职 20兼职	66
27	香港土房子（2008.6至今）	个案心理辅导、残疾人个案工作、青少年成长、义演活动（绵竹、什邡、彭州）	5专职 2兼职	150
28	关爱社工联盟（2008.5至今）	学生心理辅导、儿童青少年夏令营、助学、助养、伤残康复等（武都板房区）	20专职 20兼职	20

（1）通过阅读表9-1，你觉得汶川地震灾区社会工作有哪些特点？（2）自己搜集资料，看一看哪些社会服务机构是当地"生长"起来的？

【继续探索】

在汶川地震灾区重建过程中，中山大学—香港理工大学映秀社会工作站2009年选择金坡村作为帮助对象，帮助灾区民众实现可持续生计。金坡村地处深山，交通不便，整个村子处于一种半封闭状态，村民基本沿袭着传统的农业耕作模式。全村共有926人，但外出打工者只有56人。村里的经济作物主要是莲花白、辣椒和萝卜等蔬菜作物，但销售渠道大多由经销商控制，农民出售农产品获得的收益十分微薄。

中山大学—香港理工大学映秀社会工作站针对金坡村的实际情况，在发动村民开展生态种植的同时，又在成都市某小区开展了城乡互助活动，让村里的特色农产品直接销售到城市居民手中，避免经销商的中间盘剥。

请你根据这个案例分析一下灾害社会工作与农村社会工作的相互关系。

【延伸阅读】

张和清等：《灾害社会工作——中国的实践与反思》，第一、二、三章，社会科学文献出版社 2011 年版。

柳拯：《社会工作介入灾后恢复重建的成效与问题——以"5·12"汶川特大地震为例》，《中国减灾》2010 年第 13 期。

谭祖雪、周炎炎、邓拥军：《我国灾害社会工作的发展现状、问题及对策研究——以"5·12"汶川地震为例》，《重庆工商大学学报（社会科学版）》2011 年第 6 期。

文军、吴越菲：《灾害社会工作的实践及反思——以云南鲁甸地震灾区社工整合服务为例》，《中国社会科学》2015 年第 9 期。

第十章　台湾地区社会工作的发展

本章要叙述的是我国台湾地区社会工作的发展历程。由于历史的原因，台湾地区社会工作的发展与民国时期的社会工作有着明显的承继关系，但台湾地区的社会工作有着自己清晰而独特的发展脉络，经历了从非专业到专业建制化的过程。

一、台湾社会工作的非专业时期

台湾社会工作的两个源头

台湾社会工作的源头可以追溯到"日据"时期的"社会事业"和国民党政府在大陆时期的社会工作。

日据时期的"社会事业"

台湾的"日据"时期是指从1895年至1945年之间台湾被日本帝国主义殖民统治的时期，又称为日本殖民统治时期。1894年中日两国因朝鲜问题爆发的甲午中日战争，以清政府失败被迫签订丧权辱国的《马关条约》而结束。《马关条约》的主要内容为清政府割让辽东半岛、台湾岛及其附属各岛屿、澎湖列岛给日本,赔偿日本军费2亿两白银。辽东半岛的割让后因三国干涉,未能得逞,但台湾岛及其附属各岛屿、澎湖列岛于1895年6月2日割让给日本。因为日本是以武力攻占的方式而得到台湾岛和澎湖列岛的,所以我们称之为"占据",并且不承认这种占据行为具有合法性。

日本占据台湾之初,清政府在台湾遗留下来的救济机构被重组或扩充,当时至少有16个清政府的社会救济机构存在于台湾。1921年,日式"社会事业"作为同化政策的一部分进入台湾,并于1928年成立了台湾社会事业协会,发行《社会事业之友》杂志。在20世纪20年代末,台湾共有穷人救济所52个、医疗救济所46个、儿童保护单位27个、职业介绍所3家、出狱教化组织8个、邻保事业6处、公共住宅12处、公共当铺15家、职业辅导所5个,总计174个单位。尽管日本侵略者有改善台湾人民生活的部分愿望,但他们推行"社会事业"的终极目的还是为了同化台湾人民,这一点必须认识清楚。

1943年12月1日,中、美、英三国首脑签署了《开罗宣言》,明确规定台湾和澎湖列岛归还中国;1945年7月26日,中、美、英三国签署的促使日本无条件投降的《波茨坦公告》中又重申了这一规定。1945年10月25日,中国战区台湾省受降典礼在台北市中山堂举行,台湾重新回到了祖国的怀抱。对于日据时期的"社会事业",国民政府首先予以全面整顿,其次代之以"三民主义"的"社会工作",主要是民众组训和社会救济。民众组训即对民众的组织和训练工作,目的是加强对民众的管理;社会救济则包括对贫困、失业、灾荒等人员的救济工作。

国民党政府在大陆时期的社会工作

台湾社会工作的这个源头,实际上是本书第一章至第四章叙述的内容，只不过这里要考察国民党当局退居台湾后的承继性问题。所谓承继性问题，一是指台湾地方当局在多大程度上继承了国民政府在大陆时期社会工作领域制定的政策与法规，二是指有多少学有成就的社会工作学者在1949年以后去了台湾。

对于第一个方面，以后再去讨论。至于有多少社会工作学者在1949年以后去了台湾是很容易估计出来的，尽管不会十分准确。随着政权鼎革，直接去了台湾的有王克、刘良绍、邹玉阶、叶楚生、李鸿音、吴景康、缪宝康、丁碧云、任佩玉、钮长耀、熊芷等等；张洪钧、吴榆珍夫妇先是去联合国工作，1963年才来到台湾。从政策、法规的承继上和人员谱系上分析，国民党政府在大陆时期的社会工作才是台湾社会工作的主要源头。

做个小结

台湾社会工作有两个源头，这是台湾社会工作学界的基本观点。但是，这两个源头并不是有着同等重要的地位，日据时期的"社会事业"是被整顿的对象，只有国民党政府在大陆时期的社会工作才是台湾社会工作的主要源头。

【问题研讨】

1947年6月1日，台湾省政府社会处成立，加快了彻底根除日本人遗留下来的"社会事业"的进程。第二年，古善愚撰文总结一年来社会处的工作成绩时写道：

> 过去台湾社会久受皇民化运动的熏陶，日人的社会政策无非宣扬皇恩皇典，其社会工作系秉承日皇意旨、宣导皇恩皇权、灌输皇民思想，加强统治力量，对于真正的民意与福利，鲜少顾及。此种社会工作的特质，显系配合日人的殖民政策而成的变相的政治工具。际此世界民主潮流

中，势必不容存在。故光复以来，铲除过去社会遗毒，宣扬三民主义的国策，建立自由民主的中国新社会，确定社政机构推进社会工作，在台湾实为当前急务。

仔细阅读上面这段话，思考如下问题：（1）研究日据时期台湾的社会工作学者都肯定当时台湾的社会福利发展远优于中国大陆，为什么台湾光复以后还要彻底根除日据时期的"社会事业"呢？（2）自《马关条约》签订后，日本占据台湾长达50年之久，是不是会有不少台湾居民认同日本人的"社会事业"呢？我们应该如何看待这个问题？

【继续探索】

在本书第一章开篇就讨论了民国时期社会工作的不同名称，其中"社会事业"是使用得比较广泛的一个。请你在查阅资料的基础上，认真思考一下，为什么在讨论台湾日据时期的社会工作状况时，要给"社会事业"一词加上引号？

【延伸阅读】

林万亿：《当代社会工作：理论与方法》，第四章第一节，五南图书出版股份有限公司（台湾）2013年版。

寇浩宁：《简论台湾社会工作专业化历程》，《台湾研究集刊》2012年第2期。

战后初期台湾的社会工作

战后初期是指1945年至1970年这个时间段，被认为是台湾社会工作的非专业时期，台湾著名社会工作学者林万亿将其概括为"社会工作党政化"时期。

社会工作的党政化

1949年，国民党当局退居台湾后，宣扬要将台湾建成"反攻复国"的基地，并通过颁布"戒严令"，施以严厉的政治军事高压，建立了长期一党独裁的威权主义体制。台湾的社会工作初期也服务于所谓"反攻复国"的政治目标，成为一种"革命工作"，被纳入党政体系的严密掌控之中。按照当时国民党的定义，凡是本着党的社会政策而推动的工作，即是社会工作。这种社会工作的内容可谓包罗万象：从农民工作、劳工工作、教育工作到社会调查、都市发展、社会风气等无所不管。概括而言，其工作重点在于建立社会组织，加强对民众的管理训练，宣传"三民主义"，加强舆论控制等。社会工作的推动实施部门，在国民党党内是"中央社会工作委员会"，在政府内则是各级社会部（处）（后为内政主管部门）及相关部门。可以说，这段时期的台湾社会工作虽有社会工作之名，但无社会工作专业之实。于是，台湾有学者将其称为"党政化社会工作"。这种社会工作党政化的观点一直到20世纪70年代初仍然继续存在。

这一时期，台湾的社会政策首先强调经济发展、军事及科学技术的发展，社会福利成为施政的次要考量。但是，也制定了一些有关人民权益及社会福利方面的政策与规定。例如，1965年制定的"民生主义现阶段社会政策"，实施平均地权所征收的地价税，设立了社会福利基金，专供办理本项政策所列出的社会保险、国民就业、社会救助、住宅、社会福利服务、社会教育和社区发展等七大项社会福利措施。1968年，台湾内政主管部门拟定《社区发展工作纲要》，并由台湾省社会处公布《台湾社区发展八年计划》，社区发展工作才开始积极运作，社会工作专业制度开始落地。

在社会工作实务领域，早在 1950 年，台湾基督教儿童福利基金会（CCF，1985 年改称台湾儿童暨家庭扶助基金会，简称 TFCF）延续自 1938 年在中国大陆儿童照顾的经验，以民间团体的力量成立了第一所家庭式育幼院——光音育幼院，推动贫困失亲儿童的收容照顾工作，采取社会工作员制度，成为台湾社会工作专业制度的滥觞。20 世纪 50—70 年代，台湾的社会工作大部分是西方宗教或慈善团体通过民间社会组织，以先进国家所发展出来的社会工作方法，提供社会救助、家庭服务、儿童服务等为主的服务工作。

依附在社会学系下的社会工作教育

台湾的社会工作教育起始于 1950 年 9 月台湾省立行政专校设立的社会行政科。该专校的设立以训练社会行政机构所需的行政人员为主，课程涵盖了一些社会工作的基本课程。1955 年，该专校与大直行政专修班合并成立省立法商学院，社会行政科改为社会学系。1961 年 7 月，省立法商学院又与台中省立农学院合并为省立中兴大学，仍称社会学系，以培养社会行政人才为主。

在这一阶段，台湾的社会工作教育基本是依附在社会学系之下，甚至被认为是"应用社会学"。除中兴大学外，当时还有台湾大学、东海大学、师范学院、辅仁大学、政治大学、东吴大学等大学设立了社会学系，开设有数门社会工作选修课程，但是仅靠"社会福利与行政""社会事业与行政"等课程并不能培养出专业的社会工作者。1963 年，台湾私立文化学院夜间部开设了社会工作学系，这可以说是台湾最早的社会工作学系。

1963 年，张洪钧、吴榆珍夫妇结束联合国的工作，来到台湾。张洪钧在中国社会学社等 4 个学会联合欢迎会上发表了题为《谈社区发展》的演讲，自此，社会工作传统中的社区组织以社区发展的面貌在台湾受到重视。1970 年,台湾"社区发展研究训练中心"接受联合国粮农组织的支持而成立,并派 15 位学生赴美国、荷兰、英国等国受训,又出版《社区发展》期刊,社区发展成为社会工作方法的显学。这样一来,又影响到了台湾各大学的社会工作类课程设置,社区发展与个案工作、社会行政、儿童福利等成为主要课程。

做个小结

台湾战后初期的社会工作带有党政化特点,是为政治服务的,对于人民的社会福利改善关注严重不够,但也为社会工作的后续发展打下了一定的基础。同时,台湾的社会工作教育依附在社会学系之下,被等同于社会行政,反映出当时的社会需求状况。因此,这一阶段的台湾社会工作教育就被称为萌芽阶段。

【问题研讨】

1968 年,《台湾社区发展八年计划》(1972 年改为"十年计划")公布,开始将全台湾 6215 个村依其自然形态划分为 4893 个社区,其工作内容包括三大建设项目:(1)完成基础工程建设,以消灭脏乱,美化环境;(2)实施生产福利建设,以消灭贫穷,改善民生;(3)推行精神伦理建设,以端正风气,重建道德。

请思考:(1)从三大建设项目的内容分析,社区的福利输送是否能够到位,亦即是否能够使受照顾者得到应有的福利服务?接着来分析:(2)台湾的社区发展计划与社会工作的本质要求有多大的差距?

【继续探索】

20 世纪 90 年代,台湾的社区营造运动开始兴起,至今已发展成为一个由下而上、浩大绵久的家园再造工程。通过收集相关资料，比较一下社区营造与社区发展的不同。

【延伸阅读】

林万亿：《当代社会工作：理论与方法》，第四章第二节，五南图书出版股份有限公司（台湾）2013年版。

詹火生主编：《台湾社会工作》，第十章第一节，中国社会出版社2014年版。

李伦：《台湾社会工作教育初探》，《社会福利（理论版）》2014年第3期。

二、台湾社会工作的专业化进程

社会工作专业化的启动

社会工作专业化的标志之一，就是社会工作专业人才的引进与使用。政府约聘社会工作员实验，拉开了台湾地区社会工作专业化的序幕，尔后又有社会工作分组教学的尝试，标示着社会工作专业化的进程启动。

台湾当局约聘社会工作员实验

1965年，国民党当局出台了"民生主义现阶段社会政策"，宣称"依据民生主义，促进经济与社会之均衡发展"，"经济情况日趋繁荣，社会福利措施，亟待加强，爰以建立社会安全制度，增进人民生活为目标，以采取社区发展方式，促进民生建设为重点"。这一政策在有关社区发展的条文中明确规定"设置社区服务中心，由社区居民推荐热心公益人士组成理事会，并雇用曾受专业训练之社会工作员，负责推进各项工作"。这里的"受专业训练之社会工作员"不同于前述的党政化社会工作人员，由此，该政策的颁布就被看成是台湾社会工作专业化起步的标志。但是,雷声大、雨点小,这一政策在很长时间内并没有落到实处。

1967年,台湾行政主管部门提出建立"社会工作员制度",规定每一救济院每200名院民应设置1名社会工作员,每500户贫困户应设置1名社会工作员,然而直到1971年才付诸实施。

1971年,台湾行政主管部门终于核定省、市政府聘用社会工作员名额。随之,台湾省政府制订"台湾省各省辖市设置社会工作员实验计划"。1973年,开始在基隆、台中、台南、高雄4省辖市试办,设置社会工作员10名,管理工10名,负责办理平价住宅公共卫生、设备维护、急难救助等工作。然而,试办两年后,省政府对其进行评估认为"绩效不彰",顿生停办之议,刚刚起步的社会工作员制度面临夭折的命运。事有凑巧,1971年,台湾当局退出联合国,原由联合国儿童基金会赞助的"台湾省儿童福利工作员研习中心"经费被中止,1974年,台湾省政府将研习中心的10名专业社会工作者抽调至台中县大里乡,配合当时正在推行的"小康计划",开展低收入户脱贫工作。因为这批社会工作员有完整的专业训练背景和丰富的实务经验,因此这次的工作成绩突出,受到了当局的肯定。于是,面临夭折的社会工作员实验计划转危为安,获准继续推行。

1975年开始,台湾省政府陆续将社会工作员实验计划铺展到省内各县市,至1979年,社会工作员足迹已遍布全岛。然而"社会工作员制度"却一直没有得到当局认可,仍只能以"实验"为名开展,实验期限也一再延长。1978年,台北市政府首先在其社会局内增设社会工作室,负责管理社会工作员业务。这是台湾当局在体制内设立专业社会工作主管部门之始。翌年,台湾省政府和高雄市政府也仿效台北设立了"社会工作室"。到 1980 年，台湾已有 17 个县市设置了社会工作员。当时，社会工作员的工作内容主要为儿童、青少年及老年福利服务，低收入户脱贫辅导，平价住宅区社区工作等。

社会工作分组教学

1964 年和 1967 年，召开了两次社会工作教育会议；1971 年 2 月，台湾内政主管部门与联合国开发计划署（UNDP）共同召开"社会工作教学做研讨会"，这次会议对台湾社会工作教育的课程设计做出较完整的检讨与规划。会上确定了社会工作教学必修课，包括社会工作概论、社会个案工作等 9 门课程，被认为是奠定了社会工作教育的基本框架。

1973 年，台湾省政府制订的"台湾省各省辖市设置社会工作员实验计划"进入实施阶段，激活了就业市场上对社会工作教育的需求，于是，台湾的高等学校开始重视社会工作专业的设置。1973 年，台湾大学社会学系社会工作组成立，分为社会学、社会工作两组教学，为台湾社会工作教育翻开了崭新的一页。随后，辅仁大学、东海大学、东吴大学等相继成立社会工作组进行独立教学，意味着社会工作专业教育开始被认可为一门独立的学科训练。1973 年，台湾的私立学校"实践家专"更是把 1967 年设置的儿童保育科改名为社会工作科，这是台湾正规高等教育中首个以社会工作命名的系科设置。1974 年，台湾大学首先设置社会学研究所硕士班，内分理论社会学与应用社会学两组招生，应用社会学组其实就是社会工作组，这标志着社会工作研究生教育的开始。

而这一时期，一批旅美的社会工作学者归来，以徐震和蔡汉贤为代表，在社会工作教育界发挥了重要作用。同时，相关的教材也随着20世纪五六十年代实务经验的积累,开始变得更加丰富;这也满足了社会工作分组教学的需求,新增课程较多。

做个小结

约聘社会工作员实验与社会工作分组教学相辅相成,共同促进了台湾社会工作的专业化发展。但是,这一时期台湾社会工作的专业化发展仍处于起步阶段,尚待下一个十年的加速发展。

【问题研讨】

请仔细阅读下面这段文字:

> 检视台湾医务社会工作的发展源头,省立台北医院社会服务部是由1949年来自北平协和医院的刘良沼女士担任首任主任,根据林万亿的说法,她是台湾最早的社会工作员。2年后,1951年台大医院在联合国儿童急救基金会台湾业务主持人盛森女士的协助下,成立社会服务部,其首任主任是由来自北平协和医院的邹玉阶担任。邹玉阶曾与宋思明于1944年著有《医院社会工作》一书,这显示,台湾医务社会工作的发展应与北京协和医院有关。[①]

思考:(1)根据这段文字提供的信息,我们可以知道台湾医务社会工作的起步很早,要早于约聘社会工作员实验。这说明了什么问题?(2)医务社会工作在台湾起步较早,这与哪些因素有关?

【继续探索】

丁碧云曾任职于台北结核病防治院社会服务部,1952年她整理医务社会工作内容,将其分为门诊工作与住院工作两类:

[①] 施睿谊:《台湾医务社会工作专业发展分析:1949—1967年》,《社会工作》2014年第4期。

门诊工作：

1. 指导初次就诊病人：解决困难及解答问题。

2. 辅助行政工作：如院长接到某病人某项请求而需调查者，由社会工作员接收办理。

3. 介绍至其他医院。

4. 免费事项：病人无力缴纳费用，皆介绍到社会服务部加以解决。

住院工作：

1. 偶发问题之解决。

2. 与病者家庭及亲友切取合作。

3. 出院之安置。①

请查阅相关资料，认真思考：台北结核病防治院社会服务部与北平协和医院社会服务部的工作内容有怎样的承继关系？

【延伸阅读】

林万亿：《当代社会工作：理论与方法》，第四章第三节，五南图书出版股份有限公司（台湾）2013年版。

寇浩宁：《简论台湾社会工作专业化历程》，《台湾研究集刊》2012年第2期。

施睿谊：《台湾医务社会工作专业发展分析：1949—1967年》，《社会工作》2014年第4期。

社会工作专业化的加速

从1981年到1990年，台湾社会工作专业化进入加速推动阶

---

① 施睿谊：《台湾医务社会工作专业发展分析：1949—1967年》，《社会工作》2014年第4期。

段，主要标志是政府约聘社会工作员"纳编"、社会工作专业组织的发展和社会工作单独设系。

台湾当局约聘社会工作员争取"纳编"

"纳编"的意思就是纳入当局的正式编制。这一词语是台湾学者用来指称台湾社会工作界从1982年开始到1990年才基本达成的推动当局将"约聘社会工作员"纳入正式公务员编制的活动及过程。

到1980年，台湾省的"社会工作员实验计划"已遍及省内各县市，被聘用的社会工作员也不断增多，但是，社会工作员的实验期限却一延再延，性质并未改变。由于社会工作员是聘用人员，不属于当局的正式编制，不仅身份暧昧，前途未卜，就是福利待遇也与一般公务员有很大差距。结果使得社会工作员流动率偏高，很多人无法安心工作，专业技能既难以提高，实务经验也不能积累传承。有鉴于此，台湾社会工作界内逐渐兴起了纳编的呼声。

在社会工作界的要求下，台湾省政府于1982年正式函请台湾内政主管部门将社会工作员纳入编制。台湾内政主管部门在1983年制定了《建立社会工作员制度实施方案》草案，内容包括社会工作员的资格审核、专业证照、聘用升迁、分级制度等。但该草案在提交行政主管部门后，遭到反对而未能通过。沉寂了一段时间后，1987年，在台湾内政主管部门社会司委托东海大学举办的"现代化社会工作专业制度研讨会"上，社会工作界再度全力呼吁推动社会工作专业化，要求当局将社会工作员纳编。当年8月，内政主管部门召开"建立社会工作专业制度实施方案（草案）会议"，将1983年的草案略加修改，再次报送行政主管部门。1987年12月和1988年2月，台湾行政主管部门两度召开会议审查该草案，但均未获通过。1988年3月,内政主管部门再次召开"商讨建立社会工作员专业制度有关事宜"会议,对社会工作员的专业纳编、考试制度、职业、专业证照等问题进行讨论,并做出决议。4月,讨论决议再报行政主管部门审查,结果又被打回。1989年5月,内政主管部门再邀社会工作专家学者开会研究,10月将修正意见报请行政主管部门审查。12月,行政主管部门以"行政主管部门组织法修正草案"已送立法主管部门审议为由,再次将草案退回。但社会工作界要求纳编的呼声和压力一浪高过一浪。于是,内政主管部门只好在1990年4月再次将草案提交行政主管部门审议。这次,行政主管部门也终于被撼动,于4月开会审核,最终做出两项决议:同意建立社会工作员制度;同意将社会工作员名额纳入编制,但现行聘用的社会工作员需要在三年内经过公务员考试才可以纳编。

到1993年,行政主管部门在社会工作界的推动下,再次做出决议,允许三年内未通过公务员考试的社会工作员可继续受聘,直到取得任用资格或离职为止。

社会工作专业组织的发展

早在20世纪70年代末,就有学者呼吁应成立属于社会工作者的专业组织,以提升专业影响力,加强专业人员的联系。以后随着社会工作教育的发展和纳编问题的一拖再拖,社会工作界越来越意识到建立专业组织的必要性。实际上,在当时的台湾已经存在着一个以"社会工作人员协会"为名的组织,该组织主要由台湾党政体系中从事社会工作的相关部门的工作人员组成。很明显,它是前述台湾"党政化社会工作"的联系组织,其政治和行政色彩浓厚,20世纪70年代以后,台湾受过专业教育的社会工作者大多没有参加这个组织。

1987年台湾当局解除"戒严令"，民间结社自由有所松动。当时因为纳编之议一再拖延，社会工作界迫切希望能够团结起来，协同行动推进纳编。于是，新的社会工作专业组织开始筹备。正巧当时台"行政主管部门组织法"修订，有将社会福利与卫生合设一个主管部门的打算，卫生主管部门在台湾行政系统内已取得一定的地位，医疗专业又远较社会工作专业受到社会的认可，因此，一部分社会福利学者纷纷主张社会福利应单独设部门，生怕两者合并后会有"卫生大福利小"的恶果。为了结合众力争取社会福利设主管部门，这部分学者也积极加入了社会工作专业组织的筹备过程。

1989年，台湾"社会工作专业人员协会"终于获准成立。它成立之初主要由两部分人构成，一是争取自身权益的县市聘用社会工作员，二是关心社会福利设主管部门的年轻学者。因此其成立伊始就担当起了推动社会工作员纳编和争取社会福利单独设主管部门的两大任务，随后也开始参与各项社会福利条例的制订的倡导，并重点推动社会工作师条例的提案和通过。

社会工作单独设系

1979年，东海大学社会工作组独立成系，开始了社会工作系所发展之路。辅仁大学、东吴大学等也相继成立社会工作系；其他的大学也设立了相关的社会福利系等。同时，台湾社会工作初期培养的人才也开始在各大学社会工作系任教，如詹火生、林万亿、万育维、莫黎黎、李明政等，他们被称为第二代社会工作学者。相应的，这一时期的著作像20世纪70年代那样不断出现，更多的是各类期刊论文和研究报告，不断丰富着社会工作研究和实务领域。这10年间，老人、身心障碍者、儿童等特殊人群福利条例的通过，更是为社会工作教育提出了更新更高的实务工作要求，推动着社会工作教育向更高层次发展。

做个小结

纳编的实现和社会工作专业人员协会的成立，标志着台湾社会工作的专业化已经进入了加速发展阶段。台湾社会工作的专业化并不仅仅表现为专业组织的建立，更为重要的是它积极争取获得了当局相关部门的认可，并被纳入体制之中。

【问题研讨】

1980年，台湾通过了社会福利三规定，即《老年福利有关规定》《残障福利有关规定》《社会救助有关规定》，以后又陆续公布了其他社会福利条例规定。这些条例规定虽然说明服务的提供仍以机构照顾和金钱救助为主，但已经要求由社会工作人员提供服务。比如，《社会救助有关规定》第9条之一（通报机制）：教育人员、保育人员、社会工作人员、医事人员、村（里）干事、警察人员因执行业务知悉有社会救助需要之个人或家庭时，应通报直辖市、县（市）主管机关。

通过阅读上述文字材料，可以看出：（1）台湾通过社会福利条例规定，是否给予社会工作人员在社会福利事业中更多的责任与义务？（2）条例中规定的社会工作人员的责任和义务，是否从一定角度肯定了社会工作的专业地位和社会功能？

【继续探索】

自己动手搜集相关资料，来论证台湾社会工作专业组织的成立，推动了各项社会福利条例制定的进行，以及社会工作教育的发展。

【延伸阅读】

林万亿：《当代社会工作：理论与方法》，第四章第四节，五南图书出版股份有限公司（台湾）2013 年版。

寇浩宁：《简论台湾社会工作专业化历程》，《台湾研究集刊》2012 年第 2 期。

三、台湾社会工作专业建制的完成

"社会工作师法"通过

1997 年 3 月，台湾"社会工作师法"通过；1998 年 7 月，《社会工作伦理原则》颁布，这标志着台湾社会工作专业建制的完成。

"社会工作师法"的通过

20 世纪 80 年代末，由于社会工作员"纳编"问题一再遭遇挫折，台湾地区社会工作界已经开始思索通过社会工作证照条例来保护社会工作专业。1990 年 4 月，社会工作专业人员协会成立的第二年，就决定由林万亿带领一支专业小组进行社会工作师条例的研究工作。在参考社会工作师（者）相关条例文件的基础上，1991 年 6 月该小组草拟出台湾第一部"社会工作师法"草案。该草案总计六章三十八条，重点是界定社会工作师的执掌，并规定社会工作师要经过考试或检覈取得，同时也规定独立执掌证书取得的年资，以及专业团体（社会工作师协会）的强制加入义务。

该草案完成后，社会工作专业人员协会没有通过台湾当局内政主管部门经由行政主管部门向立法主管部门提案，而是直接交由一部分民意代表在立法主管部门连署提案。然而，因为对该草案部分内容以及议程的争议，随后在立法主管部门中又陆续出现了由其他民意代表提出的第二、第三、第四乃至第五个版本的草案。由于版本众多，相互分歧，再加上当时国民党和民进党的党争已经日趋激烈，立法主管部门的议程经常被中断，因此一直到1995年"社会工作师法"草案都未被列入议事日程。社会工作界终于按捺不住，遂于1995年成立"'社会工作师法'推动联盟"，积极进行运作游说、整合动员，特别是于1995年10月26日发动了"社会工作请愿游行"进行施压，当时动员了近三千名社会工作师与实务工作者参与，声势颇为浩大。

在一连串的游说施压之后，立法主管部门终于在1995年12月将"社会工作师法"列入议程。1996年，社会工作专业人员协会召开"公听会"整合各版本草案，于当年9月完成"协商版"。之后"社工专协"不断通过拜会民意代表、电话游说、分区动员、催促协调等动作，最终使"社会工作师法"于1997年3月11日顺利通过，总计七章五十七条。同年4月2日正式公布执行，于是4月2日也就成为此后台湾社会工作师们所庆祝的"社工日"。

"社会工作师法"正式执行后，根据其规定，社会工作者必须参加社会工作师专门职业及技术人员高等考试、检覆考试及特种考试，才能取得社会工作师证照。由此可以看出，台湾的社会工作师是行政主管部门考试，将专业资格审定的权利交由行政主管部门进行，这使得台湾社会工作专业的发展与行政主管部门陷入密不可分甚至互相拉扯的窘境之中。

1997年"社会工作师法"正式施行的当年，台湾考试主管部门即举行社会工作师高等考试、检覆考试及特种考试。从1997年到2011年，台湾考试主管部门共举办16次社会工作师证照特种考试，取得台湾社会工作师证照者已有4030人。2007年12月19日，"社会工作师法"进行了修订，这次修订紧缩了社会工作师执照的应考资格。

2009年7月13日，台湾内政主管部门通过《专科社会工作师分科甄审及接受继续教育办法》，规定领有社会工作师证书，并完成本办法所定专科社会工作师分科训练者，得参加该专科社会工作师的甄审。专科社会工作师的分科为：（1）医务；（2）心理卫生；（3）儿童、老年、妇女及家庭；（4）老人；（5）身心障碍。林万亿认为，专科社会工作师分科甄审的出台，表明台湾的社会工作开启了迈向专精化之路。

专业伦理守则的颁布

1997年"社会工作师法"正式施行后，台湾内政主管部门于1998年7月颁布了《社会工作伦理原则》十八条。至此，可以说台湾社会工作专业建制初步完成。

《社会工作伦理原则》的内容大致符合"社会工作师法"所体现的精神和原则，例如：秉持爱心、耐心及专业知能为案主服务；不分性别、年龄、宗教、种族等，本着平等精神，服务案主；应尊重案主的隐私权，对在专业关系中获得的资料，克尽保密责任应尊重并培养案主自主决定的能力，以维护案主权利；等等。

2008年3月28日，台湾内政主管部门核备了台湾"社会工作师联合会"修正的《台湾社会工作伦理守则》，扩充了伦理守则的内涵。其规定社会工作的"核心价值"为：以人性尊严为核心价值，努力促使案主免于贫穷、恐惧、不安，维护案主基本生存保障，享有尊严的生活。

做个小结

社会工作专业建制的完成，并不代表社会工作已经可以和医疗、法律、建筑、会计等成熟专业领域那样拥有比较高的社会地位与社会认可。台湾社会工作专业今后发展的道路还将是崎岖而漫长的，专业工作者需要在理论知识和方法技巧两个方面不断进行积累创新，以高质量的服务赢得社会大众的认同，不负专业之名。

【问题研讨】

1997年的"社会工作师法"规定，社会工作师证照的应考资格为："至少7科，合计20学分以上，每学科至多采计3学分，其中需包括社会工作（福利）实习或实地工作，有证明文件者。"2007年修订后则变为：

> 私立专科以上学校社会工作相当科、系、组、所、学位学程毕业，曾修习社会工作（福利）实习或实地工作，领有毕业证书者。所称社会工作相当科、系、组、所、学位学程系指开设之必修课程包括下列五领域各课程，每一学科至多采计3学分，合计15学科45学分以上：
>
> （一）社会工作概论领域课程2学科：（1）社会工作概论；（2）社会福利概论或社会工作伦理。
>
> （二）社会工作直接服务方法领域课程3学科：（1）社会个案工作；（2）社会团体工作；（3）社区工作或社区组织与（社区）发展。
>
> （三）人类行为与社会环境领域课程4学科：（1）人类行为与社会环境；（2）社会学；（3）心理学；（4）社会心理学。
>
> （四）社会政策立法与行政管理领域课程4学科：（1）社会政策与社会立法；（2）社会福利行政；（3）方案设计与评估；（4）社会工作管理或非营利组织管理。
>
> （五）社会工作研究法领域课程2学科：（1）社会工作研究法或社会研究法；（2）社会统计。

而且必须曾修习社会工作（福利）实习或实地工作，至少2次400小时。

仔细阅读上述法条，认真思考：（1）修订后的"社会工作师法"紧缩了社会工作师证照的应考资格，比较之前的规定，紧缩的程度有多大？（2）社会工作师证照的应考资格规定，是否对社会工作课程设置提出了较为严格的要求？（3）与大陆地区社会工作职业水平考试的报考条件相比较，台湾社会工作师证照的应考资格有哪些不同之处？

【继续探索】

1996年，台北市发生了"十四、十五号公园反拆迁运动"，引发了公众对社会工作者专业角色的质疑。阅读下面的文字材料：

在20世纪80年代末90年代初，台北曾出现第一波的城市更新与改造浪潮。当时的台北市市长黄大洲在民气可用之下，拆除紧邻西门町的"中华商场"。"中华商场"原本是为了安置随国民党迁台的居民，占据道路面积建筑的违章商场，低价分租给这群居民做小生意。"中华商场"拆迁之后，当地的道路拓宽，成为林荫大道。同时，黄大洲也把安置一千多位国民党老兵的一块土地，划为十四、十五号公园预定地，就是如今的大安森林公园。

这块公园预定地，在日据时代是坟场，后来由迁台的老兵和眷属搭建违章建筑，就地落脚，安顿生活，他们已在这块土地上生活了40多年，违建区住户形成了小区，有绵密的人际互动，大江南北不同的语言和生活习惯，反而让彼此相互尊重，并且在生活上互助合作，自发成立防火巡守队，拥有浓厚的小区情感。然而，这片违章建筑却与邻近的高档住宅并不相衬，成为台北市政府"整顿市容"的首要目标工程。

当陈水扁（时任台北市市长）派了推土机来到这片贫民窟时，整个小区强力反弹，激烈抗争，一名老兵以自杀控诉拆迁，震撼了社会，陈水扁展现铁腕，最后仍强制拆除这一片违章建筑，成为他在1998年竞选连任败选的原因之一。①

在这个事件中，基层社会工作者发现自己卡在了行政命令与案主利益的两难处境中，请思考：（1）台北市政府内的社会工作员（"纳编"）扮演着何种角色？（2）他们的行为是否与"社会工作师法"的规定相冲突？

【延伸阅读】

林万亿：《当代社会工作：理论与方法》，第四章第五、六节，五南图书出版股份有限公司（台湾）2013年版。

詹火生主编：《台湾社会工作》，第三章第五节，中国社会出版社2014年版。

朱希峰：《台湾地区的社会工作师证照制度》，《社会福利》2007年第4期。

肖慧欣：《台湾社会工作师考试的概况及其启示》，《中国考试》2011年第9期。

延伸阅读

社会工作教育的加速扩张

1997年"社会工作师法"正式施行后，台湾社会工作实务界

---

① 卞中佩、陈慧敏：《台北的城市化与拆迁》，《宁波经济（财经视点）》2012年第6期。

对专业人员的需求量也逐年上升,这就刺激了社会工作教育的发展,使其呈现出加速扩张的趋势。

社会工作专业学生人数快速增长与学历结构多样化

20世纪90年代以后,台湾有超过20所大学新增设社会工作学系,或成立研究所招收社会工作专业学生。与十年前相比,社会工作专业学生增加了将近一倍,量产社会工作专业学生的速度明显加快。在社会工作专业学生人数快速增长的同时,社会工作教育的学历结构变得多样化。1992年,中正大学社会福利学系设立博士班,开始招收大学部学生,成为台湾第一所颁授学士、硕士、博士学位的完全大学。同年,东吴大学设立社会工作研究所硕士班;1994年,东海大学设立社会工作博士班,成为第二所完全社会工作教育的大学;1995年,"暨南大学"成立社会政策与社会工作研究所硕士班,1997年该大学部设立社会工作本科,1999年设博士班,成为第三所完全社会工作教育的大学。2000年以后,普通大学与一些私立科技大学纷纷设立社会工作学系及相关学系,如老人福利事业系(弘光科技大学)、老人服务事业管理学系(明新科技大学、美和科技大学)等。

截至2013年,台湾的社会工作相关系(组)不包括宗教学院,总计有32个系(组、学程)、研究所硕士班(组)23所,博士班6所。每年学士班总计招收64个班,人数超过3200人;硕士班27个班,每年招生超过400人;博士班超过20人。社会工作专业学生人数的快速增长与学历结构的多样化,促使台湾社会工作学界及时调整方向,将教学规划的重点从促进教育扩张和专业化转向提升教育质量、课程精细化、实习规范化等目标。

社会工作教育的加速扩张,带动了出版物的增长。1990—1998

年出版的社会工作和社会福利专著多达 1368 本,是 80 年代的两倍,80 年代前的六倍之多。但是,90 年代台湾出版的最多的是社会工作管理方面的书籍,且大多是翻译作品。另外,也有些社会工作伦理、社会工作研究法、社会工作理论方面的书籍,由于是翻译者占多数,未能真正落实本土化的方向。20 世纪 90 年代还有几家社会工作学术刊物创刊,如《台湾社会工作学刊》《中华医务社会工作学刊》《台大社会工作学刊》《社会政策与社会工作学刊》《台湾社会福利学刊》,等等,推动了台湾社会工作学术的发展。

社会工作课程体系成形

台湾各大学社会工作学系的核心课程,大致不脱离社会工作师证照考试范围的要求,主要是下列必修的六大领域:(1)社会工作概论,含社会工作伦理、社会个案工作、社会团体工作、社区工作;(2)人类行为与社会环境;(3)社会工作研究法;(4)社会政策与社会立法;(5)社会工作管理;(6)社会福利概论。

此外,社会工作的基础课程包括社会学、心理学、社会心理学、社会统计,还有社会工作实习也被所有社会工作学系列为必修科目。

做个小结

20 世纪 90 年代以后,台湾社会工作教育呈现出加速扩张的趋势。这种加速扩张现象的形成,既跟台湾社会福利制度拉动的社会工作人员需求量增长和差异化培养的大背景有关,又跟社会工作教育界的扩张冲动有关。

【问题研讨】

请阅读有关台湾东吴大学社会工作学系的学士班课程设置情况:

大学部学生除核心必修课程外，还可选修"家庭社会工作""医疗与心理卫生""社会福利与社会工作管理"三组课群；其中"家庭社会工作"包括儿童青少年发展、青少年犯罪与关护工作、家庭社会工作、儿童少年福利服务、老人团体工作、家庭暴力与社会工作实务、家庭法、儿童青少年保护、婚姻与家庭治疗、学校社会工作、老人社会工作、儿童游戏治疗、青少年福利工作专题、弱势妇女社会工作等课程；而"医疗与心理卫生"包括妇幼卫生、公共卫生、冒险治疗、心理治疗理论、变态心理学、医疗社会学、身心障碍福利与社会工作、助人会谈技巧、精神医疗社会工作、死亡与善终社会工作、医务社会工作、酒瘾与药瘾治疗等课程。①

然后思考如下问题：（1）这种课程设置反映出台湾社会工作教育的哪些特点？（2）这些特点与学生毕业后的就业有什么关系？

【继续探索】

回顾前面学习过的相关知识点，如言心哲的社会工作专业教育设想和林万亿所讲社会工作的专精化，并结合自己搜集的有关资料，认真讨论一下：为什么东吴大学大学部学生除核心必修课程外，还要选修其他三组课群中的任一组课程？

【延伸阅读】

林万亿：《当代社会工作：理论与方法》，第四章第五、六节，五南图书出版股份有限公司（台湾）2013年版。

詹火生主编：《台湾社会工作》，第一章第一节，中国社会出版

---

① 李伦：《台湾社会工作教育初探》，《社会福利（理论版）》2012年第3期。

社 2014 年版。

翁雪、郑广怀:《批判、自主与多元——台湾社会工作教育的发展及其对大陆的启示》,《开放时代》2011 年第 6 期。

吴迪:《台湾社会工作专业教育之反思与借鉴——以台湾东华大学为例》,《淮海工学院学报(人文社会科学版)》2014 年第 1 期。

第十一章　香港、澳门地区社会工作的发展

本章要叙述的内容是我国香港、澳门地区社会工作的发展历程。香港和澳门都是从小渔村发展起来的现代城市，它们各自的社会工作发展历程尽管存在着很大的差别，但也有着近似的阶段性特征。

一、香港地区社会工作的发展

香港社会工作的产生与发展

在新石器时代，香港这块区域就有了人类活动。秦始皇三十三年（前214），秦军平定百越，置南海郡，把香港一带纳入其领土，属番禺县（今广东省广州市老城区）管辖。1842年，清政府与英国政府签订《南京条约》，割让香港岛给英国；1860年，中英签订《北京条约》，割让九龙半岛界限街以南地区给英国；1898年，英国强迫清政府签订《展拓香港界址专条》，强行租借九龙半岛界限街以北、深圳河以南的地区，以及200多个大小岛屿，租期99年

(至1997年6月30日结束)。通过这三个条约,英国共占有包括香港岛、九龙和新界总面积达1092平方千米的中国领土,也就是现在整个香港地区面积的殖民统治权。1997年7月1日,中国恢复对香港行使主权。

香港的社会工作是从初期的慈善事业开始的,距今已有一百多年的历史;而作为职业化、专业化的专门社会服务,则只有三十多年的时间。

香港早期的慈善式救济事业

1945年以前,香港是一个以转口贸易为主的港口城市。商贾、船员云集,流动人口众多,娼妓泛滥,疾病流行,弃婴事件时有发生,孤贫老人无所依靠。由于这些流动人口到香港只为经商,大部分家庭都在内地,所以成立了各种各样的同乡会和宗亲会,以从事慈善和救济工作。1872年,东华医院落成启用,为贫死之人施棺代殓,同时也施医赠药;1875年,牛房义庄设立,后改属东华医院,更名为东华义庄;1911年,广华医院启用;1929年,东华东院落成。到了1931年,东华医院、广华医院、东华东院合并成为"东华三院",担负起救助贫病之人的社会责任。1883年,保良局设立,协助妓女从良、抚养孤儿成人,并与当时的东华医院保持着良好的合作关系。这些社团的成立体现了华人同乡互助的传统,是中国慈善传统的延续。

同时,来自西方的慈善团体也在香港创设了一些社会救济机构。1860年,嘉诺萨修会创立弃婴收容所,帮助孤儿;1897年,心光盲人学院及学校成立,1935年,香港聋人学校成立,专门帮助残疾人;1901年,中华基督教青年会成立,1920年,香港基督教女青年会成立,专门为家境富裕的青少年提供服务。所有这些源自中国传统慈善组织和西方慈善团体的慈善机构,为香港早期的慈善式救济事业做出了贡献,也为后来专业社会工作的兴起铺垫了前提。

香港社会工作的起步阶段

第二次世界大战结束以后,香港的政治和社会状况非常混乱。中国内地的难民大量涌入香港地区,短短的两年时间里,香港人口由50万增加到180万。1951年时,香港已有约236万人。当时的香港,面临着诸多的社会问题:民众极度贫穷,生活水平极低;卫生及居住环境恶劣;工人失业、儿童失学。为了解决日益严重的社会问题,满足移民的福利需要,香港出现了提供互助式服务的民间团体和志愿机构,其中最著名的是成立于1946年的香港难民福利会和成立于1947年的香港社会服务联会。1949年,香港社会工作人员协会(1975年该协会注册成为"有限公司")成立,这是香港第一个以社会工作命名的专业组织。但是,这个时期的社会福利服务基本上还是救济性的,而且社会工作的范围很单一。

1958年,港英政府建立了社会福利署,其前身是成立于1947年8月的华民政务司署社会局。社会福利署的职责是承担香港社会福利的责任,促进香港社会福利事业的发展。这样,香港的社会福利服务就由海外捐款资助为主,开始变成大部分服务由政府出资。社会福利署除了继续负责救灾和济贫工作以外,还开始承担保护妇女、儿童权益,调解家庭和邻里纠纷,为残疾人提供社会救助等工作。

社会福利署的建立不仅为社会工作的有效开展提供了组织保证,使社会工作的范围逐渐扩展到家庭、社区以及救助残疾人等多方面,也标志着香港社会工作进入起步阶段。

香港社会工作的全面发展阶段

进入20世纪60年代，随着香港经济的转型，社会中的贫富悬殊及阶层分化愈见明显，社会出现了许多新的矛盾和问题：首先，青少年缺乏康乐及正常的社交活动，导致他们容易盲目地加入对抗政府的违法行动，破坏社会安定；其次，家庭和青少年教育、住房问题紧张、贫富分化扩大、犯罪现象增多等问题日显突出；最后，来自国外的捐款逐渐减少，使得不少社会福利机构面临着生存困境。

为了缓解日益严重的社会问题，港英政府于1965年发表了第一份题为《香港社会福利工作之目标与政策》的社会福利小册子，小册子确定了香港社会福利工作的发展方向和政策目标，其中，将社区发展界定为提供社会福利服务的一种工作方法。同年，港英政府又制订了第一个社会福利服务五年计划。在此背景下，救济性的社会福利服务逐渐转由专业服务团体提供。

1971年11月19日，麦理浩被英国政府任命为香港总督（港督）。由此开始，麦理浩先后续任三次港督，共计10年零5个月，是任期最长的港督。在麦理浩的推动下，港英政府提出了稳定香港社会的四大支柱，即医疗、教育、房屋和福利服务。整个20世纪70年代，港英政府发布了两份社会福利小册子和几份绿皮书，它们都成为香港社会福利日后发展的重要参考。

1971年6月，港英政府发表了题为《香港福利未来发展计划》的第二份社会福利小册子，提出了老年社会工作、康复社会工作和青少年社会工作的目标及实施方针，推动了老年人、残疾人、青少年等多元化专业社会工作的发展。另外，社会福利署还发布了《社会福利五年计划》，决定社会福利机构从业人员实行岗位专业资格制度。未经专业训练的在岗人员需接受为期两年的在职培训，不参加培训者不得晋升；新入职的从事社会工作助理及以上岗位工作的人员必须是社会工作专业的毕业生。香港地区的社会工作从此开始成为一个具有职业等级、入职资格、薪酬规定的职业，也逐步成为一种备受公众尊敬与信任的职业。

1979年，港英政府发表了第三份社会福利小册子，题为《进入八十年代的社会福利"白皮书"》，制定了跨越20世纪80年代的社会福利服务发展规划。这份小册子的内容主要集中在"老人服务""社会保障"和"青少年个人辅导工作"等三个方面，且对其中的发展计划给予了很详细的指示。例如，在1979年年初划分16个优先区以推行外展社会工作，在1981年年底使全部中学获得学校社会工作的服务，等等。

在20世纪80年代，香港经济持续发展，为社会工作的全面发展提供了可靠的物质保障。伴随政府资助力度的加大，社会工作日益服务化或者说以服务为本位，社会工作领域扩展至普通民众。1980年5月，香港社会工作者总工会成立，它是一个代表社会福利从业人员意见的团体，目标是团结同工、争取权益、改善服务、支持正义。

进入20世纪90年代，香港社会福利界进一步提出了"发展全面照顾，提供优质服务"的社会福利理念。1991年，港英政府发表了《跨越九十年代香港社会福利"白皮书"》，制定了90年代香港社会福利服务的发展规划。但是，进入90年代以后，香港经济发展缓慢，甚至衰退，社会工作资源缩减，管理主义抬头，崇尚效率与成效，忽视人的需要，引发了"专业疏失"的问题。香港社会工作面临着诸多挑战。

20世纪60—90年代是香港社会工作全面发展的阶段。通过四份小册子等一系列政策的颁布、实施，香港的社会福利服务和管理更加贴近社区，贴近社会需求。香港社会福利界进一步提出"发展全面照顾，提供优质服务"的社会福利理念，使香港社会工作以服务为宗旨的倾向更加突出。所有这些，都促进了香港社会工作的全面发展。

香港社会工作的专业化发展阶段

20世纪90年代中后期，香港社会工作者更加意识到危机，因而再次着力于推动社会工作的专业化，希望借由强制的注册制度来树立社会工作专业的公信力及专业的整体形象。1997年6月6日，《社会工作者注册条例》生效，香港开始正式实行社会工作者注册制度。1998年1月16日，香港成立了由社会福利署代表和社会工作者选举的注册社会工作者组成的社会工作者注册局，制定并颁布了《注册社会工作者工作守则》《纪律程序》《评核准则及认可学历》等政策条例。根据规定，只有社会工作注册局认可的正规大学社会工作专业的毕业生，才有资格注册；只有注册，人们才能以"执业社会工作者"的名义从事活动。社会工作者必须秉持专业理念履行专业职责。香港特别行政区的社会工作进入了专业化、规范化发展阶段。

截至2017年年底，香港的社会工作者已超过2.2万人，大多是接受过社会工作高等教育的专业人士。注册的社会工作者在机构中一般担任专业服务或服务管理工作，有一套规范的职级评定和晋升制度，工薪待遇大体与公务员相当，高于同等资历的一般从业人员。在香港，社会工作者越来越成为普遍受人尊敬的一个职业群体。

做个小结

经过六十多年的探索与实践,香港建立起了"政府主导、社会参与"的社会工作模式,即政府指导、监督并提供财政支持,非政府的专业社会服务机构提供服务的模式。

政府不直接承担烦琐的社会服务工作,而是通过财政支持的方式,购买非政府的专业社会服务机构的服务,以满足公众的需求。政府福利部门主要负责相关政策的制定、实施,监管专业机构社会工作以及为它们提供财力支持。政府规定社会工作从业人员的入职资格、职业等级、薪酬待遇。香港非政府的专业社会服务机构十分发达,数量众多。这些机构分为两大类:一类是隶属于社会福利署的专业机构,另一类是非政府的社会工作专业机构,其中非政府机构约占总数的四分之三以上。这些机构承担着大量的社会服务工作。

【问题研讨】

香港《社会工作者注册条例》规定,具备社会工作者注册资格的人员有四类:(1)具有社会工作学位者;(2)具有社会工作文凭者;(3)没有社会工作学历,但已从事社会服务工作满10年者;(4)没有被认可的社会工作学历,但现正担任社会工作职位者。

我国内地社会工作实行的也是职业资格准入制度,也就是说,一个人要想成为社会工作者,必须经过相应的考试取得资格,然后到主管部门(县区民政局)登记注册,才可以成为一名社会工作者。将香港地区的规定与内地实行的社会工作者职业水平考试报名条件进行比较,(1)你能否看出它们之间的差别?(2)香港注册局网上提供的可被认可的社会工作学位或文凭名单上,包括中国香港、台湾地区和新加坡、英国、美国、加拿大、澳大利亚等国家的认可课程及专业资格，但是没有中国内地的课程。你如果想在香港注册为社会工作者，应该如何做？

【继续探索】

1979年，一群居住于油麻地避风塘的艇户被当时的港英政府迫迁，一众社会工作者以社会公义精神支援当地居民，以争取获得合理安置。但多名参与支援行动的社会工作者，却在一次请愿活动中被拘捕，并以"公安条例"检控，这就是香港社会运动中的"油麻地艇户事件"。事后，一众社会工作者认为当时的社会工作团体未能争取合法权益。与此同时，社会福利署宣布进行"福利职级检讨"，提高当时政府所雇佣的社会福利从业人员待遇，但一众志愿机构和非政府组织的社会福利从业人员未能受惠。因此，前线社会工作者认为需要成立一个代表社会福利从业人员意见的团体，这就促使香港社会工作者总工会成立。

仔细阅读上面的文字材料，并搜集相关资料，然后思考下列问题：（1）香港社会工作者在实务开展中是否也会遭遇自身合法权益被侵害的情况？（2）香港社会工作者如何维护自己的合法权益？

【延伸阅读】

黄智雄主编：《香港社会工作》，第一、二章，中国社会出版社2013年版。

王建军、甄炳亮：《香港社工专业化、职业化考察报告》，载民政部社会工作司编：《国外及港台地区社会工作发展报告》，中国社会出版社2010年版。

黄哲：《香港社会工作发展与历程》，《云南民族大学学报（哲学社会科学版）》2009年第6期。

倪勇：《香港社会工作的发展路径及启示》，《求索》2013年第

12 期。

王菲、王福山：《香港社会工作发展的阶段特征研究》，《西北工业大学学报（社会科学版）》2014 年第 6 期。

香港社会工作教育的起步与发展

香港社会工作教育的发展与香港社会工作和社会福利事业的发展息息相关，其发展过程是一个从直接取自英美经验到开始认识本土文化传统再到推动社会工作理论本土化的过程。

香港社会工作教育的起步

1950 年 9 月，香港大学应港英政府的要求开设社会工作课程，主要提供两项社会工作课程，即证书课程（两年制）和文凭课程（一年制），这被认为是香港社会工作教育的开端。这个时期的课程内容除"社会工作原则及方法""社会福利机构观察"以及实习课程以外，其余课程多为社会科学，包括心理学、社会学、经济学、政治学等。此后，崇基学院于 1956 年开设宗教、教育及社会工作学系，并于 1960 年改为社会工作系。同时，社会福利署还经常聘请外国专家以短训班或研讨会的形式对在职社会工作人员进行训练。

1960 年，港英政府邀请英国社会工作学者杨哈士宾博士赴港考察，他在考察后发表的《香港社会工作训练报告书》中建议，为了适应香港社会工作进一步发展的需要，香港应成立社会工作训练咨询委员会（现在社会工作训练及人力策划咨询委员会的前身），以推广及统筹各层次的社会工作，加强对未受社会工作训练的员工的在职培训。1961 年，港英政府设立社会工作训练基金，用于社会工作专业人员的培训。1962 年，社会工作训练咨询委员会成立，专门负责社会工作人员训练的政策设计和专业协调。

随着社会工作专业人员需求量的加大，各大学开始招收社会工作本科生。1963年，由崇基学院、新亚书院和联合书院三所院校组成的香港中文大学正式成立，并开始招收社会工作本科学生；1967年，香港大学正式成立独立的社会工作学院，并于同年取消社会工作证书课程，转设学士学位的训练课程，开始招生社会工作学士，学制为三年。

这一时期，香港社会工作教育的课程设计与选用教材均源自于英美和加拿大，很少有本地制作的材料。另外，还有不少来自英美的社会工作专家主持香港社会工作的专业教育和在职培训，以及国外社会工作人才来港设立志愿机构，都对香港社会工作的早期教育产生了深远的影响。

香港社会工作教育本土化进程的开启

1970年，港英政府再次邀请杨哈士宾博士来港检讨社会工作培训。他建议成立一所独立的社会工作训练学院来负责培训非学位的福利助理员，同时还提出了教材和授课资料的本地化问题。1972年，社会福利署正式提出严格的社会工作入职要求，规定凡从事社会服务的人员必须接受社会工作专业训练，助理社会工作主任以上职级的社会工作岗位，只准聘用具有社会工作学位的人士担任，已在职人员限期参加业余学习，获取社会工作专业学位。

在社会工作专业人员需求如此旺盛的背景下，1973—1975年，香港建成了戴麟趾夫人训练中心（提供两年证书课程）和香港理工学院社会工作训练学院（现在的香港理工大学应用社会科学系），加强了对非社会工作学位毕业员工的在职训练。1977年，香港大学开设了香港首个社会工作硕士课程，后又开设了博士课程；香港中文大学也开设了社会工作硕士课程。1983年，香港理工学院开办了第一届社会工作学士课程，同时也开办多种不同类型的文凭课程；1986年，浸会学院将开办多年的社会工作荣誉文凭课程，提升为社会工作学士课程。除此之外，城市理工学院（现在的香港城市大学）也于1984年创立，社会工作便是首批课程之一。

自20世纪70年代中期以后，在香港各高校从事社会工作教育的学者，开始整理本地的个案实例，作为实务训练之用；并且根据本地的社会政策文件，详加分析，用以引证或修改西方的社会福利理论。各院校社会工作教育课程的主持人也逐渐由香港人代替了外国人，这就使社会工作教育朝向更加适应香港本地的需要迈出了重要的一步。因此，20世纪七八十年代可说是香港社会工作教育本土化进程的开端。

香港社会工作教育本土化的完成

20世纪90年代初，香港有关本地社会政策及社会工作实务的书籍出版蔚然成风，内容包括社会福利发展历史、政策分析、个案工作和小组工作及社区工作模式探讨、长者服务、青少年工作、社区发展、康复工作、家庭服务等方面。这类书籍的出版，标志着香港社会工作走上了本土化的道路。

1998年，香港社会工作者注册局成为香港的法定机构，负责检查本地社会工作者和社会工作课程的质素。各高校必须按照社会工作者注册局的课程内容和设计要求，并经过审核程序，才能使其毕业生获得社会工作者注册资格。根据社会工作者注册局的认可课程评核准则，社会工作训练和教育课程分为两类，即核心课程与非核心课程。核心课程包括社会工作理论与实务（关于个人、小组、家庭、组织和社区的理论与实践，整合社会工作实务，社会工作技巧培训，实务选修课）、社会工作价值与伦理、社会福利体制与社会政策（社会福利的概念与视角，社会福利体制包括中国香港、内地和其他主要国际社会，社会政策和社会服务）、人类行为与社会环境、社会行政与管理等。非核心课程包括社会科学与人文知识（社会学，心理学以及经济学、政治学、哲学、历史等）、研究与社会调查、法律知识、沟通技巧等。除了这些课程设置，社会工作实习向来都是香港社会工作教育中重要的一部分。

目前，香港有7所不同的院校分别提供各类课程，培养一线社会工作者和社会工作行政人员。这7所院校是香港大学、香港中文大学、香港理工大学、香港城市大学、香港浸会大学、香港树人大学和香港教育学院，从2012年起，社会工作本科学制一律为四年制。各院校的课程训练主要分三类：第一类是高级文凭课程，招生的最低条件是高中毕业生；第二类是社会工作学士学位课程，招生的最低条件是香港高级课程会考合格或社会工作文凭毕业；第三类是以授课为基础的深造及研究院课程，包括深造文凭、硕士和博士学位课程。对于已取得社会工作者资格的人员，香港社会工作者注册局要求，每3年至少有72小时的持续进修时间。

做个小结

几乎与香港社会工作事业的发展同步，香港社会工作教育经过六十多年的探索与实践，各院校已经形成了多层次、多样化、各具特色的教育结构，并且能够适应香港本地社会服务结构的需要。香港社会工作教育已经具有了鲜明的本土化特色。

【问题研讨】

请阅读下面这段文字：

香港社会工作教育的发展是与本地的社会、政治、经

济、人口、社会福利等诸多方面密切相关的。社会工作教育并非一个独立的封闭式体系；相反，它的存在、内容与发展，都与社会的政治经济形势及发展息息相关。一方面说明社会工作并非独立存在，而是受不同时期的政治经济因素而界定。另外，社会工作被定义的内容，也在影响社会工作教育的内涵。因为社会工作教育是在回应社会的问题与需要，而这些又是与社会、政治、经济的发展密切相关的。回顾香港社会工作教育的形成和发展，就可以清晰地观察出这样的脉络。①

思考下列问题：（1）通过查阅香港历史发展的相关资料，阐释香港社会工作教育是如何回应社会的问题与需要的？（2）香港社会工作教育发展的阶段性特征是很明显的，请梳理香港社会工作教育在不同发展阶段的不同特征。

【继续探索】

表11-1是香港大学三年制社会工作本科的课程设置情况②，在仔细阅读后回答问题：

表11-1　香港大学三年制社会工作本科的课程设置情况

	第一年 社会科学知识	第二年 社会工作理论与实践整合	第三年 专业提升
课程	社会工作概论	社会服务研究Ⅰ：方法	法律与社会行政
	人类行为与社会环境Ⅰ	社会服务研究Ⅱ：分析与应用	社会服务机构管理

---

① 黄智雄主编：《香港社会工作》，中国社会出版社2013年版，第216—217页。
② 同上书，第214页。

续表

第一年 社会科学知识	第二年 社工理论与实践整合	第三年 专业提升
了解自己，了解世界	社会工作实习原理 I	高级社会工作实务 I
社会福利体制与社会政策	社会工作实习原理 II	高级社会工作实务 II
社会科学专业英语	人类行为与社会环境 II	社会工作实习 I
社会科学学生实用汉语	社会工作实验室 I & II	社会工作实习 II
心理学概论	社会工作专业写作技巧	
社会学概论		

（1）香港大学社会工作本科的课程设置与香港社会工作者注册局的认可课程评核准则是否存在差距？（2）将这份课程表与你所在学校的课程表进行比较，看一看有哪些差异。

【延伸阅读】

黄智雄主编：《香港社会工作》，第九章，中国社会出版社 2013 年版。

陆士桢、酒曙光：《香港社会工作教育课程设置状况及其对内地社工教育的启示》，《中国青年政治学院学报》1994 年第 1 期。

王菲、王福山：《香港社会工作发展的阶段特征研究》，《西北工业大学学报（社会科学版）》2014 年第 6 期。

延伸阅读

二、澳门地区社会工作的发展

澳葡政府时期社会工作的发展

澳门本是中国南部的一个小渔村，历史上为广东香山县（今广东省珠海市）辖治。明嘉靖三十六年（1557），葡萄牙商人通过贿赂广东地方官员，得以入据澳门。清光绪十三年十月十五日（1887年12月1日），清政府与葡萄牙政府签订《中葡和好通商条约》，允准葡萄牙人永驻管理澳门，但并没有在法律上将澳门的主权给予葡萄牙。1999年12月20日，中国政府恢复对澳门行使主权。从1887年12月1日至1999年12月20日，可称为澳门历史上的澳葡政府时期。这一时期澳门的社会工作是从早期的慈善救济事业起步的，之后很久才建立起专业社会工作制度。

澳门早期的慈善救济事业

澳门最早的社会服务出现于晚清时期，主要是由庙宇提供的慈善赈灾和教育服务。1568年，澳门教区的第一位主教贾尼路（D. Melchior Carneiro）抵达澳门后不久就建立了澳门仁慈堂，这是澳门历史上最早的慈善机构。仁慈堂成立后，积极开展慈善活动，主要是救助病弱者以及收留抚养被遗弃、无人照管的儿童，相继建立了贫民医院、麻风病院、育婴堂、孤女院等机构。在18世纪之前的两个世纪中，仁慈堂一直是澳门主要的慈善机构。

19世纪中叶，澳门开始建立较为全面的社会救助服务，如基督教的医疗救助服务、慈幼会的收容救济服务等，以及本地华人设立的具有慈善事业性质的镜湖医院（1871年设立）和同善堂（1892年设立）。1930年，澳葡政府通过立法征收慈善印花税用于救济贫民、孤儿和难民，这是政府介入社会救济工作的开端。但直到1938年以前，澳门的社会服务主要是由民间自发举办济贫医院、孤儿院等慈善机构提供的，救助对象主要是贫困、病患、受灾或逃难等困境人士或家庭。

1938年，澳葡政府成立了救济和慈善委员会，其主要任务是向从事社会慈善的机构提供财政援助，派发救济金给贫困人士及监管收容孤儿、弃婴及贫困人士的社会设施，更为有需要的人士派发食物，同时这代表着澳葡政府正规参与救济贫民工作的开始。在社会上，则成立了澳门妇女联合总会、工会联合总会、母亲会、利玛窦社会服务中心、街坊福利会等大量社团和服务机构承担救急扶危职责，社会服务的重心还是济贫工作。

1947年，澳葡政府改组部门架构，成立了公共救济总会。1960年，公共救济总会重组为公共救济处，其服务不断发展，相继出现更多不同类型的社会服务，如膳食服务、灾民服务等。同时，逐步推行澳门社会服务设施的建设，如饭堂、灾民中心、复康中心、盲人中心，等等。1967年，公共救济处进行了重组，改称为社会救济处。所提供的服务也有很大的改进，例如，加强了对盲人及聋哑者提供教育和康复服务，更多的老人院舍、残疾者之家、幼儿院陆续出现。救济处所开展的工作已不再是单一的救济服务，已朝多元化社会服务的方向发展。

澳门社会工作专业化的起始与发展

1977年，天主教创办的澳门社会工作学院成立，推行两年制的证书课程，开始培训当地专业社会工作人员，这被认为是澳门社会工作专业化的起始点。在20世纪80年代，由澳门社会工作学院训练出来的社会工作者，占澳门社会工作者总数的80%，他们对澳门社会工作的专业化进程起到了非常重要的推动作用。1984年，澳门社会工作人员协进会成立，旨在团结社会工作人员，提高社会工作专业素质和关心社会等。该会不仅是澳门社会工作者的专业组织，而且积极为社会工作争取专业地位。比如，它曾向政府要求建立社会工作特别公务员，就是一项比较具体的专业化争取行动。

从 1990 年起，澳门社会工作专业化进入发展期。从这一年秋季开始，澳门大学和澳门理工学院分别开办了四年制的学士学位课程和三年制的高级事业学位课程，培养较高层次的社会工作专业人员。1992 年，澳门社会工作学院增加了高级专业学位补修课程，让过去在该院完成了两年培训的学员进修高级课程。1993 年，澳门大学设立了社会暨社会工作专业学位课程，1997 年又设立了社会工作系。随着专业社会工作人员的数量逐渐增加，由专业社会工作人员推行社会服务已成为可能。

社会工作管理体系的形成

随着澳门城市化速度的加快和移民人口数量的增加，社会服务不再仅为济贫而设，已逐步成为稳定社会发展、推动社会进步、促进社会和谐不可或缺的一项社会制度，社会工作管理体系也随之形成。

1980 年，澳葡政府在社会救济处的基础上，改组成立了社会工作司，社会政策由着重社会救济开始引入社会工作元素。1986 年，"第 52/86/M 号法令"重整和明确了澳门社会工作体系的定位，重组后的社会工作司直属于澳门总督，由获得授权的相关政务司监督。澳门总督负责制定社会工作政策并监督政策落实，政府同时成立了具有政策咨询功能的社会福利委员会，形成了较为完备的社会工作管理体系。

根据相关法令的规定，社会工作司的职责是在社会工作范围内推动和贯彻各类型社会工作，以防止出现社会排斥的情况、实施社会保护和融入社会之计划，以及开展援助家庭和社群之活动；向缺乏经济条件者提供帮助，尤其向缺乏维持生活之条件，且基于疾病、残疾、非自愿性失业、残废或老年而无法取得维持生活之条件者提供帮助；采取措施，以预防、减少和补救因缺乏经济和社会条件而影响家庭之严重情况；当法院针对未成年人行使审判权时，在社会保护制度范围内向法院提供协助；保护和指导基于特殊之家庭或社会状况而交托予该局之未成年人或其他人；就消除行乞、犯罪及其他社会问题提供合作；就残疾人士之康复和职业培训提供合作；参与援助和保护灾祸和大灾难中之受害人；促进和协助在职培训活动，并在有需要时，寻求其他实体之协助；与私立社会互助机构合作，并特别是通过签订合作协议和进行培训活动向该等机构提供技术和财政援助；对本地区其他部门、公共或私人实体进行的社会性质活动提供技术援助，以协调有关活动、合理运用资源和确保回应效率等。

为了协调私人实体进行的社会性质活动，1995年通过的"第22/95/M号法令"规范了政府与社会团体之间合作中的权利和义务，以协助、重视和鼓励有组织的社会志愿人士参与解决需要援助之个人、家庭和社群的问题。在澳门，政府与社会团体合作一般有三种主要形式：（1）政府向民间举办的某一项福利服务提供纯技术性的援助；（2）政府向民间举办的某一项福利服务提供技术或财政资助，并由社会工作人员对其有关服务提出意见，以助改善，促使其达到既定的服务目标；（3）由政府提供社会设施，如场所、装置和设备等，交由某民间机构负责执行福利服务工作。所谓技术性的援助，包括开展活动的计划、组织和评估、培训，以及信息和文件；而财政资助则是社会工作司通过共同分担运作上之经常开支、投资开支和偶发性活动之负担，向社会团体提供财政辅助。

社会服务提供网络的形成

1986年社会工作司重组以后,澳葡政府大力资助社会团体开办社会服务,逐渐形成了以社会团体及其辖下的服务机构组成的社会服务提供网络。1988年,规范社会服务发牌制度的"第90/88/M号法令"颁布,全面监管澳门社会服务设施的基本运营条件,在本澳运营的社会服务设施都需符合一般的工务、消防、卫生和社会工作专业的要求,并领有运作准照。

1990—1999年间,社会工作司对民间机构的资助大幅度增加,各大社团成立了不少社会服务性质的机构,部分社会服务设施数量大大增加,服务规模也高速扩充。全澳的非营利社会工作服务单位由1979年的26间增加至1999年的98间,这其中主要是社会团体及其辖下的服务机构。在澳门特别行政区政府成立前,澳门有三类社会团体所设的服务机构主导了社会服务提供网络。这三类社会团体分别是宗教和与政府有密切关系的社团、传统爱国社团和特殊群体组成的社团。

由于葡萄牙是天主教国家,因此在历史上,澳门受天主教的影响也很大。澳门天主教是承担澳门社会工作的重要力量,在各大宗教中承担的社会服务最多。澳门明爱是天主教会最主要的慈善机构,天主教负责的社会工作绝大部分由澳门明爱承担。澳门明爱的前身是利玛窦社会服务中心,始建于20世纪50年代。1971年,利玛窦社会服务中心正式成为澳门天主教教区属下的机构,并加入了"国际明爱",易名为"澳门明爱"。此后其服务范围日益扩大。目前,澳门明爱运营着15家受资助的社会服务设施,占澳门服务机构的15%,提供的社会服务主要包括安老服务、复康服务、教育服务、家庭及幼儿服务、青少年及社区服务、弱能人士教育服务、伤残人士驾驶训练、辅导热线、露宿者宿舍、社会重返服务、劳工服务、暂居服务、明爱图书馆等。此外，还有一些天主教、基督教的团体在澳门街角提供不同种类的社会服务。除宗教社团外，另一个与政府有密切关系的社团是母亲会。母亲会直接隶属于澳门总督，一直管理着一所于1970年成立的托儿所，在特区政府成立前，其管辖的机构数目由原来的1所急增至5所，服务范围包括托儿所、安老院、护理安老院和耆康中心。

传统爱国社团是澳门社会服务的重要支柱，其中以"澳门街坊会联合总会"及其相关的各地区坊会运营的服务机构最多。澳门街坊会联合总会成立于1983年12月30日，以"团结坊众、参与社会、关注民生、服务社群"为工作宗旨，属下有25个街坊会，分布于全澳各区。目前，总会共开办了3所学校、2间托儿所、30多个不同类型的服务中心、6间学生自修室及3间诊疗所等，积极开展社区、街区和大厦等工作，提供家庭、长者、青少年、幼儿、医疗和教育等多元化服务，形成了一个涵盖全澳、颇具规模的社会服务网络。其次，澳门工会联合总会及其辖下的团体共同管理着8所受政府资助的社会服务设施。

20世纪80年代中期到90年代初，澳门陆续出现了由提供特殊群体服务及其使用者组成的社团，如澳门弱智人士服务协会、澳门弱智人士家长协进会、澳门特殊奥运会等。这类社团运营的服务机构不多，但也在澳门社会服务提供网络中占有重要的一席。

做个小结

澳门社会工作的源头是早期的慈善救济服务，在20世纪70年代才引入专业化的社会工作模式，认为政府应该对公民的福利负责。之后，澳葡政府重组了社会工作主管部门，形成了澳门总督、社会福利委员会和社会工作司组成的社会工作管理体系，并加大对民间机构的资助力度，造就了以社会团体及其辖下的服务机构组成的社会服务提供网络。

【问题研讨】

宗教团体在澳门社会工作发展中有着极为重要的地位。表 11-2 是澳门宗教组织社会服务工作状况一览表①，仔细阅读后思考问题：

表 11-2　澳门宗教组织社会服务工作状况一览表

	服务领域	社会服务设施总数	属于宗教团体的社会服务设施总数	所占比重（%）
1	社会工作中心	6	0	0
	家庭服务中心	11	5	45.5
	临时收容中心	4	3	75
家庭服务	辅导服务机构	2	1	50
	灾民中心	1	0	0
	单亲网络互助服务	5	2	40
	新来澳人士服务	1	0	0
	小计	30	11	36.7
2	托儿所	32	10	31.2
	儿童及青少年院舍	9	9	100
儿青服务	社区青少年工作队	3	2	66.7
	青少年及家庭综合服务	1	1	100
	小计	45	22	48.9

---

①　周云：《澳门宗教团体社会工作的内容、特点探析》，《华南理工大学学报（社会科学版）》2011 年第 4 期。

续表

		服务领域	社会服务设施总数	属于宗教团体的社会服务设施总数	所占比重（%）
3	长者服务	安老院舍	19	6	31.6
		家居照顾及支援服务	4	2	50
		独居长者服务	5	2	40
		长者日间中心	8	2	25
		耆康中心	23	5	21.8
		平安通呼援服务中心	1	0	0
		小计	60	17	28.3
4	复康服务	复康院舍	5	4	80
		日间中心	9	1	11.1
		庇护工场	2	1	50
		职训中心	4	0	0
		教育中心/学前教育中心	2	0	0
		评估中心	1	0	0
		康复巴士服务	2	1	50
		综合服务	1	0	0
		小计	26	7	26.9
5	社区服务	社区中心	14	2	14.3
6	防治药物依赖服务	戒毒复康院舍	5	4	80
		戒毒复康服务	1	1	100
		预防药物用服务	4	1	25
		戒毒外展服务	2	1	50
		小计	12	7	58.3
		总计	187	66	34.2

（1）通过阅读上面的表格，你可以从哪些方面看出宗教团体是澳门社会工作的主要力量？（2）这些宗教团体在广泛的领域开展细

致的社会工作,是如何与政府责任相匹配的?

【继续探索】

尽管在特区政府成立前,澳门的社会工作已经取得了长足进展。但是仍然有研究者认为,此前的社会工作发展大多属于硬件与数量上的增加且由政府部门倡导,部分社会服务机构仍停留于传统的救济服务模式,并未完全向社会工作的专业性发展。[①] 对此,你是怎么认识的?

【延伸阅读】

高炳坤:《澳门特区社会服务管理改革研究:网络治理视角》第3章,社会科学文献出版社2013年版。

张高陵:《借鉴·合作·创新》,载中国社会工作协会组编:《中国社会工作发展报告(1988—2008)》,社会科学文献出版社2009年版。

甄炳亮:《澳门社会服务发展及其启示》,《中国民政》2012年第6期。

澳门回归后社会工作的发展

1999年12月20日,中国政府恢复对澳门行使主权,中华人民共和国澳门特别行政区政府成立。同时,《中华人民共和国澳门特别行政区基本法》生效,澳门居民从过去作为被殖民统治的对象转变为真实的政治主体,澳门社会工作的制度与模式也发生了一些变化。而且,澳门回归后,经济发展也有了很大起色,外来移民的增多使澳门的人口数量增加,截至2016年8月底,澳门共有65万余

[①] 高炳坤:《澳门特区社会服务管理改革研究:网络治理视角》,社会科学文献出版社2013年版,第97页。

人。经济发展和人口增加也带来了一系列的社会问题，社会工作的转型更显出迫切性。

社会工作局的重组

澳门回归后，社会工作管理体系更加完善。由行政长官负责制定社会工作政策、监督评估政策执行情况；由多个政府部门代表、民间机构人员和在社会服务领域公认的杰出人士组成的社会工作委员会负责为行政长官制定政策和评估执行情况提供意见（近年来根据工作需要，特区政府又先后成立了具有同样职能的长者事务委员会、复康事务委员会和禁毒事务委员会）；由社会工作局负责社会工作政策的执行、落实特区政府制定的施政目标，形成"三驾马车"式的发展格局。

1999年，通过"第24/99/M号法令"重组社会工作局，即在原有社会工作司的基础上重新组建社会工作局。该法令的第2条规定了发展社会工作应遵循平等、效率、互助、参与等四项原则，具体表述为：（1）不因性别或种族而造成任何歧视；（2）及时提供金钱和服务，以防患于未然、解决冲突情况和促进有尊严的生活条件；（3）推动和鼓励社区协助承担实践社会福利的目的的责任；（4）鼓励有关人士在确定、计划和管理该系统以及在关注和评估其运作中承担责任。

社会工作局一如其前身，继续通过技术性援助和财政资助的方式，支持民间机构开展社会工作服务。澳门特区政府行政长官在其2001年的施政报告中明确提出："大力支持各个不同范畴的民间服务团体，让他们充分发挥第一线的服务优势，尽可能使陷入困境的人，获得应有的鼓励和支持。"特区政府对社会服务团体的资助金额不断增加，2010年，特区政府投入社会服务领域的财政资金达

9.7亿澳门元，其中大部分是支持民间社会服务机构的，达4亿澳门元，2011年支持民间社会服务机构资金达4.5亿澳门元，仍是占用资金最多的。

截至2010年年底，接受社会工作局资助的社会服务设施和项目共有156个。其中，属于家庭、社区和防治问题赌博服务的单位，包括家庭或社区服务中心、辅导服务机构、妇女庇护和露宿者中心等共有35家；属于儿童及青少年服务的单位，包括托儿所、社区青少年服务队、青少年及家庭综合服务中心、儿童及青少年院舍等共有38家；属于长者服务的单位，包括各类长者服务中心、家居照顾及社区支援服务队、独居长者关怀服务、平安钟、长者宿舍和各类安老院舍等共有50家；属于康复服务的单位，包括各类日间展能中心、职业康复中心、综合服务中心、康复院舍和复康巴士服务等共有25家；属于防治药物依赖服务的单位，包括预防教育、外展服务、中途宿舍和戒毒康复院舍等共有8家。这些服务设施和项目在澳门社会服务提供上扮演了极其重要的角色。

在大力资助民间机构的同时，社会工作局把由其负责提供的原本就不多的社会服务民营化，有人称之为"公设民营"。所谓"公设民营"是指由政府统一规划、统一资源、统一评估、统一核准执照，统一定立表现要求标准，通过技术及财政辅助，支持民间机构建立社会服务设施，开展各类社会服务，社会工作局安排专责人员对有关设施的硬件安全、卫生条件、日常运作、服务提供以及财政运用等方面做出支持与监察。

引入竞争机制，提升服务品质

自2001年开始，澳门特区政府针对几乎由单一社团提供和专业性较强的新服务领域，鼓励本地较新的宗教社团与其所属的香港社会服务机构合作，还从香港引入新的社会服务机构，以期形成服务机构间的竞争，促进原有提供社会服务的团体提升其专业品质和整体素质。

引入竞争的服务领域集中在澳门面临的最激烈的社会问题方面，并以弱势社群为服务对象，主要包括问题青少年、残障人士的就业与康复、儿童被虐待或被疏忽照顾等服务。最早引入的香港社会服务机构有两家，一是圣公会社会服务处，另一个是澳门扶康会。圣公会社会服务处主要提供青少年服务，其提供的服务又分为两个相互配套的部分：（1）专业青年工作队。1999年首支专业青年工作队成立，2003年和2006年两度扩展。专业青年工作队主要是为有需要的青少年在教育、职业、家庭、社群或个人问题上提供指导、辅导、危机介入和转介服务；预防青少年受不良影响。工作方法是利用外展和社区工作的方法，通过系统化的助人过程，由专业社会工作者到青少年聚集和流连的地方，向有需要的青少年提供专业服务。（2）院舍服务。服务对象是因家庭困难而缺乏照顾，并出现较严重的情绪、行为或群体适应问题的全女性青少年。工作方法是通过接纳、支持、稳定和计划周全的住宿服务，让青少年改善自我照顾的能力，提升她们的自信心和人际关系技巧，积极地面对其个人和家人的困扰。2004年，圣公会社会服务处建立了澳门首家全女性的青少年院舍，2008年成立首家青少年和家庭综合服务中心。

澳门扶康会是专为身体残障的弱势社群服务的机构。2003年，该会成立了澳门首家专为残疾人士提供职业技能发展和就业服务的中心，为残疾人提供多种机会，使他们发挥个人的能力，积极融入所属社区；倡导教育、政策和法例的修订，为残疾人士争取平等权利。2005年和2007年分别成立专为中重度残障人士和精神病康复者而设的服务中心。服务中心以走进社区和通过个案经理专责跟进为基础，利用外展探访的形式来支持在社区中生活的精神病康复者独立生活，并融入社区；还通过社区教育活动，提升社会公众对弱能人士和精神病康复者有更深的了解和更积极的态度，以及根据弱能人士和精神病康复者的状况，提供各类评估、辅导和培训服务，开发弱能人士的潜能。

引入香港社会服务机构以提供专业化的服务，在一定程度上可以起到示范学习的作用，但是因为同一类服务的竞争者数量不足，无法形成一种良性竞争和互相学习的气氛。不过，社会工作教育领域引入香港元素，还是取得了不错的效果。2006年6月，澳门理工学院与香港理工大学签署协议，合作开办"社会工作文学硕士学位课程"，提高了澳门社会工作教育的品质。

社区中心和家庭服务中心的发展

澳门最早的社区中心出现在1989年，即望厦平民新邨，后来又陆续在不同的新建屋邨设立多所社区中心，大都交与传统爱国社团经营。但是，当时的社区中心运作模式主要局限于提供一些小组活动，20世纪90年代中期以后，社会工作专业元素才被逐渐引入社区中心。

澳门回归后，特区政府加大了对社区中心和家庭服务中心的资助力度，从而使二者的数量有了较大幅度的增加。社区中心由回归前的8所增加到2009年的14所，共提供了4782个服务名额，90%以上的服务设施为政府资助。家庭服务中心是社区中心的专业化分支，早年行政当局将其归入与社区中心同一类别的服务机构，从2000年开始才将其独立出来。回归10年以来，家庭服务中心增加到11所，早年未被纳入资助范围的服务设施，也在回归后得到特区政府的资助。

虽然回归后澳门的社会服务机构数量有所增加，但在社会工作的专业性和社会行政的管理方面仍然存在着不足。有些机构仍是非社会工作主管负责督导，这说明有些机构的管理层对社会工作的专业性认识不足，由此也导致社会服务机构专业人员发展滞后和服务专业性不足的问题。另外，澳门并没有建立社会工作者的职业注册制度，这也在很大程度上影响了其社会工作的专业化水平。

做个小结

澳门特区政府大力支持社会服务机构的发展，并且把原先由政府提供的社会服务民营化，在一定程度上形成了社会服务的非营利垄断。这种垄断虽然推动了澳门居民社会福利水平的提升，但也造成了专业化不足和供给不平衡的弊端。

【问题研讨】

2009年4月6日，澳门台山威苑花园发生家庭惨剧。一名14岁少年本与母亲及13岁妹妹相依为命，但6日早晨一觉醒来，发现母亲与妹妹倒卧在另一房间的床上，不省人事。救护员接报赶至，证实两母女已撒手尘寰。警察到场调查，初步相信是母亲在女儿熟睡后，携女烧炭自杀。据了解，少年母亲疑因个人问题陷入财政困境，有街坊说曾见其生前出入赌场。

阅读上面材料后，思考：（1）这个个案反映出澳门博彩业带来了严重的社会问题，这类问题能否通过社会工作模式予以解决或减轻？（2）有人认为，这个个案反映出澳门被动的社会工作模式无法及时有效地预防自杀问题的发生，你是怎么看待这一问题的？

【继续探索】

有一项调查结果显示,在受澳门社会工作局监管的社会服务机构中,有超过95%的机构接受该局的财政资助,其中以政府资助作为主要收入来源的机构超过70%,主要靠本身团体拨款的占23.7%,主要靠社会捐助的占3.4%。另外有20.3%的机构不以政府资助为首要收入来源,但政府资助也成为其次要收入来源。这说明,澳门社会服务机构的持续运作是以政府的资助为前提的。

阅读上面材料,结合你自己搜集的资料,思考:澳门社会服务机构的运作是否会受到政府的强力制约,这又是否会削弱社会服务机构的专业性?

【延伸阅读】

高炳坤:《澳门特区社会服务管理改革研究:网络治理视角》第4章,社会科学文献出版社2013年版。

邓玉华、王世军:《福利社会化背景下的澳门非营利组织与社会工作》,《社会福利》2008年第3期。

欧阳鸣:《社会工作局的"公设民营"》,《中国残疾人》2011年第1期。

甄炳亮:《澳门社会工作的特点与现状》,《中国社会报》2012年6月5日。

后　记

　　自 20 世纪 80 年代末期社会工作恢复重建以来，就已经有人开始对于近代中国社会工作的发展历程进行探索，最早出版的几本社会工作导论或概论类教材都涉及了民国时期的社会工作发展概况。但是，有关中国社会工作史的系统研究一直没有提上日程，更不用说这方面的专著问世了。2006 年中共十六届六中全会提出建设一支"宏大的社会工作人才队伍"，极大地推动了社会工作实务的快速发展。在此大背景下，对中国社会工作史的研究也蹒跚起步，由零散的人物和事件研究逐渐转向深入挖掘和体系建构，发表了一大批有深度、成系统的研究成果。

　　为了将中国社会工作史的研究进一步推向深入，我们决定编写一本以中国社会工作史为主题的图书，以期达到抛砖引玉的作用。于是，经过反复多次的沟通与讨论，初步确定了本书的框架，并由彭秀良牵头设计出了全书的提纲和编写体例。然后进行分工合作，其中彭秀良承担了大部分内容的写作，林顺利撰写了第二章和第三章第二节的内容，王春霞撰写了第四章第一、二节和第五章第二节的内容。

  在本书的写作和出版过程中，我们得到了很多人的指导与帮助。在此，我们对王思斌教授的热情鼓励和及时指导表示深深的谢忱，并致以崇高的敬意；对徐永祥教授、文军教授等对本书的大力推荐表示感谢。北京大学出版社社会科学编辑部董郑芳编辑为本书的选题申报和编辑出版付出了辛勤的劳动，也对她的付出表示感谢。

  由于我们的水平有限，再加上编写过程中相互沟通不足，可能在内容和文字上都存在着不少缺欠，请读者诸君给予批评指正。

彭秀良   林顺利   王春霞
2018 年 3 月 1 日

教师反馈及教辅申请表

北京大学出版社本着"教材优先、学术为本"的出版宗旨，竭诚为广大高等院校师生服务。为更有针对性地提供服务，请您认真填写以下表格并经系主任签字盖章后寄回，我们将按照您填写的联系方式免费向您提供相应教辅资料，以及在本书内容更新后及时与您联系邮寄样书等事宜。

书名		书号	978-7-301-	作者	
您的姓名				职称职务	
校/院/系					
您所讲授的课程名称					
每学期学生人数	_____人		_____年级	学时	
您准备何时用此书授课					
您的联系地址					
联系电话（必填）				邮编	
E-mail（必填）				QQ	
您对本书的建议：				系主任签字： 盖章	

我们的联系方式：

北京大学出版社社会科学编辑部

北京市海淀区成府路 205 号，100871

联系人：董郑芳

电话：010-62753121 / 62765016

传真：010-62556201

E-mail：ss@pup.pku.edu.cn

微信公众号：ss_book

新浪微博：@未名社科-北大图书

网址：http://www.pup.cn

更多资源请关注"北大博雅教研"